探索与实践

大学生铸牢中华民族
共同体意识长效机制构建

郭颖◎著

人民东方出版传媒
People's Oriental Publishing & Media
東方出版社
The Oriental Press

图书在版编目（CIP）数据

探索与实践：大学生铸牢中华民族共同体意识长效机制构建 / 郭颖 著 . — 北京：东方出版社，2022.7
ISBN 978-7-5207-2828-7

Ⅰ. ①探…　Ⅱ. ①郭…　Ⅲ. ①中华民族—民族意识—研究②大学生—思想政治教育—研究—中国　Ⅳ. ① C955.2 ② G641

中国版本图书馆 CIP 数据核字（2022）第 103058 号

探索与实践：大学生铸牢中华民族共同体意识长效机制构建
（TANSUO YU SHIJIAN: DAXUESHENG ZHULAO ZHONGHUA MINZU GONGTONGTI YISHI CHANGXIAO JIZHI GOUJIAN）

作　　者：郭　颖
责任编辑：王学彦　申　浩
出　　版：东方出版社
发　　行：人民东方出版传媒有限公司
地　　址：北京市西城区北三环中路 6 号
邮　　编：100120
印　　刷：北京汇林印务有限公司
版　　次：2022 年 7 月第 1 版
印　　次：2022 年 7 月第 1 次印刷
开　　本：880 毫米 ×1230 毫米　1/32
印　　张：11.625
字　　数：260 千字
书　　号：ISBN 978-7-5207-2828-7
定　　价：65.00 元
发行电话：（010）85924663　85924644　85924641

推荐序

郭颖博士是生于和长于新疆之人，她作为中国人民大学博士后研究人员和新疆农业大学的副教授和硕导，她与同龄人相比较，当属出乎其类、拔乎其萃者；与内地高校的教师相比较，她作为新疆高校的一名教师，不仅承担繁重的教学与科研任务，还承担许多维稳与防疫的工作，可谓重任在肩、案牍劳形。出于胡杨在恶劣自然环境中不死、不倒、不朽的“三不”顽强不屈性格，她笔耕不辍。她在日常工作中心笃治学，持续焚膏继晷，皓首穷经，实属难能可贵。在求学治学路上，她备尝艰辛，筚路蓝缕；夙兴夜寐，不懈探索；厚积薄发，条分缕析；以青灯黄卷为伍，以疑难阻碍为伴，以超乎常人的艰苦努力，卧薪尝胆，木干鸟栖，玉汝于成，一空依傍，积数年之功，终成此书。本书凝聚了她的执着、努力、智慧与心血，是近年来学术界相关研究领域不可多得的丰硕成果，可谓驰志伊吾。此前她嘱我为其大作写序，实窘于我一贯不善为文，而勉为命笔。

大学生是社会中明显有别于其他群体的、正接受高等教育或者受过高等教育的朝气蓬勃族群，是通过高校培养的学士、硕士、博士等各级各类高级专门人才。年富力强的他们，作为最先掌握社会新发展、新趋势、新思想、新技术的青出于蓝而胜于蓝的群体，是社会最具创新性的生力军和最强开拓性的建设者，其自身素养、政治立场、业务能力、价值取向，其铸牢中华民族共同体意识的程度，皆深刻影响着国家的命运、未来、前途与希望。

铸牢中华民族共同体意识，是中国共产党面对世界百年未有之大变局的有效应对之策，是当前治国理政的重要内容，是不断巩固实现中华民族伟大复兴的重要思想基础的关键环节，不仅全国的民族工作系统成员要以此为主线去想问题、做决策、抓工作，而且各部门和各单位也都要以此作为日常工作的根本遵循。铸牢中华民族共同体意识是国家统一之根本、民族团结之基础、伟大复兴之力量和精神力量之灵魂。在全社会铸牢中华民族共同体意识事关全局、事关国运、事关民生，这不是权宜之计，而是利在当下，功在后世，并有其深刻的背景。

从国际方面来看，在政治上，当前，中国正处于实现中华民族伟大复兴的关键时期，中国的崛起必然改变原有的世界政治经济秩序，必然改变世界的力量对比，必然改变世界的整体面貌，必然改变世界的发展趋势，这是国外反华势力所不愿意看到和不能接受的。因此他们出于意识形态对立、地缘政治野心、多种政治偏见，虎视眈眈，狼狈为奸，千方百计地围堵、干扰、阻碍中国的发展进步，处心积虑地鼓吹“中国威胁论”，联合中国周边国家不遗余力地营造恶邻环伺与全面围攻中国的国际环境，通过实施包藏祸心的“印太战略”，通过推动“北约”东移的途径，在全世界千方百计推行阵营化对抗，企图打造以欧美为主体的“国际反华大联盟”以围攻、遏制中国，以达到借刀杀人的目的，这是其外交政策的核心与基础。为了达到阻止中国前进的目的，国外反华势力大造反华、侮华、分华、灭华的各种舆论，把民族宗教问题作为干涉、制衡、分裂中国的重要工具之一，并称其为“广泛共识”。近年来国外反华势力出于霸权主义、丛林法则观念、零和博弈定势、冷战思维和殖民主义者心态，其一系列罔顾事实、居心叵测的涉疆、涉藏、涉台、涉港的言行，就充分说明了这个问题。在经济上，中国面向新时代提出了“一带一路”倡议，以解决人类生存与发展的共同问题。但是，一些西方国家不择手段阻挠和破坏“一带一路”倡议的推进，通过逆全球化、强化特定同盟关系、北约东移、在中国周边实施围堵、邻国制衡和长臂管辖等不同方式，来遏制中国的繁荣与复兴，并严重破坏屡受新冠肺炎疫情打击的全球产业链和供应链，冒着引发通货膨胀等经济危机的风险，针对中国实施一系列断供、制裁、脱钩、增税、封锁、退市等伎俩，甚至有的美国媒体称美国政府要将制裁俄罗斯的政策措施用于中国，并赋予上述政策措施以“新意”，使之成为限制对华出口政策措施的“升级版”，以实现其对中国军事科技进步的“精准打击”，企图让中国吞下苦果。在文化上，所谓的全球化的过程，也是全球文化大交流、大激荡的过程。西方发达国家借机向中国推行其所谓的“先进文化”，从而达到既攫取经济利益，又同化国人思想的政治目的。以电影、电视、流行音乐和互联网为途径的西方文化传播，充分利用其国际话语权，竭力包装美化其历史与现实中的各种侵略、压迫、战争、邪恶、贪婪、虚伪和奴役，大举对中国进行文化渗透，以达到“不战而屈人之兵”的目的。长期以来，西方国家利用其拥有的国际话语权，可以肆意颠倒黑白、栽赃陷害、指鹿为马，按其主观意愿定义、评议、裁决国际事务或者国际事件的性质，极大扭曲了人类的正义与道德，其伪善、无耻、邪恶与霸道昭然若揭。在思想认同上，全球化通过文化“同质”传播的途径造成原有国界（特别是心理国界）及旧有社会结构被不断消弭，进而导致不同民族成员大规模的跨国、跨域迁徙，导致异质文化的广泛接触、强烈冲击异常频繁，因此对人们原有的社会认同自然会产生不同程度的影响，这也同样波及到了中国。西方国家极力宣扬西方社会制度的各种“优越性”与“普世性”，其目的是使一些中国人特别是部分年轻人不断受到其歪理邪说、奇谈怪论的侵蚀，以不断削弱国人对中国共产党、伟大祖国、中华民族、中华文化、中国特色社会主义的认同。在军事上，美国等国家多次派侦察机等军机（不惜冒充国际航班）进行抵近侦察，打着所谓的“自由航行”旗号，在南海和台湾海峡等区域侵害中国领海主权，联合一些域内外国家进行针对中国的大规模军事演习，常以“军事威胁”和“战争叫嚣”进行讹诈、恫吓，其霸权主义嘴脸暴露无遗。总之，国际反华势力对中国开展了包括政治、经济、文化、军事等方面的总体战，其殚精竭虑鼓吹与贩卖“中国威胁论”的恶果已经显现，一些国家及地区冲突又进一步增加了许多不确定因素，国际关系波诡云谲，导致中华民族生存与复兴面临更加严峻的国际形势。

从国内背景来看，回顾中国共产党百年历史，中国共产党的民族工作的最大成就是走出一条中国特色解决民族问题的正确道路，而铸牢中华民族共同体意识是马克思主义民族理论中国化与时代化的最新成果。中国共产党建党以来的百年历程，是中国共产党团结和带领中华民族共同团结奋斗、共同繁荣发展实现站起来、富起来、强起来的百年历程，也是马克思主义民族理论中国化与时代化的百年历程。中国共产党经过几代人的努力，在中国新民主主义革命时期，开辟了中国特色解决民族问题的正确道路；在在社会主义革命与建设时期，拓宽了中国特色解决民族问题的正确道路；在改革开放与社会主义建设新时期，延展了中国特色解决民族问题的正确道路；在中国特色社会主义新时代，优化了中国特色解决民族问题的正确道路。

从理论背景来看，共同体是人类存在的基本方式之一，也是人类发展的主要形态之一，还是社会存在的基本形式之一，更是社会发展的重要依托之一。可以说，人类依靠共同体的力量、优势与智慧，克服各种艰难险阻，一往无前地走到今天。人类今天取得的各种伟大成就，应该归功于多种共同体的不懈努力和披荆前行。共同体往往具有多种属性，共同性是共同体所具有的基本属性之一。共同体是马克思主义者理解人类社会的一个重要概念，在对共同体认识方面，马克思、恩格斯、列宁、斯大林、毛泽东等在不同时期提出了相应的观点与主张，为我们正确认识与妥善处理铸牢中华民族共同体意识问题，提供了相应的理论指导。

从中国现实背景来看，当前，我们已经到了实现中华民族伟大复兴的关键时期，“我们比历史上任何时期都更接近中华民族伟大复兴的目标，比历史上任何时期都更有信心、更有能力实现这个目标”[①]。为了实现中华民族伟大复兴的百年夙愿，我们不可避免地会遇到可预知和不可预知的各种困难与挑战，因此中华民族更加迫切地需要团结一致，共同克服实现中华民族伟大复兴过程中遇到的一切艰难险阻，为此，必须铸牢中华民族共同体意识。郭颖博士所写此书的重要意义与核心价值也正在于此。

---

① 《习近平在纪念红军长征胜利80周年大会上的讲话》2016年10月21日。人民网 http://politics.people.com.cn/n1/2016/1021/c1024-28798453-2.html

郭颖博士以习近平总书记关于加强和改进党的民族工作重要思想为指导，充分运用马克思主义民族理论，针对当前党和国家在治国理政领域的重大战略需求，以大学生铸牢中华民族共同体意识长效机制构建为主题，对大学生铸牢中华民族共同体意识的理论探索，大学生铸牢中华民族共同体意识的现实状况，大学生铸牢中华民族共同体意识的体系要素构成，铸牢中华民族共同体意识的内涵、本质、特征和功能，大学生铸牢中华民族共同体意识的对策诸问题进行了深入系统的研究，旁征博引，鞭辟入里，析本溯源，突破创新，既满足了理论优化之需，又回答了时代发展之问，还提供了实践探索之策，充分反映其治学求真、求实、求新、求深的风格，达到了磨穿铁砚、磨砻浸灌的学术境界，这是值得充分肯定的。

无论如何，正确认识铸牢中华民族共同体意识问题，就必须正确认识中华民族共同体的共同性问题，两者间存在内在的逻辑关系。从学理的角度来看，中华民族共同体的共同性是中华民族共同体成员所具有的共同本质属性，具有多维度的基本特点。第一，从时间与空间维度来看，具有共同参与性。常言道："人心齐，泰山移。"长期以来，在共同利益、共同命运、共同目标、共同需求、共同参与的基础上，中国各族人民共同开拓了辽阔的疆域、共同书写了悠久的历史、共同创造了灿烂的文化、共同培育了伟大的精神。近代以来，在遭遇帝国主义列强侵略与奴役的过程中，各族儿女能够共同抵御外来侵略，在中国共产党的正确领导下，共同缔造了新中国，开辟了发展各民族平等团结互助和谐关系的新纪元，共同为实现中华民族伟大复兴而奋斗。"人"的结构就是相互支撑，"众"人的事业需要每个人参与，中华民族大家庭各个成员在长期历史发展过程中同呼吸、共命运、心连心，形成了手足相亲、守望相助的优良传统。第二，从立体结构维度来看，具有结构层次性。中华民族共同体具体包括宏观、中观和微观三个基本层次结构，即中华民族共同体的宏观层次、单一民族的中观层次、单一民族成员的微观层次。我们不能把中华民族共同体与单一民族共同体混为一谈，在学术界发生的一些争论，其根本原因就是将中华民族共同体与单一民族共同体相混淆，这种认识论方面的根本性错误所导致的所谓学术争论实质上是一场闹剧。从汲取教训的角度来看，我们在科学研究与实际工作中绝不能眉毛胡子一把抓，要正确对待中华民族共同体与单一民族共同体之间的差异性，采取差别化对策和针对性措施，不断提高相关研究和民族工作的针对性、主动性、实效性、时效性，做到志强、智博、识广、心明、行正。第三，从物质基础维度来看，具有存在的客观性。中华民族共同体是客观存在的共同体，是不可否认的客观现实，其存在与发展的历史在中国已经延续了几千年，中华民族共同体绝不是所谓的“想象的人类共同体”，因为任何客观存在的人类共同体，其存在方式包括两种基本类型，即实体共同体与观念共同体。从古至今，中华民族经历了从自在到自觉的发展阶段，依靠共同体的力量与智慧战胜了千难万险，并屹立于世界民族之林。第四，从精神基础维度来看，具有认同普遍性。中华民族共同体既存在物质形态，又存在精神形态。其维系中华民族共同体的重要精神纽带，就是中华民族共同体成员对中华民族共同体的广泛而深刻的心理认同。中华民族共同体意识的核心就是对中华民族共同体的心理认同。中华民族共同体生存、发展与复兴，其基本前提是共同体成员广泛而深刻地对中华民族共同体的心理认同，对中华民族共同体的生存、发展和复兴而言，其成员广泛而深刻的心理认同是须臾不可或缺的。在科学研究与实际工作中我们要以社会主义核心价值观为引领，努力构建各民族共有精神家园，不断铸牢全体国民的中华民族共同体意识。第五，从共同体行为维度来看，具有行动一致性。古语云："不言之言，闻于雷鼓"。共同行动，是反映共同体共同精神面貌的一面镜子。中华民族共同体在今天所取得的举世瞩目的辉煌建设成就，是各族人民在中国共产党正确领导下流血牺牲、攻坚克难得来的。中华儿女凝心聚力，立志用智，亦勇亦睿，同心同德，同向同行，团结一致，共同为实现中华民族伟大复兴而共同奋斗，体现出了强大和不竭的伟力。多个维度的共同性，是中华民族共同体发展的重要基础和条件。无论在理论研究方面，还是在实际工作方面，我们都要着眼世情、立足国情、把握民情，采取一系列切实可行的政策与措施，不断巩固和强化中华民族共同体的共同性，这是我们实现中华民族伟大复兴中国梦的一项重要且基础的工作，而郭颖博士的大作在上述相关领域进行了积极且有益的探索，形成真知灼见，可喜可贺。

铸牢中华民族共同体意识既要落实到团结上，又要落实到发展上，二者不可偏废。铸牢中华民族共同体意识只落实到团结上，难以持久；铸牢中华民族共同体意识只落实到发展上，必将重蹈苏联解体的覆辙。所以，铸牢中华民族共同体意识必须精神与物质兼顾，团结与发展都落实。

"以史为鉴，可知兴替。"回顾相关历史，在知古、明今、瞻前的基础上，我们可以进一步了解铸牢中华民族共同体意识的重要性、必要性和紧迫性。长期以来，分裂与灭亡中国是国外反华势力一直奉行的基本国策，这在世界历史上是非常罕见的。

历史是严肃认真的，也是睿智练达的，还是魅力迷人的。古往今来，历史是人类生动、广泛而深刻的教师。综上所述，中国的民族工作将长期面临非常严峻的挑战，抵御“三股势力”的渗透与颠覆将更加复杂多变，长治久安和可持续发展将更加任重道远，在全国各地进一步加强民族团结、进一步铸牢中华民族共同体意识的社会需求将更加迫切！

余梓东谨识

2022 年 7 月 8 日于北京跬步斋

自序

中华民族共同体意识是中华各民族在长达五千多年的历史进程中，基于共同开拓祖国疆域、共同推动社会进步、共同创造民族文化、共同塑造民族精神、共同走向美好未来的交往、交流和交融实践而达成的荣辱与共的命运共识、平等团结的政治共识、守望相助的发展共识、美美与共的文化共识，是民族情感、民族利益和民族价值取向的最大公约数。

党的十八大以来，以习近平同志为核心的党中央高度重视民族工作，将民族团结视为各民族人民的生命线，将建设中华各民族共有精神家园作为治理民族问题、做好民族工作的一项战略任务。在2014年中央民族工作会议上，习近平总书记提出了“铸牢中华民族共同体意识”的时代命题，认为“加强中华民族大团结，长远和根本的是增强文化认同，建设各民族共有精神家园，积极培养中华民族共同体意识”。党的十九大报告在此基础上进一步提出“全面贯彻党的民族政策，深化民族团结进步教育，铸牢中华民族共同体意识”的具体要求，并将“铸牢中华民族共同体意识”新增入党章。这充分体现了新时代党中央坚持运用马克思主义引领社会价值观建设、增进民族团结的自觉自信，也表明了铸牢中华民族共同体意识对于践行“中华民族一家亲、同心共筑中国梦”的重大意义。

铸牢中华民族共同体意识是我国当前民族工作的重心，在在校大学生中开展铸牢中华民族共同体意识教育意义重大。新时代大学生是中国特色社会主义建设事业的承继者，是实现中华民族伟大复兴中国梦的中坚力量，大学生铸牢中华民族共同体意识是新时代的必然要求，是实现中华民族伟大复兴中国梦的现实课题。为此，需要清晰把握其思想资源和理论基础，客观分析和科学评估当前在校大学生中华民族共同体意识的现状，对其中存在的问题及原因进行准确的认识和把握。同时，为了更好地解决问题，需要深入分析和系统阐释其内涵、价值、目标、内容、原则、方法、过程、结构和机制，建构系统的大学生铸牢中华民族共同体意识的理论，在理论认知与实证分析相结合的基础上探究出大学生铸牢中华民族共同体意识的优化策略和长效机制。

第一，本书梳理总结了大学生铸牢中华民族共同体意识的理论基础。 马克思、恩格斯的共同体思想，习近平新时代中国特色社会主义思想，是新时代大学生铸牢中华民族共同体意识的思想指导。“五个认同”与精神追求的统一，民族团结进步与交往交流交融的统一，社会主义核心价值观与时代特色的统一，科学理论与价值诉求的统一，社会进步与思想发展的统一是大学生铸牢中华民族共同体意识的理论基础。培育体系的整体性定位，教育效用的战略性定位，教育目标的统一性定位，受教对象的差异性定位，施教群体的复合性定位，培育内容的针对性定位是大学生铸牢中华民族共同体意识的现实基础。

第二，本书客观分析了当前大学生铸牢中华民族共同体意识的现状、问题及原因。通过实证研究发现：当前在校大学生对中华民族共同体意识的理论有基本认知，但呈现系统性弱、认知度浅和不平衡的特征。在校大学生对中华民族共同体意识有较深的情感、较强的趋向意愿与行动毅力、较为坚定的信心，但不平衡性显著，其中知行不一、失衡等现象较为严重。当前大学生铸牢中华民族共同体意识的整体构架的关联作用及其薄弱之处是："在校大学生对铸牢中华民族共同体意识的重要性认识欠缺""部分大学生对中华民族共同体意识的内容认知模糊""高校教学方式、课程体系、教学内容有待完善""学校、学生、社会、家庭密切结合的培育机制需要强化"。当前大学生铸牢中华民族共同体意识存在的问题是在校大学生素养发展不平衡、培育内容系统性和现实性不强、求实原则和层次性原则贯彻不到位、培育方法针对性和创新性不强、家庭教育和自我教育乏力。其原因在于社会因素、高校因素、家庭因素和大学生自身因素等。

第三，本书系统构筑了大学生铸牢中华民族共同体意识的理论体系。大学生铸牢中华民族共同体意识是遵循中华民族共同体意识的生成发展逻辑和在校大学生中华民族共同体意识的形成发展规律，以"中华民族一家亲，同心共筑中国梦"为总目标，培养能够担当实现中华民族伟大复兴中国梦大任的时代新人，塑造在校大学生铸牢中华民族共同体意识的实践活动，具有指引在校大学生成长成才、增强大学生奋斗动力的个体价值以及促进新时代中国特色社会主义经济、政治、文化、生态发展的社会价值。在目标上，旨在使在校大学生形成正确的中华民族共同体意识认知、产生高度的中华民族共同体意识认同、树立牢固的中华民族共同体意识信念、生成自觉的铸牢中华民族共同体意识实践。在内容上，需要对在校大学生进行强化国家意识教育、牢固树立“三个离不开”思想、学好用好国家通用语言教育，马克思主义理论及其“七观”教育，“四个自信”教育、“五个认同”教育，社会主义核心价值观培育，爱国主义教育，中华优秀传统文化教育，习近平新时代中国特色社会主义思想和中国梦宣传教育，中华民族共同体意识本体理论教育，马克思主义民族理论和党的民族政策教育，民族团结进步及各民族交往交流交融实践教育，与主要发达国家的意识形态比较教育。在原则上，要坚持政治性与文化性相统一、理想性与现实性相统一、理论性与实践性相统一、传统性与时代性相统一、整体性与层次性相统一、民族性与开放性相统一、主导性与主体性相统一、共同性与差异性相统一、显性教育与隐性教育相统一。在过程方面，包含培育方案的制订、方案的具体实施、选择在校大学生对中华民族共同体意识的接受、培育效果的评估四个循序渐进的环节。在结构上，具有中华民族共同体意识本体型、主体复合联动型和双向互动型的基本结构，主导型和向心型的形态结构，由“低年级大学生中华民族共同体意识的心理和理论知识构筑”到“中年级大学生中华民族共同体意识的思维方式和价值观构筑”再到“高年级大学生中华民族共同体意识实践教育”的层次结构。在机制上，包含由主体引导力、大学生内在驱动力、介体传递力、环境支撑力构成的动力机制，由“四位一体”培育格局和“六维一体”培育路径构成的整合机制以及由激励机制和保障机制构成的功能机制。

第四，本书系统梳理了大学生铸牢中华民族共同体意识的思想基础和理论来源。铸牢中华民族共同体意识是对中华民族团结进步规律的深刻揭示，是马克思主义民族理论中国化的最新成果。

从根本上说，推进铸牢中华民族共同体意识，关键在于推进围绕铸牢中华民族共同体意识的民族理论、概念和范畴的创新，增强其丰富性和时代性，强化理论的吸引力、感召力和说服力，使之更加具备走近大众、贴近大众、掌握大众的强大力量。

最后，综合理论分析以及现存问题和原因，本书在坚持党的领导、提升教育工作者的综合素质、精细化教育内容、完善教育途径、提高教学质量、健全教育机制、优化培育的外部环境、加强在校大学生中华民族共同体意识自知自觉自省教育等方面提出了对策建议。

目 录

绪论

课题意义

中国是统一的多民族国家，自先秦时期始，多民族的发展演变史、多宗教的嬗变史、多文化的交融史就逐渐塑造形成了中华民族演进史。源自"三皇五帝"、"夏、商、周"的"四海八荒"孕育着"五方之民"，从此"四海之内"[①]，"天下之大义"[②]，"协同内外、混一戎华"[③]，"当混为一"[④]，形成了"修其教不易其俗、齐其政不易其宜"[⑤]，"天下一家"[⑥]，"一视同仁"[⑦]的"大一统"之道。齐政修

① 《四部丛刊 / 初编 / 经部 / 纂图互注礼记》卷第四，（汉）郑玄注，（唐）陆德明音义，景上海涵芬楼藏宋刊本，第 5 页。

② 《四部丛刊 / 初编 / 史部 / 资治通鉴》卷第二十九，（宋）司马光撰，景上海涵芬楼藏宋刊本，第 23 页。

③ 《四部丛刊 / 初编 / 集部 / 乐府诗集》卷第十四，（宋）郭茂倩编，景上海涵芬楼藏汲古阁刊本，第 25 页。

④ 《四部丛刊 / 初编 / 史部 / 资治通鉴》卷第二十九，（宋）司马光撰，景上海涵芬楼藏宋刊本，第 23 页。

⑤ 《四部丛刊 / 初编 / 经部 / 纂图互注礼记》卷第四，（汉）郑玄注，唐陆德明音义，景上海涵芬楼藏宋刊本，第 19 页。

⑥ 《四部丛刊 / 初编 / 史部 / 资治通鉴》卷第八十五，（宋）司马光撰，景上海涵芬楼藏宋刊本，第 25 页。

⑦ 《四部丛刊 / 初编 / 集部 / 晦庵先生朱文公文集》卷第二十六，（宋）朱熹撰，景上海涵芬楼藏明刊本，第 41 页。

教、因俗而治的治国方略与“和而不同”[①]、求同存异的治国理念不断融通于中国历史，记载于史事典籍，反映在现实生活。多民族国家内，该国的历史底色和文化特质天然地成为共同体的集体记忆，推动以地域、语言、传统、宗教或血缘为依托的个体走向有组织聚合的共同体。

然而，随着全球化进程的加快，政治单边化、经济一体化、文化多元化的跨世纪飓风席卷世界，随之引发了一系列世界范围内的认同焦灼、认同恐慌等问题。人们从自主、自发、自在的自然经济体转而过渡进入全球化以市场经济为主导的契约社会，市场的冲击、社会的影响、文化的认同、科技的转化、个人的地位都在以前所未有的方式重新胪列、构架。人们的思想意识、价值观念发生了重大而深刻的变化。自 1991 年苏联解体后，美国作为超级大国仍然运用霸权维护其既得利益，从而导致其致力于构建单边霸权主义政治格局、强化不平等贸易规则、实施强势文化渗透战略等，无不显露着大国凌弱小国、强国欺压弱国的“西方秩序”特征。世界范围内独立、分裂和恐怖势力有增无减，民族个性、民族意识和民族差异被恶意曲解，人们的价值取向越来越模糊不清，影响国家安全和社会稳定的因素冲突。随着中国再次以大国形象屹立于世界东方，西方反华势力遏制中国经济发展，分化、西化中国，颠覆、分裂中国政权的图谋昭然若揭。他们把“罪恶之手”伸向高校，在意识形态领域内侵蚀在校大学生，在校大学生又受地域环境、宗教、民族性格等原因的影响，具有其独特的思想意识、心理特征和认知发展规律，他们的主流意识形态安

① 《四部丛刊 / 初编 / 经部 / 论语》卷第七，（三国）魏何晏集解，景长沙叶氏观古堂藏日本正平刊本，第 17 页。

全问题将严重影响到我国国家安全、社会安定及民族团结进步事业的发展，应将其作为铸牢中华民族共同体意识的一个特殊受众群体来看待。民族成分越丰富、宗教氛围越浓厚、文化认同越多元，共同体整合就越会面临巨大的挑战，有着56个民族成分的中国，更无法幸免于这场现代化和全球化带来的冲击。

“我是谁、我应该如何与他人相处、我们是谁、我们应当如何与他们交往”①，秉持着特定的价值标尺和行为准则，以主导性作用于民族情感与规范，奠定了共同体生存的内在基础。同时，作为共同体生活价值表达的文化，在民族共同体的框架体系内以一定形态、模式构成了文化特征，新时代铸牢中华民族共同体意识，成为民族愿景实现的动力和源泉。

因此，在这种国际、国内的形势下，大学生铸牢中华民族共同体意识极为必要，为了实现我国的长治久安和发展稳定目标，必须铸牢在校大学生中华民族共同体意识；为了提高高校相关的思政教育的质量与效果，必须全面构建“铸牢在校大学生中华民族共同体意识”的有效、长效机制，这是维护社会稳定、民族团结的重行之措，更是维护祖国统一，安定西部边陲，增强共同体成员中华民族认同感、稳定建设安全感、保国兴国幸福感的安心之举。

（一）理论意义

1. 开展本专题研究有助于促进马克思主义民族理论中国化进程，有利于从新视角对马克思主义世界观、人生观、价值观、国

① 黄羽新：《历史记忆与提升学校文化认同探析》，载《当代广西》第19期（上），2015年10月。

家观、民族观、文化观、宗教观进行全面性把握。马克思、恩格斯等人的著作中就有民族问题、共同体、共同体意识等内容的相关论述，在新中国成立后，中国共产党人和马克思主义学者在马克思主义民族理论中国化方面形成了大量的研究成果，为做好中国的民族工作奠定了坚实的理论基础。但当前，将“铸牢中华民族共同体意识”作为研究对象的研究成果还明显不足，尤其是将高校作为侧重点、以铸牢在校大学生中华民族共同体意识为目标的研究成果更是凤毛麟角。本课题研究将对马克思主义民族理论中关于共同体和共同体意识的论述追根溯源，揭示马克思主义民族理论关于共同体和共同体意识的科学内涵，在对中华民族共同体、中华民族共同体意识相关概念进行界定的基础上，对中华民族共同体意识的基本内容和核心内涵进行分析，深化大学生铸牢中华民族共同体意识的研究，从而为新时期、新形势下正确理解和全面把握铸牢中华民族共同体意识提供正确观点和科学方法，概括起来就是为探索马克思主义民族理论中国化提供知识借鉴。

2. 开展本专题研究有助于丰富新时代马克思主义思想理论政治课的教育理论与教育实践，有利于为提高在校大学生思想政治理论教育质量与水平提供相关借鉴。马克思主义民族理论教育是高校学生思想政治理论教育的重要组成部分，但在一些院校，专门针对大学生马克思主义民族理论教育的内容还存在一定程度的欠缺。开展本专题研究，有助于完善现有的思政课理论体系，为新时期高校对学生开展卓有成效的思想政治理论教育带来探索和启示。新时代在校大学生涌现出新的特点，马克思主义主流意识形态教育和民族观教育要取得预期成效，就必须牢牢把握马克思主义民族理论的精髓，立足国家和社会的实际，针对新时代的学生特点，深入挖掘思想政治理论教育与大学生成长成才规律的最佳契合点，充分借鉴、整合相关创新理论，在不断完善思政课的教学内容、教学方法、教学方式、教学手段等方面下好功夫、下大功夫。通过铸牢在校大学生中华民族共同体意识的研究和探索，为提高在校大学生思政教育的质量与效果提供学理支撑。

3. 开展本专题研究有助于丰富中华民族共同体的理论，为中华民族共同体理论深入在校大学生头脑提供思路。大学生是接受高等教育的特殊群体，是社会主义建设者与接班人的核心。研究如何有效铸牢在校大学生的中华民族共同体意识，使中华民族共同体教育深入在校大学生的基础性工作，必然有助于在校大学生不断强化中华民族共同体意识，使大学生成为民族团结的坚定维护者。

（二）现实意义

1. 开展本课题研究，有助于加强社会各界对铸牢中华民族共同体意识的重视，为在当地铸牢在校大学生中华民族共同体意识的教学实施提供理论和实践参照。铸牢中华民族共同体意识是中国共产党民族工作和主流意识形态教育工作的重要组成部分。随着时代的发展，民族问题更为纷繁，民族关系及影响民族关系走向的因素也更加复杂。然而，人们的观念还容易停留在以往的经验判断上，对新的国际、国内形势亦容易局限在过往的定式思维中。开展本课题研究既是从学科的角度进行理论探索，亦是从学理的角度为教育管理部门、为相关高校铸牢中华民族共同体意识的科学决策提供依据。

2. 开展本课题研究，有助于从高校的角度强化在校大学生对中华民族共同体理论的全面性理解，有助于提高新时期马克思主义民族观教育的实效性与针对性，强化大学生马克思主义“七观”[①]、“五个认同”、社会主义核心价值观的教育效果。铸牢中华民族共同体意识是马克思主义民族理论体系中国化的最新成果，用马克思主义民族理论中国化的最新成果武装大学生的头脑，促进大学生全面把握中国特色民族工作的理论与实践，做到知行合一，从而进一步坚定理论自信、制度自信、道路自信、文化自信，促进各民族在校大学生交往、交流、交融，构建和谐平安校园文化，自觉筑牢高校意识形态领域反分裂反渗透的钢铁长城，为实现中华民族伟大复兴贡献自己的力量。

研究现状

（一）国内研究现状

尽管中华民族的形成、发展积厚流光，早已蕴藏在博大精深的中国历史中源远流长，但从自在到自觉的“中华民族共同体”作为一个明确的概念被提出并不久远，2014 年 9 月，习近平总书记在中央民族工作会议上提出：“加强中华民族大团结，长远和根本的是增强文化认同，建设各民族共有精神家园，积极培养中华民族共同体意识。”[②] 从党的十八大召开至今，习近平总书记关于中华民族共同体的论述已经成为民族研究与民族工作的理论指

① 马克思主义“七观”指：马克思主义世界观、人生观、价值观、国家观、民族观、文化观和宗教观。（下文统称为马克思主义“七观”）

② 中共中央文献研究室：《习近平关于社会主义政治建设论述摘编》，北京：中央文献出版社，2017 年，第 157 页。

导。通过 CNKI 数据库截至 2021 年的文献检索，共检索出相关文献 3931 篇，研究成果从 2014 年以来呈现出递增的态势，尤其是中央民族工作会议召开之后，以研究“中华民族共同体意识”为主题的文献激增，其中 2014 年 9 篇，2015 年 27 篇，2016 年 33 篇，2017 年 78 篇，2018 年 234 篇，2019 年 458 篇，2020 年 809 篇，2021 年 1747 篇（见图 1–1）；而且这些文献比较多地集中于人文科学、社会科学之中，视角多元、成果丰硕（见图 1–2、图 1–3）。

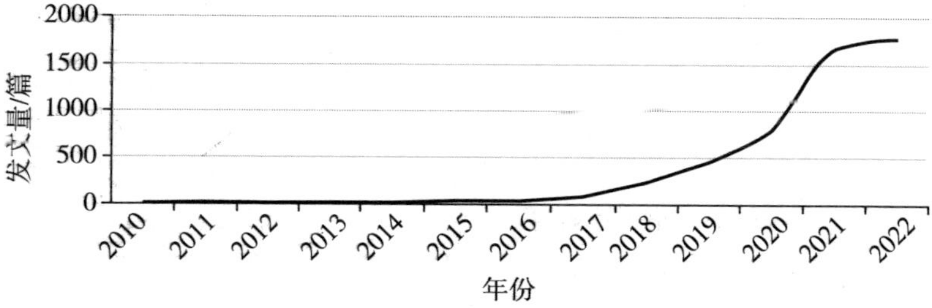

图 1–1 “中华民族共同体意识”发文量总体趋势分析

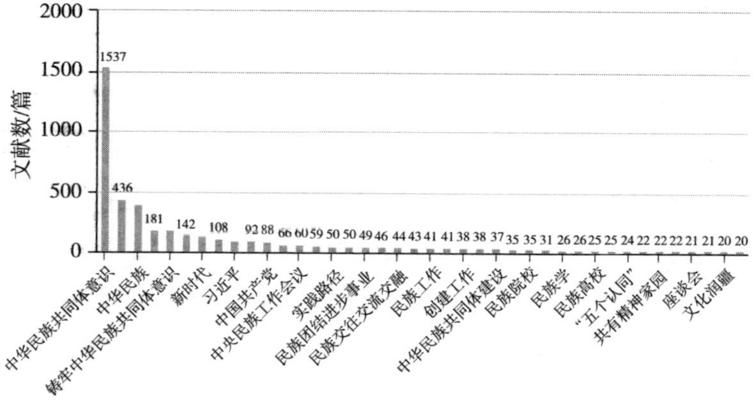

图 1–2 “中华民族共同体意识”发文主要主题分布分析

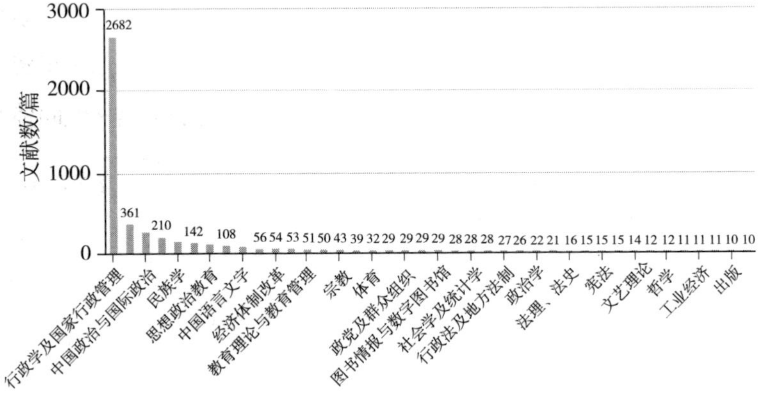

图 1-3 “中华民族共同体意识”发文学科分布分析

以下内容从不同学科与研究范围两个维度分别梳理与中华民族共同体意识相关的研究成果：

不同学科的相关研究：

（1）民族学。民族学是以民族为研究对象，把民族这一群体作为整体进行考察与研究的科学，英国的社会人类学（Social Anthropology)、美国的文化人类学（Cultural Anthropology）和当前并称的“社会文化人类学”（Sociocultural Anthropology)，在研究对象和范围上与民族学相近。在文献检索中笔者发现，以民族学为视角，研究中华民族共同体意识的文献指不胜屈。王延中在《铸牢中华民族共同体意识　建设中华民族共同体》一文中，回顾梳理了新时代民族理论与民族政策思想的创新发展，指出了推进中华民族共同体建设的思路。[①] 徐杰舜在《铸牢中华民族意识：中

① 王延中:《铸牢中华民族共同体意识　建设中华民族共同体》，载《民族研究》第1期，2018年2月。

国民族研究战略方向的反思》中指出，用中华民族共同体意识自觉引导中国民族学学术研究，他强调铸牢中华民族意识是中国民族研究学术自觉的战略方向，该研究需要从当代的实情出发，把对共同体的情感转化为研究共同体的学术热情。①李秀华在《语言·文化·民族：民族语言认同与民族共同体的建构》一文中指出，民族语言是民族共同体形成、聚合的基础，表达、显现、传承民族共同体意识，并提出将语言作为有效工具，从而铸牢中华民族共同体意识。②陈宇在《中华民族共同体的复合互嵌格局与多元一体交融》中指出，“在现代化的进程中通过改变‘空间格局’进行有形之治来推动‘关系格局’的无形之为，调塑多民族互嵌格局和多元一体交融关系”③以达到统一思想，维护国家安全与稳定的目的。孙秀玲的《正确认识“多元一体”是培养中华民族共同体意识的关键》一文指出，正确认识多元与一体的关系，是增进文化认同、提升民族目标引领共同体的发展向度、巩固和发展社会主义民族关系的前提和基础。④陶砥、杨力源在《论习近平“中华民族”观的四重属性》一文中围绕“中华民族”展开论述，在政治文化性、历史必然性、现实合理性、未来可塑性四个方面，明确中华民族共同体的新特性。⑤杨鹍飞在《中华民族共同体认同

① 徐杰舜：《铸牢中华民族意识：中国民族研究战略方向的反思》，载《湖北民族学院学报》（哲学社会科学版）第3期，2018年6月。

② 李秀华：《语言·文化·民族：民族语言认同与民族共同体的建构》，载《西北民族大学学报》（哲学社会科学版）第2期，2018年4月。

③ 陈宇：《中华民族共同体的复合互嵌格局与多元一体交融》，载《广西民族研究》第2期，2018年4月。

④ 孙秀玲：《正确认识“多元一体”是培养中华民族共同体意识的关键》，载《红旗文稿》第10期，2016年10月。

⑤ 陶砥，杨力源：《论习近平“中华民族”观的四重属性》，载《民族学刊》第8卷第5期，2017年9月。

的理论与实践》一文中指出，明晰内部各民族与国家关系的定位，从政治、经济、文化和社会四个方面共同推进，是成为民族凝聚的重要凭借。[①]严庆、平维彬在《“大一统”与中华民族共同体意识的形成》一文中，通过关注中国传统的儒家族类观、西方民族主义思想、马克思主义民族理论等，提出“中华民族共同体意识”来源于“天下观”的古代思想。[②]沈桂萍的《培育中华民族共同体意识构建国家认同的文化纽带》一文指出，构建全民共享的历史文化记忆和共享的现实文化形式，需要从文化类型、文化发展中寻求助力。[③]李秀敏、刘春延在《中华民族共同体意识的形成与培育》中认为，千百年以来，政治制度、经济体系和多元包容的文化，是中华民族共同体意识形成的基石，其具有强大凝聚力和强烈民族归属感。[④]范君、张前在《“石榴籽”效应：铸牢中华民族共同体意识的应然视角》一文中提出“石榴籽”效应，从表述维度、价值指度、培育向度三个方面分析了“百籽合一”的命运共同体，“百籽共生”的精神契合共同体，“千籽如一”的心理认同共同体，“千房同膜”的团结合作共同体。[⑤]李继兴的《从平衡论看中华民族共同体意识的形成》一文，“从应用哲学平衡论的角度看中华民族共同体意识的形成，目的在于求生存、求发展、求公正、

---

① 杨鹍飞：《中华民族共同体认同的理论与实践》，载《新疆师范大学学报》（哲学社会科学版）第1期，2016年2月。

② 严庆，平维彬：《“大一统”与中华民族共同体意识的形成》，载《西南民族大学学报》（人文社科版）第5期，2018年10月。

③ 沈桂萍：《培育中华民族共同体意识构建国家认同的文化纽带》，载《西北民族大学学报》（哲学社会科学版）第3期，2015年6月。

④ 李秀敏，刘春延：《中华民族共同体意识的形成与培育》，载《江苏大学学报》（社会科学版）第2期，2018年4月。

⑤ 范君，张前：《“石榴籽”效应：铸牢中华民族共同体意识的应然视角》，载《青海社会科学》第3期，2018年6月。

求延续”。[①]监督检查司发布《关于铸牢中华民族共同体意识的两点认识》指出，多民族国家建构离不开政治建设、经济建设、制度建设、文化建设、情感建设，铸牢中华民族共同体意识是多民族国家建构的必要途径。[②]沈建波的《毛泽东思想与中华民族共同体研究》一文，注重研究毛泽东等老一辈无产阶级革命家的成功思想，重新解读了中国共产党带领中国人民实现民族独立的历史征程。[③]以上学者从民族学视角进行的研究对笔者后期开展相关研究工作助益良多。

（2）历史学。历史学在我国具有广泛的研究基础和深厚的学术积淀。笔者通过资料搜集发现，以历史学为背景，探讨中华民族共同体意识的研究成果不计其数。彭南生在《辛亥遗产：中华民族共同体建构的新开端》中，理性反思辛亥革命以来的百年历程，指出辛亥革命在中华民族共同体演进史中“独占鳌头”，对其系统研究就需要重新审视辛亥革命在中华民族发展史上的先锋作用。[④]俞祖华在《民国时期中华民族共同体意识的成长》中得出结论，随着辛亥革命的胜利，在中华民国建立以后，中华民族共同体意识被赋予了现代性内涵，并在建设现代民族国家的进程中，更趋自觉，更为明晰，更加深入人心。[⑤]何爱国、颜英《历史教育

---

① 李继兴：《从平衡论看中华民族共同体意识的形成》，载《中国民族报》2017年3月3日，第5版。

② 监督检查司：《关于铸牢中华民族共同体意识的两点认识》，2018年9月17日，https：//www.neac.gov.cn/seac/mztj/201809/1126346.shtml（上网时间：2022年5月29日）。

③ 沈建波：《毛泽东思想与中华民族共同体研究》，载《前沿》第1期，2017年2月。

④ 彭南生：《辛亥遗产：中华民族共同体建构的新开端》，载《史学月刊》第4期，2011年4月。

⑤ 俞祖华：《民国时期中华民族共同体意识的成长》，载《河北学刊》第4期，2018年8月。

与中华民族共同体意识的凝聚》中主张以历史的内在性协调一致的方式诠释行为方式、行为产物、观念态度，达到聚合共同体释义的目的。[①]孟凡东、王秀娟在《抗日战争时期中华民族共同体意识的三大核心特征》一文中强调，抗日战争的14年，是中华民族百折不挠反抗外敌侵略的时期，更是激发共同体成员万众一心、精诚团结的重要节点，这一时期也是民族发展标的、共同体生存意识觉醒的形成时期。[②]上述学者依托历史学进行的相关研究，为笔者梳理"中华民族"自在—发展—自觉的过程提供了历史研究基础。

（3）法学。笔者进行资料搜集、整理、归纳、分类相关研究成果时发现，已经形成一批在法学的理论指导下将中华民族共同体意识作为研究对象的科研成果。魏健馨在《共同体意识的宪法统合》一文中，通过观察国家意识、公民意识与民族意识的生成与变化，运用宪法学视角思考国家与公民之间的关系，认为全球化、多元化使得主权国家外部与内部均存在分化现象，传统国家的居民在心理层面已悄然发生变化。强化全体社会成员的国家认同，需要发挥宪法在塑造国家意识、公民意识与民族意识方面的独特功能，通过"宪法宣誓制度"表达对国家的效忠，利用"宪法救济制度"保障公民的基本权利。[③]倪国良、张伟军在《中华民族共同体的法治建构：基础、路径与价值》一文中指出，需要发展和完善民族区域自治制度，用宪法化、法治化构建正义的内部

---

① 何爱国，颜英：《历史教育与中华民族共同体意识的凝聚》，载《中国民族报》2017年6月9日，第8版。

② 孟凡东，王秀娟：《抗日战争时期中华民族共同体意识的三大核心特征》，载《中国民族报》2017年3月31日，第6版。

③ 魏健馨：《共同体意识的宪法统合》，载《学习与探索》第7期，2018年7月。

族群权利体系是新时代国家治理现代化视野下推进中华民族共同体建设的必然选择。[①]以上研究成果从法律法规建构等视角对铸牢中华民族共同体意识进行论述，拓宽了笔者的学术研究视野。

（4）政治学。政治学是研究国家或以国家为中心的各种政治现象和政治关系的科学。关于铸牢中华民族共同体意识，国内的政治学者们依托所学专业也展开了热烈的探讨。关凯在《建构中华民族共同体：一种新的文化政治理论》一文中强调，国家内部的族群和文化多样性是新中国国家建设的强大优势，国家需要共同体意识提升理论说理能力。在精神领域，同样也面临着纷繁复杂的世界民族主义浪潮及逐渐分化的价值观在精神层面上的挑战。因此，国家需要创新文化政治理论，摆脱“食洋不化”与“食古不化”两种极端化知识取向，其本质是要实现根据国家建设需要而设定的规范性政治目的。[②]麻国庆在《记忆的多层性与中华民族共同体认同》中指出，以中华民族的共同记忆为突破口，以不同区域民族规范产生的依据为轴线，深入分析跨境、跨海民族的集体记忆与中华民族共同体意识认同之间的关系，通过揭示文化互化的民族走廊和环中国南海通道，提出中华民族的共同命运、共同记忆奠定了今日中华民族共同体认同的基础，并通过揭示文化共化的共同记忆强调生活的集体性维度。[③]陈丽明在《关系理性：一种解读“中华民族共同体”的新视角》一文中提出，铸牢中华

① 倪国良，张伟军：《中华民族共同体的法治建构：基础、路径与价值》，载《广西民族研究》第5期，2018年10月。

② 关凯：《建构中华民族共同体：一种新的文化政治理论》，载《中央社会主义学院学报》第5期，2017年10月。

③ 麻国庆：《记忆的多层性与中华民族共同体认同》，载《民族研究》第6期，2017年12月。

民族共同体意识需提升中华民族在参与国际活动时的内在竞争动力。[①]张会龙、冯育林在《共同体视阈下的中华民族意涵分析及其可能限度》一文中主张，利用共同体本身固有的政治悖论——历史文化形态属性、社会联结属性、精神命运属性等，认知中华民族共同体。[②]陆卫明、张敏娜在《铸牢中华民族共同体意识论略》一文中提出，我国当前新的社会主要矛盾、新的奋斗目标和风险挑战，是中华民族共同体意识确立的现实基础，需要用集中统一的权威领导，推动全民族内生动力完成从量变到质变的飞跃。[③]以上学者用政治学的方法研究中华民族共同体意识，为笔者提供了强有力的互鉴工具。

（5）教育学。以教育学为视角，对中华民族共同体意识展开研究的文献并不十分广泛。商爱玲在《铸牢大学生的中华民族共同体意识》一文中强调高校在传道、授业、解惑中的特殊性地位，高校的思想政治工作必须与时俱进，以文化理念对象性活动的具体样式阐发教育习得在民族发展进程中的同一性。高校要以特定的主导性作用于政治教育与道德感化，强调人化世界与意义世界相统一的观念，以滋养心灵、涵育德行、引领风尚的形式培养新时代的大学生。[④]孔宝刚在《中华民族共同体意识的运用策略》一文中建议，促进“五个认同”和社会主义核心价值观培育相接壤，从历史、情

① 陈丽明：《关系理性：一种解读“中华民族共同体”的新视角》，载《中国民族报》2018年8月10日，第5版。

② 张会龙，冯育林：《共同体视阈下的中华民族意涵分析及其可能限度》，载《思想战线》第3期，2017年6月。

③ 陆卫明，张敏娜：《铸牢中华民族共同体意识论略》，载《贵州民族研究》第3期，2018年6月。

④ 商爱玲：《铸牢大学生的中华民族共同体意识》，载《西南政法大学学报》第1期，2018年2月。

感、机制、文化等多个角度强化大学生的认同。[①] 杨胜才、赵继伟在《深化民族团结进步教育铸牢中华民族共同体意识》一文中提出，将系统性原则、精细性原则、协同性原则纳入高校思想政治理论课的体系之中。[②] 上述文献从教育学视角，论述培养当代大学生的中华民族共同体意识，为笔者后续的研究工作提供了借鉴。

不同内容的相关研究：

（1）关于铸牢中华民族共同体意识的历史背景。郝时远指出，近代世界民族主义浪潮迭起，新兴的民族资产阶级踏上政治舞台，开始发挥作用。辛亥革命推翻昏庸无能的清政府后，中国面临向现代国家转型的危机，在“五族共和”“三民主义”等思想的宣传下，孙中山领导的资产阶级大力倡导“西学东渐”“西体中用”在一定程度上促进了中华民族共同体意识的觉醒。[③] 胡俊修强调，辛亥革命促成民族融合，成为现代民族国家形成的历史基石，也成为构建中华民族共同体意识的重要方式。[④] 关健英认为，“夷夏之辨”是中华文明形成的根基，是中华民族共同体意识的思想源泉，体现了华夏诸民强烈的主体本位意识，对自我“族类”的认知，对他族文明的借鉴、吸纳和包容。[⑤] 张茂泽提出，中华民族共同体意识超越了历史上以利己主义为核心的各种民族主义意识，是中国

① 孔宝刚：《中华民族共同体意识的运用策略》，载《中学政治教学参考》第 21 期，2018 年 7 月。

② 杨胜才，赵继伟：《深化民族团结进步教育 铸牢中华民族共同体意识》，载《学习时报》2017 年 11 月 27 日，第 4 版。

③ 郝时远：《辛亥革命与中华民族内涵之演变》,《民族研究》第 4 期，2011 年 8 月。

④ 胡俊修，李美佳：《建国以来的辛亥革命纪念——以中华民族共同体的构建为视角》,《党史研究与教学》第 5 期，2011 年 10 月。

⑤ 关健英：《夷夏之辨与中华民族共同体意识的形成》，载《船山学刊》第 1 期，2016 年 2 月。

特色社会主义阶段的民族共同体意识。[①]高翠莲谈道，抗日战争造就了中华民族的共同命运，塑造了共同体成员的民族文化、民族心理、民族自信，凝聚了中国各民族对共同体的深刻体认。[②]

（2）铸牢中华民族共同体意识的原因和目的。关于铸牢中华民族共同体意识的原因。王延中认为，中国共产党在长期的革命、建设和改革开放的伟大实践中，探索出了中国特色解决民族问题的正确道路。民族传统、文化心理规约作为特定的价值标尺和行为准则决定着民族框架的层次结构。[③]赵刚从国际环境的视角出发，主张以民族情感、规范和目标在场的表达判断、择取和调试共同体的行为，用共同目标引领共同体的发展向度。[④]齐卫平强调，实现伟大的中国梦需要铸牢中华民族共同体意识，需要民族精神发挥强大的能动作用，使中华民族面对困难不畏艰险，面对挑战勇往直前。[⑤]张志巧认为，边疆民族地区中华民族共同体意识的培育和认同关乎民族团结和国家安全稳定，关乎民族地区的社会经济发展。[⑥]刘志玲认为，当今世界局势复杂多变、风云变幻，西方反华势力和敌对势力加紧对我国进行意识形态领域的渗透输出。鉴

---

① 张茂泽：《中华民族共同体意识及其历史基础》，载《长安大学学报》（社会科学版）第20卷第4期，2018年7月。

② 高翠莲：《民族国家的构建与中华民族的文化整合》，载《民族史研究》第1期，2011年1月。

③ 王延中：《铸牢中华民族共同体意识建设中华民族共同体》，载《民族研究》第1期，2018年2月。

④ 赵刚，王丽丽：《中华民族共同体意识的政治属性解读》，载《湖湘论坛》第1期，2017年2月。

⑤ 齐卫平，柴奕：《论新时代统一战线工作与中华民族共同体意识》，载《上海市社会主义学院学报》第3期，2018年6月。

⑥ 张志巧，张建春：《布洛陀文化与壮族地区中华民族共同体意识的培育》，载《广西师范学院学报》（哲学社会科学版）第39卷第3期，2018年7月。

于此，社会成员需要夯实中华民族共同体意识。[①]陈延斌强调，冷战结束后，资本主义用无痕性、内隐性的手段悄然袭扰他国，干涉他国内政外交，试图用西方的价值思想统领世界，在这种背景下需要增强对中华民族共同体意识的认同。[②]左岫仙提出，边疆民族地区的周边局势错综复杂，在特殊性、历史性与现实性等多种因素的影响下，中华民族共同体意识面临着严峻挑战。[③]

关于铸牢中华民族共同体意识的目的。王文光认为，价值共识能生发统一的共同行动，情感、规范和目标对共同体具有强大的感召力，它们是凝聚群体意识的根基性部分。[④]彭谦提出，要激发各民族共同的历史记忆、夯实各民族共同的政治认同，共同谱写中华民族伟大复兴的中国梦，就需要最大限度唤起各民族积极投入国家建设，促进民族团结，增强社会凝聚力，提升各民族交往交流的动力。[⑤]

（3）铸牢中华民族共同体意识的措施。哈正利认为，铸牢中华民族共同体意识，首先要强化“以人为本，心物并重”的民心意识；其次要强化“尊重差异，包容多样”的包容意识。[⑥]陆卫明

---

① 刘志玲：《试论中华民族共同体意识的培育》，载《广西科技师范学院学报》第4期，2017年8月。

② 陈延斌：《全球化背景下铸牢中华民族共同体意识的路径》，载《中国民族报》2018年8月3日，第5版。

③ 左岫仙：《强化边疆民族地区的中华民族共同体意识》，载《世界知识》第21期，2017年10月。

④ 王文光，徐媛媛：《中华民族共同体意识形成与发展的历史过程研究论纲》，载《思想战线》第44卷第2期，2018年3月。

⑤ 彭谦，程志浩：《认同整合与中华民族共同体意识的培育》，载《中国民族报》2017年3月17日，第5版。

⑥ 哈正利：《中华民族共同体意识基本内涵探析》，载《中国民族报》2017年2月24日，第5版。

提出铸牢中华民族共同体意识的三项措施：一是深化各民族对中国共产党领导的政治共同体的认同；二是全面攻坚小康，培育各民族对利益共同体的认同；三是大力倡导文化共建，凝聚各民族对中华民族心理共同体的认同。① 刘柳认为，文化心态上的认同感和归属感是铸牢中华民族共同体意识的基础，以主流文化为引领，才能最终凝聚形成共同的价值取向。② 何芳东强调，潜移默化的涵育与情感浸透的滋养指向了铸牢中华民族共同体意识最深度、最本质的体认，文化信息的护持和维系推动了共同体意识凝聚。③ 李晓峰指出，用新时代高品格的价值体系构成共同体明确的生活体系，以相互贡献的文化共化连接共同体成员的价值思维，为铸牢中华民族共同体意识提供精神动力。④ 李秀敏认为，中华民族共同体意识是一种精神纽带，能有效增进民族团结、汇聚民族力量、促进民族交往交流交融，具有强大凝聚力和强烈民族归属感。⑤ 张志远提出，需要通过增强“五个认同”，构筑各民族共有精神家园；通过高度重视民族团结，让各民族同胞在中华民族大家庭中手足相亲、守望相助。⑥ 赵英认为，要构筑意识形态的安全屏障，

---

① 陆卫明，张敏娜：《铸牢中华民族共同体意识论略》，载《贵州民族研究》第 3 期，2018 年 6 月。

② 刘柳：《弘扬齐鲁优秀传统文化 铸牢中华民族共同体意识》，载《山东省社会主义学院学报》第 2 期，2018 年 4 月。

③ 何芳东：《筑牢中华民族共同体意识——基于宗教文化、民俗文化传承与两岸中华文化认同》，载《辽宁省社会主义学院学报》第 1 期，2018 年 3 月。

④ 李晓峰：《论少数民族文学的社会功能与评价体系》，载《民族文学研究》第 39 卷第 3 期，2021 年 5 月。

⑤ 李秀敏，刘春延：《中华民族共同体意识的形成与培育》，载《江苏大学学报》（社会科学版）第 2 期，2018 年 4 月。

⑥ 张志远：《铸牢中华民族共同体意识的边疆实践与探索——召存信民族团结事迹及启示》，载《云南社会主义学院学报》第 20 卷第 1 期，2018 年 3 月。

重视全民族教育和全面教育。[①]张立辉强调，坚持马克思主义中国化，内蕴民族共同体的共同性要求，聚焦民族成员关系的价值表达。[②]赵继伟提倡，将系统性原则、精细性原则、协同性原则纳入高校思想政治理论课的体系之中。[③]张涛指出，引导教育教学相关的制度设计，设立教学活动、明确教育规律、提升教育内容、实施高质量的教育方法。[④]孟瑜提出，通过构建“大思政”教育平台，建立“数字”思政模式，以更好地提高教育的针对性和适用性，形塑教育对象生活模式和行为范式。[⑤]

（4）铸牢中华民族共同体意识的影响作用。王延中提出，在民族框架体系内，世界观、价值观和生活方式是共同体成员自由自觉的缩影，彰显了社会成员在新时代聚合的共同体释义。在此意义上，民族情感处于最基本的层次主宰着共同体的生命，调试着民族成员的思想与行为。[⑥]巴特尔强调，中华民族共同体意识是凝结各民族共同团结奋斗的强大精神纽带，是凝聚各民族共同繁荣富强的强大精神动力。[⑦]张淑娟认为，中华民族共同体意识客观

---

① 赵英:《新时代青海藏区民族团结进步教育与铸牢中华民族共同体意识刍议》，载《民族教育研究》第29卷第4期，2018年8月。

② 张立辉，许华峰:《积极培育中华民族共同体意识路径探析——以西南民族大学民族团结教育为例》，载《西南民族大学学报》(人文社科版)第36卷第5期，2015年5月。

③ 赵继伟，杨胜才:《大学生中华民族共同体意识培育的基本原则》，载《中国民族报》2017年3月17日，第6版。

④ 张涛，瞿秋美:《少数民族地区高校意识形态的教育路径探析——以培育中华民族共同体意识为视角》，载《广西青年干部学院学报》第1期，2018年2月。

⑤ 孟瑜:《铸牢大学生中华民族共同体意识研究》，载《黑龙江民族丛刊》第3期，2018年6月。

⑥ 王延中:《铸牢中华民族共同体意识建设中华民族共同体》，载《民族研究》第1期，2018年2月。

⑦ 巴特尔:《铸牢中华民族共同体意识　奋力实现伟大复兴中国梦》，载《中国民族》第7期，2018年7月。

上限制了民族分裂活动的发展，使民族分裂主义失去民心，使国家统一和民族团结得以维护。[①]孔亭指出，新时代铸牢中华民族共同体意识，决定着共同体的性质、方向和效用，投影在民族关系的阐析里，成为民族愿景实现的动力和源泉。[②]宋全提出，新时代中国民族工作面临难得机遇，新理论的创新发展促使中国人民把握时代格局，积极应对各种严峻挑战为实现中华民族伟大复兴的中国梦建功立业、添砖加瓦。[③]张志强认为，铸牢中华民族共同体意识关系到权利和义务的交互、社会的进步和国家的统一。[④]

总体来说，近年来学界对铸牢中华民族共同体意识进行了大量研究，研究领域有所扩大，研究方法较为丰富，呈现出多个学科领域交叉，多种研究方法并用，多类型多层次研究成果丰硕的局面，这为本课题研究奠定了坚实的基础。然而，尽管关于铸牢中华民族共同体意识的研究成果批量涌现，但从边疆少数民族地区、边疆学的角度去系统研究铸牢中华民族共同体意识的成果还很少，这也为本课题研究留下了拓展空间。

3. 国内既有研究成果的局限性及未来拓展空间的可行性

2014年以来，“中华民族共同体意识”作为高频词成为广大学者及科研工作者的研究热点，多视域、多领域、多维度的研究逐渐呈现出相互交叉、互融互嵌的趋势，但相比于“中华民族共同体”的研究成果，“铸牢中华民族共同体意识”的发文量明显不

① 张淑娟：《论中华民族共同体意识对近代中国民族主义的形塑与修正——以中国共产党为例》，载《广西民族研究》第3期，2018年6月。

② 孔亭：《新时代铸牢中华民族共同体意识的重要意义》，载《辽宁省社会主义学院学报》第3期，2018年6月。

③ 宋全：《切实铸牢中华民族共同体意识》，载《中国民族》第1期，2018年1月。

④ 张志强：《西部民族地区青年中华民族共同体意识的构建研究》，载《青海民族研究》第28卷第4期，2017年10月。

足。尤其是如何在少数民族及少数民族地区有效建构铸牢中华民族共同体意识的机制性问题，研究成果数量有限、研究质量不高，目前仍然是研究的短板。而绝大部分学者研究的注意力往往过于集中在文化建设、国族构建、民族认同等领域，且在研究成果中用大量篇幅叙述中华民族，研究停留在表象，将民族交往交流交融、民族团结进步事业的发展实践与中华民族共同体意识割裂开，没有做到学术研究的融会贯通，整体性研究缺乏理论与实践的结合。在“铸牢中华民族共同体意识”的对策和策略研究中，视角拘泥于文、史、哲等人文社会科学的主题，没有和新时代中国民族理论工作的理论践行性、基层推行性、区域差异性等契合，而是浮于表面，可行性、推广性、应用性不高，“地气”不足。党的十九大明确提出“铸牢中华民族共同体意识”，这一创新理论为中国民族工作指明了正确的前进方向、设立了精准的行动标尺、带动了学界的研究浪潮，但如何把理论创新与新时代民族工作的践诺相融合，真正做到理论指导实践，实践适应于社会，是目前有待解决的发展性问题。笔者认为，这一研究领域的空间拓展，有必要厘清三种关系。

（1）厘清研究对象的内涵和外延的关系。“中华民族共同体意识”并不是一座无基之塔、无本之木，而是与中华民族—中华民族共同体相伴相生的“民族意识”，属于意识形态能动体系，其发展演变早已紧密嵌入中华民族命运共同体、经济共同体、文化共同体的演进历程之中，集中体现了中华民族在长期的历史发展过程中形成的政治上统一团结，经济上相依为命，文化上多元一体，情感上相濡以沫的民族共同体。这种你中有我、我中有你、谁也离不开谁的交汇融合性，正是数千年来支撑“普天之下，莫非王土”的民族共同体本质，是“中华民族共同体意识”得以生存的客观实在，是建立在共同历史记忆、共同价值诉求、共同物质基础、共同精神信仰、共同公民身份基础上的共同体。因此，厘清“中华民族共同体意识”的内涵和外延，为更精准、更全面、更鲜明地研究“铸牢中华民族共同体意识”提供了基本的要素，勾勒出宏观的研究框架。以此为基础，我们才能清晰研究的侧重点，才能领会习近平总书记在十九大报告中强调的“铸牢中华民族共同体意识”的顶层设计在“全面贯彻党的民族政策”中用“深化民族团结进步教育”“加强各民族交往交流交融”的举措来夯实意识形态教育的中流砥柱作用。

未来的进一步研究应该紧密切合新时代的主题，把握“铸牢”的主体，推进“中华民族共同体”的实体建构，切入多民族的民族特性、民族差异性、文化多样性，聚焦如何在实现两个一百年，中华民族伟大复兴，实现中国梦的战略构想下，充分发挥“中华民族共同体意识”的强大能动作用。

（2）厘清“多元”与“一体”的关系。新时代的改革开放，成就了中华民族登上世界舞台的百年梦想，“走出去”战略的实施让更多的国家了解到了中华文化，同样也让中华民族感受到他国的“文化多样性”。如何在多种学术思潮充斥、混杂、混乱的西方文化体系中抽丝剥茧、去粗取精、推陈出新得到有益的信息，如何构架以中华民族共同体意识为主流意识形态的“共同体意识”，是当代中国哲学社会科学体系建构工作的当务之急。但从历年的研究成果来看，笔者观察出，一些研究者容易出现“两极分化”的倾向，研究对象“片面化”“拘泥化”，研究内容受到“大汉族主义”或“狭隘的民族主义”意识的影响。他们在研究成果中要么只关注中华民族的“一体”性，疏忽各民族“多元”性下共享、共创、共建、共赢的客观实在；要么过分强调各民族的“多元”性，忽略中华民族“一体”性下的历史背景、共同记忆、共有价值的自然属性，使研究过于“宏观”而不通“民情”，缺失了研究成果的实用性、推广性及可应用性。这两种研究倾向不但不能解决中国民族理论工作中的实际问题，反而削弱了“铸牢中华民族共同体意识”的前进步伐，阻碍了“大家庭”内部各民族的交往、交流、互融、互嵌，使得“铸牢中华民族共同体意识”流于形式，成为口号，而不能真正落入“民间”，不能真正沁入各民族情感、烙入各民族头脑，从而难以坚定中华民族的共同信仰，制约了“中华民族共同体意识”的主观能动性。

中华民族共同体意识下的“多元一体”是“一体”包含“多元”，“多元”组成“一体”，“一体”离不开“多元”，“多元”也离不开“一体”的辩证统一。“一体”是中华民族大家庭，“多元”是家庭成员，而各民族之间的关系犹如大家庭里不同成员的关系。“一体”融通“多元”，“多元”充裕“一体”，好比紧密团结的石榴籽，“由结合而凝聚，所具有固而不解之形”[①]。过分强调“多元”，中华民族共同体意识就会失去实力，失去光芒；片面强调“一体”，中华民族共同体意识又会丧失活力，缺乏色彩。

未来的研究，我们必须以习近平新时代中国特色社会主义思想为理论指引，扎根于“中国是一个统一多民族国家”的基本国情，积极发挥中国特色社会主义民族理论体系的解读功能和指导作用，全面贯彻党的民族工作新思路、新布局、新部署，不断完

① 余梓东：《解析民族团结教育难题》，载《云南民族大学学报》（哲学社会科学版）2016年第1期。

善中华民族共同体意识的正确调控功能。

（3）厘清研究方法的多维协同关系。正确可行的研究方法是进行科学研究的必要举措，如何将“铸牢中华民族共同体意识”这一新时代的理论，借助多维广角的新式理念介质，克服片面、单调、禁锢的思维逻辑模式，努力将理论认知功能和践诺履行功能互融、互嵌是厘清研究方法的第一步。

“铸牢中华民族共同体意识”的研究内容非常庞大，涉及政治、经济、文化、社会、教育、环境、历史、宗教等，这种综合性、系统性、机制性强大的研究对象，单独依靠一种或几种研究方法是无法精细解读、细致研究透彻的，需要成为中国特色民族理论工作的研究门类，借助民族学、社会学、人类学、教育学、传播学、心理学、宗教学等学科体系的研究方法，通过多维协同的创新理念逐步推进、系统研究。

新时代是大数据的时代，先进的计算机应用技术及数学解析知识是我们开展相关研究的必备技能之一。把大数据的应用结合到文献梳理的前期研究工作中，充分借用各类数据分析库、资料储存库，严谨客观地校正相关的历史资料和信息素材，梳理中华民族关系史，以求得到更为有效、合理、全面的原料。在已有真实资料的基础上，必须理论回归实践，实现文献、数据、实证资料的综合性、互惠性、贯穿性。综合利用问卷调查法、深度访谈法、个案分析法等实证研究方式，对中华民族共同体的形成历史作深度研究，从地理、历史、文化、政治、经济等方面，深入民族聚居区、民族散杂居地区、城市民族社区，搜集丰富的第一手资料，诸如各民族使用国家通用语言文字情况、民族团结进步情况、社会结构与社区环境嵌入情况等，再进行多维度的比较分析研究，用数据说话，为全面把握铸牢中华民族共同体意识的现状、成就、经验提供基础保证，为铸牢中华民族共同体意识的路径探索提供历史借鉴和智力支持。

基于厘清研究对象的内涵和外延的关系，厘清“多元”与“一体”的关系，厘清研究方法的多维协同关系，可以在前人的研究基础上进一步冲破视野的局限性，重新调整研究思路，拓宽研究领域，总结规律，分析得失，深入解构中华民族共同体意识的本质、属性、表征、价值及功能，解析中华民族共同体意识所面临的主要问题和制约因素，从而探索出符合民族发展规律的、适应新时代发展要求的中和位育之道。

总之，中华民族作为民族实体，历经中国古代“天下观”“华夷之辨”，西方化的“五族共和”“国族主义”，新时代的“中华民族共同体”，其起源于中国古代哲学思想，形成于中国历代王朝更迭，觉醒于近代民族危殆、国家危亡时，再造于革命斗争、国家建设中，中华民族的千年历程早已融会贯通于中国历史文化的发展过程之中，谱写出一曲“自在—自觉”的中华民族文明进程史。中华民族共同体是对存在几千年的民族实体深层次的凝练。在中国各民族交往、交流、交融的历史岁月中，通过政治、经济、文化、社会的共同选择与依存互动，中华民族不断凝聚各方面力量，使中华民族共同体成为“推动中国多民族国家结构形式加以维系和强化的基础性政治资源”[①]。

“铸牢中华民族共同体意识”的提出是中国历史遗产、文化遗产与中国现实、中国民族理论、中国民族政策的有机、有效结合，是不可轻视的政治文化资源。在今后的解读、研究工作中，需要

① 陆海发:《民族国家视域下的中华民族共同体建设研究》，载《云南民族大学学报》（哲学社会科学版）第33卷第2期，2016年3月。

极力避免“食而不化”与“断章取义”的研究趋向，防止走入科学研究的“瓶颈”与“迷障”。中华民族共同体意识是一个多层次、立体化、广视角的思维意识机制，以“统一多民族国家”“中华民族多元一体格局”的形成和发展为历史载体，依附在中华民族历史文化的进程中，扎根于中国各民族、各阶层的主流意识形态认同中，伴随着中华民族共同体的自在—自觉，历经岁月的洗礼、多元文明的碰撞、主流文化的凝聚成为具有顽强生命力的、完整的、统一的新时代话语体系。铸牢中华民族共同体意识是新时代中国民族工作、中国特色民族理论工作的思想主线，是对中华民族共同体建构的政治认同与理论认同，是对中华民族共同体意识形态领域的自觉，对其进行深刻探讨，有助于全面理解与准确把握这一思想的地位、意义、价值，有助于在既有研究成果的基础上作更深入的研究与挖掘。

（二）国外研究现状

国外学者关于共同体的相关论述大致集中在下述几个方面：

第一，基于社会学角度研究共同体。滕尼斯在《共同体与社会：纯粹社会学的基本概念》一书中，从人类社会发展的角度入手，用比较研究法将“共同体”与“社会”进行性质对比，认为共同体是社会成员关系的价值表达，其表现了人类生活的社会性，共同体的构建有赖于社会全体成员的相似生活习惯、相近社会评价标准、相互认同机制的形成。因此，共同体是一切具象理念与行为示范的基石，融汇为社会成员特有的自身价值。[①] 涂尔干强

① 〔德〕斐迪南·滕尼斯：《共同体与社会：纯粹社会学的基本概念》，林荣远译，北京：商务印书馆，1999 年。

调，个人在共同体中不具备独立人格，社会成员是以其相似性为基础，在共同体中“机械团结”，而个人在社会中具有独立人格且拥有自我活动空间，是建立于确定关系之上的系统，体现为“有机团结”。[①] 鲍曼则在《共同体》一书中强调共同体的价值性，在他的理论视域中，共同体是安全的标志与和谐的代表，一旦失去共同体，人们的安全感和归属感也将随之失去。共同体总是好东西，可以将相差异的个体诉求整合成一个社会统一性的基础，规范并推动同类价值意识相结合，最后映射在民族凝聚的阐发中。[②]

第二，基于共同体主义与社群主义研究共同体。共同体主义者们批判自由主义理论过分重视个人权利和自由，认为离开共同体，个人的权利和自由就无从谈起，个体只有在共同体中才能获得最基本的认同。因此，个人想要获得真正意义上的自由，想要得到基本的保障，就必须通过共同体的必要约束来实现。马克思赞同共同体主义，他预测了人类社会共同体的发展方向，并运用政治经济学对其做出了科学的分析。

第三，基于马克思主义研究共同体。大冢久雄在其著作《共同的理论基础》一书中，将共同体置于经济发展史中，揭示其根本性质，并通过共同体的消解对资本主义的形成和发展做出详细论述，认为随着经济的向前发展，共同体将会自行崩溃。望月清司认为马克思所理解的历史具有三个阶段，即从宏观上来说就应该是过去、现在和未来分别对应着共同体、市民社会和社会主义。[③]

---

① 〔法〕埃米尔·涂尔干:《社会分工论》，渠东译，北京：生活·读书·新知三联书店，2000 年。

② 〔英〕齐格蒙特·鲍曼:《共同体》，欧阳景根译，南京：江苏人民出版社，2007 年。

③ 韩立新:《望月清司对马克思市民社会理论的研究》，载《南京大学学报》（哲学·人文科学·社会科学版）第 4 期，2009 年 8 月。

古尔德也在其著作中明确指出，资本主义国家不能从根本上为个人的自由发展保驾护航，因为，在资本主义条件下，个体与共同体处于极端的对立之中，这意味着，资本主义必然走向解体。[①]

综上所述，国外学术界的相关研究比较集中于对"共同体"、"马克思主义共同体思想"的研究，缺乏对中华民族共同体、中华民族共同体意识的研究成果。

研究内容

本书以民族理论与民族学为研究视角，以在校大学生为研究对象，以铸牢中华民族共同体意识的理论探索、实证研究、系统分析、属性分析及对策研究为研究主题，全面剖析在校大学生中华民族共同体意识的构成现状、认同程度、教育水平、存在问题等问题，从而找出影响大学生中华民族共同体意识形成的制约因素与限制条件，并提出相关的对策建议，为大学生铸牢中华民族共同体意识提供有效和长效机制，为当前社会稳定和长治久安提供借鉴和启示。

1. 从理论探索角度阐述。主要包括大学生铸牢中华民族共同体意识的重要意义、价值要素（"五个认同"与精神信仰的统一、民族团结进步与交往交流交融的统一、科学理论与价值诉求的统一、社会进步与思想发展的统一）、科学定位（培育体系的整体性定位、教育效用的战略性定位、教育目标的统一性定位、受教对象的差异性定位、施教群体的复合型定位、培育内容的针对性

① 〔美〕古尔德:《马克思的社会本体论：马克思社会实在理论中的个性和共同体》，王虎学译，北京师范大学出版社，2009 年。

定位）。

2. 从实证研究角度解析。主要包括大学生铸牢中华民族共同体意识的现状考察（基本概况，大学生认同程度，教育成效，教育经验）、差异分析（大学生的思想特点，大学生的个体差异、群体差异与区域差异）、存在问题（重要性认识欠缺，内容认知模糊，教学方式、课程体系、教学内容有待完善，学校、学生、社会、家庭密切结合的培育机制需要完备）、存在问题的成因探析（社会因素、学校因素、家庭因素和大学生自身因素）。

3. 从系统分析角度描绘。主要包括大学生铸牢中华民族共同体意识的基础要素（党委政府、社会和高校的主体地位，大学生的主体与客体地位，校内外环境、课程体系、教材的介体地位，主体、客体、介体相互关系）、基本要求（目标、原则、内容）、环境氛围（高校的环境功能、社会的环境功能）。通过系统分析描绘出大学生铸牢中华民族共同体意识的基本章法。

4. 从属性分析角度刻画。主要包括大学生铸牢中华民族共同体意识的本质、特征、功能。通过属性分析刻画出大学生铸牢中华民族共同体意识的维度及层次。

5. 从对策研究角度建构。本课题研究的最终目的和落脚点是建构大学生铸牢中华民族共同体意识的长效机制。主要包括高度重视是大学生铸牢中华民族共同体意识的前提条件（坚持党领导，明确教学活动主旨；坚持方向性，确保办学方针正确；完善责任制，保障教学目标落实；把握时代性，实现课程体系俱进；强调精细性，保证教学内容准确；突出层次性，提高教学活动质量；体现包容性，兼顾其他教育途径）、手段创新是基本保证（工作观念上实现由“堵”到“疏”转变、培养机制上深化对主流文化的思维认知、施教关系上要确立“双向沟通”的模式、培育对象上体现因人施教的原则、教育形式上注重疏导与感化的结合、宣传模式上实行导向与适用兼顾、教育维度上发挥家庭与社会的作用)、形式变革是重要举措(有效整合社会相关资源、营造团结和谐校园文化、加强多维课程体系开发、推进校园网络平台建设、提升大众传媒载体作用、发挥学生党建引领作用、强化学生自我教育作用)、长效机制的建构是关键路径(领导负责机制、预警研判机制、持续激励机制、全面保障机制、工作联动机制、队伍建设机制、社会参与机制)。

研究方法

1. 文献研究法：通过收集相关文献来获得研究资料，为全面、正确了解、掌握所要研究的问题奠定基础。在论文的选题论证阶段，笔者广泛搜集相关史料、著作、期刊、论文，充分利用网络研究资源，不断丰富研究材料。在论文写作阶段，笔者将结合相关资料，以数据、材料为依据，结合相关的理论对铸牢在校大学生中华民族共同体意识做出科学分析、客观论证和正确研究。

2. 问卷调查法：笔者采用问卷调查和个人深度访谈相结合的方式，选取了全国范围内 10 省(市、自治区)的不同区域、不同层次、不同类别的 10 所高校进行田野调查，学校类型覆盖理、工、农、医、文科类，具体包括中央民族大学、内蒙古大学、南京医科大学、陕西师范大学、华中农业大学、中南民族大学、西南交通大学、云南民族大学、兰州大学、北方民族大学。问卷调查充分考虑了人口学变量，男女比例均衡，涉及不同年级、不同专业、不同民族、不同政治面貌的在校大学生，采取分层抽样的方法，共发放调查问卷 1000 份，回收问卷 900 份，其中有效问卷 840 份，有效回收率 84%，将有效调查问卷运用 SPSS22.0 软件（依据四舍五入，保留小数点后一位的统计方式）进行了统计分析。这是形成本专题定量研究的基础。

3. 深度访谈法：从思政教师、专业教师、在校大学生三个层面选取了具有较典型代表性的样本，其中深度访谈教辅人员 100 人，深度访谈在校大学生 100 人，以补充和校正相关田野调查数据。

4. 数据分析法：在通过调研获得相关数据的基础上，对在校大学生的思想状况采取定性和定量相结合的方式进行研究，以此来把握铸牢在校大学生中华民族共同体意识的实际情况、相关特点和存在的问题。在对调研数据录入与撰写报告时，坚持客观性和真实性原则，依据四舍五入，保留小数点后一位的统计方式，严谨对待数据分析和数据结果。

研究重点、难点、创新点与不足

（一）研究重点

第一，问卷调查和深度访谈设计的内容是否贴切并且如实反映在校大学生的思想实际，是否能获取在校大学生中华民族共同体意识的真实情况，是本课题研究的重点内容之一。

第二，在本课题研究过程中，“铸牢”既是出发点又是落脚点。本课题研究旨在探索铸牢在校大学生中华民族共同体意识的原则、内容、要求、方法、路径和载体等，以实现大学生铸牢中华民族共同体意识的创新性发展。

（二）研究难点

第一，铸牢在校大学生中华民族共同体意识是一个系统工程。从民族理论和民族政策的视角出发研究铸牢在校大学生中华民族共同体意识，既需要把握本学科的特点和研究维度，也要借鉴和使用民族学、哲学、历史学、社会学等其他学科的知识和理论，这种跨学科的研究本身就是一个难点。

第二，本课题研究涉及众多的学术概念，在理论上涉及马克思主义哲学、西方现代哲学和中国历史学等，这些都对课题研究的严谨性提出了很高的要求。

第三，近年来有关铸牢中华民族共同体意识的研究成果较多，如何结合社会、高校和在校大学生发展的实际展开研究，并避免出现语义重复和研究同构及低水平重复研究，这是研究中必须认真对待的难点问题。

（三）创新点

1. 研究内容的创新。第一，本课题研究以马克思主义民族理论与民族政策为研究理论基础，提出并论证了以铸牢中华民族共同体意识为中国民族工作主线的价值原点，探究了大学生铸牢中华民族共同体意识的理论与现实依据。

第二，本课题研究从当前我国的社会环境、高校环境和家庭环境等出发，针对实证分析中的问题及原因，深入探讨了铸牢在校大学生中华民族共同体意识的具体路径及相关对策，具有相应的学术创新价值。

2. 研究视角的创新。从研究视域看，目前在国内学术界，以在校大学生为研究对象，探讨铸牢中华民族共同体意识还属于一个较新的视角，经过笔者检索，目前同类研究成果匮乏。

（四）不足之处

第一，本课题研究较为注重建构铸牢在校大学生中华民族共同体意识的完整学术逻辑，其理论深度还有待进一步挖掘，笔者运用马克思主义民族理论的基本观点和方法解决实际问题的能力还有待进一步提升。

第二，由于中、西方学术界对民族、共同体意识等相关概念的界定有明显区别，有关研究的出发点、着力点存在差异，在综合运用国内外文献时，笔者尚需进一步提高驾驭能力。

第三，在各种因素综合影响下，本课题问卷调查的客观性受限，深度访谈样本具有一定程度局限性；部分受访大学生对中华民族共同体意识认知存在不稳定性和波动性；部分填写问卷者对问卷题目、问卷内容的理解还不够全面和完整，故本文结论不代表大学生铸牢中华民族共同体意识完全之事实，只作为本课题的研究相关依据。

第一章

大学生铸牢中华民族共同体意识的理论探索

2014 年 5 月第二次中央新疆工作座谈会上，习近平总书记首次提出“要牢固树立中华民族共同体意识”。[①]2014 年 9 月在中央民族工作会议上，习近平总书记再次提出“要积极培养中华民族共同体意识”。[②]在第六次中央西藏工作会议中又指出“要大力培育中华民族共同体意识”。[③]2017 年党的十九大报告中明确指出：“铸牢中华民族共同体意识”。[④]至此，习近平总书记的讲话引起了全社会的广泛热议，为学术界开展相关研究指明了方向，为新时代民族研究与民族工作提供了指南。铸牢中华民族共同体意识亦

---

① 习近平：《坚持依法治疆团结稳疆长期建疆 团结各族人民建设社会主义新疆》，2014年5月30日，http ://politics.people.com.cn/n/2014/0530/c1024-25083330.html（上网时间：2022 年 5 月 23 日）。

② 习近平：《中央民族工作会议暨国务院第六次全国民族团结进步表彰大会在北京举行》，2014 年 9 月 30 日，http ://jhsjk.people.cn/article/25763749（上网时间：2022 年 5 月 23 日）。

③ 习近平：《依法治藏富民兴藏长期建藏 加快西藏全面建成小康社会步伐》，2015 年 8 月 26 日，http ://jhsjk.people.cn/article/27516918（上网时间：2022 年 5 月 23 日）。

④ 习近平：《决胜全面建成小康社会 夺取新时代中国特色社会主义的伟大胜利——在中国共产党第十九次全国代表大会上的报告》，北京：人民出版社，2017 年，第 40 页。

成为新时代最大范围内凝聚全体社会成员的重要纽带。

在英、法、德文里出现的 nation 一词，既可以指向国家，也可以指代民族，其词根是来源于拉丁文的 nationem，意译为人种、种族。这似乎是在向我们揭示民族与国家伊始就有着天然不可分割的密切联系。民族作为构成国家的重要元素，其价值维度上呈现出的意识形态性造就了既不可避免又无处不在的“民族思维选择”和“民族情感认同”，所以民族价值观的设立和发展是民族演进史中不容小觑的核心理念问题。综观近代以来世界范围内所发生的国家、地区的各种冲突，都很难抹去错误的民族价值观所引发的社会畸形病态及国家与民族灾难的魅影。中华民族共同体意识正是理性民族精神和正确民族价值观的典范，其“民族共同体意识”是全体社会成员自觉下的与国家一体性思维方式，在国内外反华势力千方百计企图分化中国的今天，更需要全体社会成员凝聚共识，把个人价值与民族精神相融合，铸牢中华民族共同体意识。

第一节　大学生铸牢中华民族共同体意识的重要意义

中华民族是在历史的长河中逐渐凝聚而成的民族实体。伴随着中华民族的蓬勃发展，社会成员产生了一系列共同的理念、认同、意志、情感等心理活动，形塑出中华民族共同体意识。铸牢中华民族共同体意识深刻影响着青年人的认知和行为，当代在校大学生理应成为青年人的榜样和标杆，他们是实现中华民族伟大复兴中国梦的重要力量。

一、奠定维护祖国统一和民族团结思想基础的必要举措

中国所说的民族国家与西方世界的资产阶级所倡导的“一个民族一个国家”有着本质的区别。统一的多民族国家，是中国特有的属性。存在决定意识，中华民族作为自在的共同体，在历史上所形成的“大一统”“天下观”等主体意识形态，其实在一定程度上反映了中华民族共同体意识中维护国家统一、领土完整、民族和睦的理念。在这种持久及稳定的“民族共同体意识”主导下，共同价值诉求、共同理性标准、共同行为范式都发挥着独特、有效的凝聚作用，使中华各民族由血缘聚积逐步迈向地缘凝集，进而在长期的各民族交往交流交融中凝结出中华民族共同体的多维“合力”。虽然中华民族共同体历经分合，饱经风雨，但时至今日，国家统一、民族团结仍然是中国各民族固有的主流意识，所以中华民族共同体对于国家统一和民族团结有着延续传承的归属感和认同感。中华民族共同体意识就是这种众志成城、历经风雨之后的共同价值理念，其蕴藏于悠久的多民族国家政治制度之中，伴随于共同体成员相互认知、认同、交往交流交融的岁月之中，体现于共同体成员普遍遵循的礼法、制度、道德、信仰之中。

中华民族有着悠久的历史基础，共同体成员在这片辽阔的土地上共同繁衍生息。自汉以降，中国古代强调“一体”，即人与自然一体、社会一体、政治一体，这种“大一统”成为历代王朝的最高政治追求，并逐渐成为共同体成员共同的价值诉求，贯穿于中国王朝的实践历程。所以，中华民族演进史就是中国疆域开拓、社会发展、文化繁荣的历程。中华民族共同体意识蕴藏的大一统及其所含蓄的包容精神，使中国境内各民族视统一为主流、视团结为正态，这是中国持续发展的家底与财富。所以，铸牢中华民

族共同体意识必须以维护祖国统一和民族团结为至高利益，让长期以来的共同理想和共同道德情感体认在新时代中华民族共同奋斗过程中继续传承、演进与发展。

高校大学生也是中华民族共同体的重要组成部分，是高素质群体、精英群体，承担社会主义建设者与接班人的重任，也承担反对分裂、维护国家统一和民族团结的法定义务。他们既是热情活泼充满创造力的新生代，又是思想单纯易感情用事的稚嫩体，该群体容易受到各种不良思潮的影响甚至蛊惑。当前，国际环境复杂多变，新冠肺炎疫情带来的一系列次生灾害接踵而至，西方反华势力也乘机迅速迈开分裂中国的步伐，中华民族正处于和平发展和全面复兴的奋斗期、多变期，种种因素制约了高校在意识形态领域的掌控力。因此，大学生铸牢中华民族共同体意识，是高校解决“为谁培养”“怎样培养”“培养什么”问题的一剂旷世良方。在日常教学工作中，需要让大学生了解中华民族共同体的历史，掌握国际国内形势，知晓党和国家民族理论与政策，进而使其从“内化于心”到“外化于行”，在思想和行动中达成一致，使维护祖国统一和民族团结深入各民族大学生的心灵。

二、实现中华民族伟大复兴中国梦的前提条件

中华民族伟大复兴中国梦是共同体成员的“根”与“魂”，是各民族备感骄傲和自豪的奋斗目标。这个梦想，是每一个中华儿女的共同期盼，是实现国家统一富强、民族团结兴盛、人民幸福美好的至高利益。党的十八以来，习近平总书记不断重申和强调凝聚各民族的共同力量，坚持共同团结奋斗、共同繁荣发展，提出以铸牢中华民族共同体意识为主旨的民族工作方针，他指出

“中国统一多民族国家”和“中华民族多元一体格局”是中国的历史和现实，各民族要将这个宝贵财富有效利用于提升共同体成员的幸福感和满足感，这也是实现中国梦的重要任务之一。

1840年，鸦片战争让列强打开了中国的大门，帝国主义的入侵、封建势力的压榨、灭国亡种的危机，史无前例地把中华各民族紧紧连在一起。各民族命运相同、生死相依，无不渴求民族能够独立、国家能够富强。在寻找实现民族复兴道路的过程中，各民族、各阶层、各行业的志士们纷纷寻找救国图存之路，试图拯救中华民族于水火和危难之中，但历经种种磨难都没能最终找到正确道路，在血与火的共同奋勇抗争中中华各民族清醒地认识到，只有共产党才能救中国，只有各民族把自己的命运与中华民族的命运紧密相连，才会有前途，才能有希望。中国共产党领导中华民族共同体众志成城，推翻三座大山，续写中国辉煌历史，取得新民主主义革命的伟大胜利，并彻底改变了中国历史面貌，实现了中华民族独立与解放。经过40多年改革开放和社会主义现代化建设，通过各民族共同团结奋斗，共同繁荣发展，中国共产党带领各民族人民从实践上共建美好家园，从精神上凝聚和深耕，走上了实现中华民族伟大复兴的康庄大道。可见，中华民族伟大复兴中国梦是中华各民族的共同理想追求，凝聚着近代以来无数仁人志士不懈奋斗、上下求索的理想和信念，体现着中华民族共同体的整体利益。实现中华民族伟大复兴的中国梦，“意味着中国人民和中华民族的价值体认和价值追求，意味着中华民族团结奋斗的最大公约数”[①]。铸牢中华民族共同体意识要不断增强共同体成员

---

① 习近平:《建设社会主义文化强国　着力提高国家文化软实力》，载《人民日报》2014年1月1日，第1版。

的凝聚力，构筑共同体成员的共有精神家园，这是实现中华民族伟大复兴中国梦的强大动力。

中国梦的实现不仅仅依靠经济快速健康发展、军事力量不断发展壮大等国家硬实力，还需要以铸牢中华民族共同体意识为灵魂和重点的国家软实力的支撑。铸牢中华民族共同体意识是新时代党和国家制定的重要民族政策，该政策的实行将有效推动实现中华民族伟大复兴中国梦的进程。具体而言，第一，铸牢中华民族共同体意识是构建守望相助、共存共荣和谐关系的力量源泉，是实现中华民族伟大复兴中国梦，增强“四个自信”的必由之路。伟大复兴中国梦根植于民族文化之中，在中国统一国家形成和发展过程中，以中华文化为土壤，以民族团结奋斗为动力的文化系统引领着共同体成员在这片辽阔的土地上，孕育、生成、自觉、发展。习近平总书记指出：“实现中国梦必须走中国道路。这就是中国特色社会主义道路。”[①]走中国特色社会主义道路必须坚持“四个自信”，这是中华民族历经“血与火”的洗礼，在情感寄托和心灵归宿的文化空间中经过艰难困苦才找到的正确之路。中华民族共同体意识是实现“四个自信”的“灵魂”，铸牢中华民族共同体意识能够为坚定“四个自信”提供精神支撑，激励中华各民族更加自觉地走中国特色社会主义道路。第二，铸牢中华民族共同体意识能够培育中国精神。习近平总书记指出：“实现中国梦必须弘扬中国精神。这就是以爱国主义为核心的民族精神、以改革创新为核心的时代精神。”[②]这种心系之、情系之、命系之的爱国主义精神，是中华民族共同体在悠久的历史进程中形成的，是一个国家

① 习近平：《习近平谈治国理政》，北京：外文出版社，2014年，第39页。

② 习近平：《习近平谈治国理政》，北京：外文出版社，2014年，第40页。

长治久安的需要，是共同体成员赖以生存与发展的精神支撑。以改革创新为核心的解放思想、与时俱进、锐意进取的时代精神，是中华民族共同体在改革开放的生动实践中产生的巨大“精神力量”，是推动各民族共同团结奋斗、共同繁荣发展的动力支撑。中华民族共同体意识包含精神层面追求的动力以及信仰，这种民族精神，是共同体成员在漫长的历史岁月中不断积累、沉淀，塑造出中国特有精神，是中华民族共同体不断发展的时代产物。所以，铸牢中华民族共同体意识就意味着弘扬共同体成员的精神动力和价值信仰。第三，铸牢中华民族共同体意识能够充分凝聚中国力量。中国梦是中华民族共同体的梦，更是每一个民族的梦，实现中国梦需要凝聚中华各民族的力量，共同团结奋斗，共同繁荣发展。铸牢中华民族共同体意识是集聚人心、汇聚力量的关键所在，是中华民族共同体最持久、最深层的生存与发展的基础。中华民族共同体意识凝结着共同体成员对“五个认同”的价值认知，是守望传统和创新当代民族精神的伟大实践，体现了共同体成员对国家、社会、个人的价值认同共识。只有铸牢中华民族共同体意识，为共同体成员发展创造更为有利的环境，共同体成员才能有所依归、团结一心、明辨是非，共同为实现中华民族伟大复兴的中国梦释放磅礴的中国力量。新时代的中国梦，属于共同体成员的每一群体、每一分子。“中华民族伟大复兴终将在广大青年的接力奋斗中变为现实。”[①] 高校大学生主要来自全国各地区、各民族，他们有着绚丽多彩的青春之梦，也容易受到社会各方面的不良影响，其中也包括西方反华势力的恶劣影响。因此，在新时代更需

---

① 习近平：《中华民族一家亲 同心共筑中国梦》，载《人民日报》2015 年 10 月 1 日，第 1 版。

要不断强化高校大学生的爱国主义教育，铸牢大学生的中华民族共同体意识，使他们心往一处想、劲往一处使。面对后疫情时代，多元文化交汇下思想意识多样多变的国内外特点，要通过铸牢高校大学生中华民族共同体意识的途径，形成自觉抵制和消除西方错误思潮的影响和渗透的能力，为实现中华民族伟大复兴中国梦凝聚起强大力量。

三、培养社会主义事业合格建设者和可靠接班人的必然要求

大学是培养高级专业人才的重要场所。无论是中国古代的辟雍、泮宫、成均，以及古埃及的宫廷学院，还是中世纪意大利的波伦亚大学，都体现出高等教育的基本职能，即培养社会所需的高级专业人才和高素质人才。随着全球化的飞速发展，大学已不再是“王权贵胄”和“上层阶级”才能享有的特殊教育机构，而是适应于社会发展需求，致力于为国家乃至全人类培育高质量、精业务、尖端口的优质人才。大学的社会地位和应用价值早已摆脱了旧时代的束缚，转而成为当代最重要的人才培育场域。

大学生是青年一代，朝气蓬勃，充满期望。他们承载着国家和民族的希望与未来，是中华民族共同体中最富有生命力和创造力的组成部分。1920 年列宁指出：“真正建立共产主义社会的任务正是要由青年来担负”，“不吸收全体工农青年参加共产主义建设，你们就不能建成共产主义社会”[①]。近代以来，青年大学生们在“五四运动”“一二九运动”等重大历史事件中发挥了重要作用，成为推动中国革命走向胜利的生力军。毛泽东曾指出：“五四以来，中

① 列宁：《列宁选集》第 4 卷，北京：人民出版社，1995 年，第 281、288 页。

国青年们起了什么作用呢？起了某种先锋队的作用……什么叫做先锋队的作用？就是带头作用，就是站在革命队伍的前头。”[①]新中国成立后，随着改革开放事业的推进，青年大学生们充分发挥自己的聪明才智，始终冲在社会主义现代化建设的前列，为中华民族的伟大复兴做出了重要贡献。邓小平曾语重心长地说过：“青年一代的成长，正是我们事业必定发达的希望所在。”[②]在新时代，习近平总书记指出：“历史和现实都告诉我们，青年一代有理想、有担当，国家就有前途，民族就有希望，实现我们的发展目标就有源源不断的强大力量。”[③]大学生是中国未来发展的精英人才与中坚力量，“青年兴则国家兴，青年强则国家强”[④]。因此，培育新时代精英群体，优化当代在校大学生的专业水平和价值理念操守意义重大。这不仅仅关涉到国家与民族发展壮大的基因密码，还关涉到中华民族共同体的巩固，国家综合实力的持续提升。在校大学生也只有练就过硬的本领，树立正确的理想信念，把自身的利益需求和个人的价值追求寓于中华民族伟大复兴之中，同所有共同体成员一起实践于中国特色跨越式发展。

所以，新时代的高校需要在铸牢主流意识形态的基础工程上下功夫，需要在思想政治教育领域收实效，将高度的历史使命感和时代责任感及“五个认同”意识融入高校的教育体系之中，通过思政课程与课程思政，共同夯实在校大学生的理想信念之基，

---

① 毛泽东：《毛泽东选集》第2卷，北京：人民出版社，1991年，第565页。

② 邓小平：《邓小平文选》第2卷，北京：人民出版社，1994年，第95页。

③ 中共中央文献研究室：《十八大以来重要文献选编》(上)，北京：中央文献出版社，2014年，第277页。

④ 习近平：《青年兴则国家兴，青年强则国家强》，载《光明日报》2017年11月16日，第7版。

使之在新时代的航程中奋勇当先、开拓进取、勇往直前。

第二节 价值要素

探究和建构基于新时代中国社会实际的大学生铸牢中华民族共同体意识系统，首先应明确其内部与外部的价值要素。大学生铸牢中华民族共同体意识的价值要素，就是研究该价值要素对高校大学生的发展和社会进步的效用，它表现为“五个认同”与精神追求的统一，民族团结进步与交往交流交融的统一，社会主义核心价值观与时代特色的统一，科学理论与价值诉求的统一，社会转型与思想发展的统一等基本形态。

一、“五个认同”与精神追求的统一

近代以来，许多仁人志士试图运用“师夷长技以制夷”的方式把国外的民族主义模式复刻到中国，梁启超开创性地将“中华”赋予“民族”，形成“中华民族”概念。孙中山主张“三民主义”和“五族共和”来救亡图存，中华民族从“自在到自觉”的转化过程中，就因此嵌入了民族兴衰、社会兴废、国家兴亡的话语体系和行为取向。中华民族是多民族形成的人民共同体，源远流长的历史、丰富多样的文化是所有共同体成员形成稳定心理素质和共同价值诉求的基础，同时，在实现共同经济生活的进程中，迸发出浓郁的民族生命力、创造力和凝聚力，长此以往，共同体的社会文化形态逐步形成并发展完善。

中国56个民族共同缔造了伟大的祖国，共同捍卫了祖国的统一；在相互依存、共同发展中凝聚形成了血肉相连，休戚与共的

中华民族共同体；在漫长的历史岁月中创造和孕育了共同精神家园——中华文化。近代以来，“历史已经并将继续证明，没有中国共产党的领导，民族复兴必然是空想”[①]，“只有社会主义才能救中国，只有中国特色社会主义才能发展中国”[②]。

（一）铸牢中华民族共同体意识与“五个认同”的逻辑关系

习近平总书记在党的十九大报告中指出：“全面贯彻党的民族政策，深化民族团结进步教育，铸牢中华民族共同体意识，加强各民族交往交流交融，促进各民族像石榴籽一样紧紧抱在一起，共同团结奋斗、共同繁荣发展。”[③]习近平总书记提出的铸牢中华民族共同体意识，是共同体成员在长期的互通贸易、共同生活、交谈娱乐、婚丧嫁娶的过程中逐渐形成的对“中国统一多民族国家”和“中华民族多元一体格局”的精神凝聚共识和心理归属认知，是通过对国家、社会、制度、政治、文化、历史等方面的正确认同表达出的对集体身份的一致共识。这种特有的象征自身和所有共同体成员价值表征的一致体认，就是维系共同体成员互守尊严、团结奋进、互帮互助的“脐带”，并以“钙”与“气”的形态注入中华民族精神之中，形成中华民族团结一致的精神品质。

“五个认同”与中华民族共同体意识内涵互嵌，脉理相通。就

---

① 习近平：《决胜全面建成小康社会　夺取新时代中国特色社会主义伟大胜利——在中国共产党第十九次全国代表大会上的报告》，载《党的十九大报告辅导读本》，北京：人民出版社，2017 年，第 16 页。

② 习近平：《紧紧围绕坚持和发展中国特色社会主义　学习宣传贯彻党的十八大精神》，载《十八大报告辅导读本》，北京：人民出版社，2012 年，第 44 页。

③ 习近平：《决胜全面建成小康社会　夺取新时代中国特色社会主义伟大胜利——在中国共产党第十九次全国代表大会上的报告》，载《党的十九大报告辅导读本》，北京：人民出版社，2017 年，第 39 页。

其属性看，中华民族共同体意识与国家、民族息息相关，在国家与民族的发展过程中其“国”的特性最为突出，这种国家意识的特征，通过强调共同体意识来整合公民意识，“可以对抵御极端思想和境外渗透工作发挥直接作用，进而打造维护国家统一的心理长城；还可以合理安排国家、个体在过去、现在与未来的关系，解决传统与现代、现实与理想、选择与归宿的矛盾与冲突”。[①]从根本上巩固中华各民族对国家的认同与共识，凝聚各民族力量，可以为民族团结进步和各民族交往交流交融构建坚实的思想基础和良好的社会环境。就其内容看，中华民族共同体意识所蕴含的对国家的历史、政治、文化、族际关系等方面的价值共识，同时也包括对国家制度、领导力量、发展道路、奋斗目标等认同，是“五个认同”的一种综合性心理认同反映。祖国统一是中华民族共同体得以发展延续的政治基础，爱国主义在认知方面的最高体现就是对伟大祖国的认同，所以坚定对伟大祖国的认同是中华民族共同体的生存之本。中华民族是56个民族的共有大家庭，要实现中华民族伟大复兴就必须强化对中华民族的广泛认同。历史条件下，中华文化是多元的，中华文化作为一个复杂的整体，包括全部知识、信仰、道德、风俗，作为共同体生活价值表达，中华文化是所有共同体成员重要的价值理念。铸牢中华民族共同体意识，必然需要加强共同体成员对特有的行为方式、产物、观念态度的认同，深化共同体成员对中华文化的集体性维度。

中国共产党是实现中华民族独立解放和进行现代化建设的核心领导，对中华民族共同命运与发展希望认同的最高体现，就是

① 张立哲:《培育中华民族共同体意识要彰显其国家属性》，载《中国民族报》2017年9年29日，第6版。

对中国共产党的认同，这是铸牢中华民族共同体意识的关键所在。建设和发展好伟大祖国，必然要求坚持对中国特色社会主义认同，因为只有中国特色社会主义才能发展中国，这是各民族对共同前途、共同利益、共同期望、共同目标认同的基础。所以，“五个认同”是中华民族共同体意识的特质，构成中华民族共同体意识的认识之源，只有共同推进“五个认同”，才能够真正铸牢中华民族共同体意识，“五个认同”才能将内在性结合成协调一致的方式，在“包容浸润与涵养”过程中，发挥新时代的力量。

（二）夯实“五个认同”教育以铸牢大学生中华民族共同体意识

中华民族共同体是一个实体，共同体成员的内在联系与整体不可分割性，对国家统一的前途和共同追求目标的认同，造就了其自身的逻辑自洽性。历经几千年风雨锻造，共同体成员同呼吸、共命运的生态结构，为中华民族共同体意识的生成和发展给予了实践和精神滋养。漫长历史岁月，共同体成员在接触、混杂、联结和融合的集体行为“图式”中，形塑休戚与共、共存共荣、美美与共的和谐关系。这是形成中华民族共同体意识和深化“五个认同”的心理基础，中华各民族与伟大祖国的关系是历史上形成的整体与部分的关系，这是由“统一多民族国家”的国家性、利益性、制度性所决定的。在多民族国家内，在校大学生也是构成民族成员的基本元素，他们既属于本民族的成员，也是国家的公民。在校大学生受国外各种思潮、地域环境等原因的影响，具有其独特的思想意识、心理特征和认知发展规律。因此，不断深化在校大学生“五个认同”的教育，既是法定教育和公民教育的要求，也是国情教育和铸牢其中华民族共同体意识的必然要求，教育过程要在凝聚人心上下功夫，在密切情感上多用力。通过深化“五个认同”教育，引导在校大学生用马克思辩证唯物主义史观看待历史，正确认识统一多民族国家的基本国情；引导在校大学生用历史的眼光和辩证唯物主义的视界看待民族和民族问题，正确认识中华民族多元一体的格局；引导在校大学生用发展的视角和必胜的心态看待中国，正确认识中国共产党的成立是中国历史发展的必然，共同体成员选择中国特色道路是正确道路的事实。从根本上摒弃西方反华势力杜撰的所谓历史、澄清被颠倒的历史逻辑，揭示被掩盖的历史真相，全面肃清历史虚无主义、民族分裂主义、宗教极端主义的流毒，深刻感知被歪曲、杜撰、删减和篡改的历史，终究不能被大众所信服的事实。中国共产党的领导才是共同体成员脱离被奴役的灾难，摆脱被压迫束缚的法宝，坚持走中国特色社会主义道路，各民族人民才能生活幸福安康，中国才能实现和平稳定与复兴发展。同时，还要教育在校大学生用马克思主义文化观正确看待共同体这个民族集合体，以包容、浸润的涵养，涵化状态、濡染过程和涵濡效果，准确了解各民族之间存在的文化差异，以“五个认同”为目标，在校园文化建设中汇集向心力、发展力，加深对中华民族共同体的价值体认。

总之从纵向和横向的两个维度入手，努力增强大学生的中华民族自豪感和幸福感，不断增强其“五个认同”教育，激发他们对中华民族共同体的强烈归属和对美好前景的期望感，这是新时代中华民族共同体建设的关键环节。

二、民族团结进步与交往交流交融的统一

（一）民族团结进步与交往交流交融思想的由来

水本无华，相荡乃生涟漪；族本无怨，团结乃生和睦。由中国传统哲学思想衍生而来的“仁者爱人”“以和为贵”的中国古代“和合”观，是中华民族一直以来保有和传承的社会道德价值观念，其对捍卫国家统一、维系社会稳定、塑造“大一统”的“多民族国家”发挥了重要作用。新中国成立后，如何引领各民族发展繁荣，稳步推进民族地区保持发展定力，找准发展模式，是党和国家思考的重要问题之一。立足“多元一体格局”开展的民族团结进步事业，既是对中国古代“和合”思想的继承，也是维系中国统一多民族国家生存与发展的重要纽带之一，还是马克思主义民族团结理论中国化的成果。在对新时代背景和历史经验的解析下，“深化民族团结进步教育，加强各民族交往交流交融，铸牢中华民族共同体意识”[①]的伟大论述诞生，进一步体现了民族团结进步事业在党和国家长治久安的政策背景下的重要意义，同时，为各民族参与社会改革、科学创新和交流互鉴提供了政策指引和制度保障。在中国统一多民族国家形成发展的漫长历史进程中，中华各民族包括历史上曾经存在的民族，也是中华民族共同体的重要成员，正如恩格斯所说：“在历史舞台上曾经或长或短地存在过一个时期，但后来却成为某一个更有生命力因而也能克服更大困难的较强大的民族的组成部分。”[②]可见，各民族都是伟大祖国形成与发展的参与者、奋斗者，无论是大汉族主义还是狭隘民族主

---

① 习近平：《决胜全面建成小康社会　夺取新时代中国特色社会主义的伟大胜利——在中国共产党第十九次全国代表大会上的报告》，北京：人民出版社，2017 年，第 40 页。

② 《马克思恩格斯全集》第十六卷，北京：人民出版社，1964 年，第 176 页。

义，都是各民族需要剔除的“恶瘤”，这种片面的、错误的、不利于民族团结的顽疾既阻碍各民族的和谐生存，也制约各民族的前途和未来，终究无法铸牢中华民族共同体意识。

（二）“民族团结进步”、“各民族交往交流交融”与“铸牢中华民族共同体意识”的关系

“民族团结进步”“各民族交往交流交融”“铸牢中华民族共同体意识”，是党的十九大报告中关于民族工作的三个关键词，它们共同构成了新时代民族工作的指导思想，也是下一阶段中国民族工作的主要内容之一。从本质上来看，民族团结进步是一种社会关系状态和族际关系状态，民族交往交流交融是一种行为导向选择，中华民族共同体意识则是促成二者得以稳定发挥效能的心理基础和情感寄托。尽管这三者分属于不同方面，内涵各有不同，践行各有侧重，但它们之间并非彼此独立的理论观念和政策目标，而是有着紧密逻辑关联的。如果说民族交往交流交融是一种行为选择，那么民族团结进步就是这种行为选择下的族际关系状态和选择结果，而铸牢中华民族共同体意识既是上述行为选择的心理基础，又是构建和谐族际关系的心理基础；反过来民族交往交流交融是一种正常状态下社会结构的呈现，会进一步推进共同体成员对休戚与共、命运与共的共同价值认知，当民族团结进步的量变达到一定程度之时，共同体成员内在性结合成协调一致的方式被极大催化，转而形成中华民族共同体意识的质变，推动更具高品质、更具丰富内涵的精神模式构成。根据费孝通先生理论阐述，民族团结是中华民族大一统局面形成、统一多民族国家构建的社会关系；民族交往交流交融是民族间大融合大流动的有力推手，

是中华民族多元一体格局形成和发展的核心推动力量。

民族团结进步与民族交往交流交融是一个不可分割的有机整体，二者依托于中华民族多元一体格局的基础，以及同质且一致的整体性观念。作为共同体生活的价值表达，各民族交往交流交融着眼于强化共同体的“一体性”功能定位。以民族交往交流交融为前提的民族团结进步，提升共同体成员天下大同的命运共同体自觉，建设和推进共同体成员所保持并代代相传的功能习得、传承与教化。与先天遗传的自然存在相对，共同体成员丰富、发展、重塑中华民族精神的自觉行为，就是铸牢中华民族共同体意识的重要实现路径。在这一逻辑链条下发展形成的根本性结论是，民族团结进步和民族交往交流交融是社会关系的外在形态，是对中华民族整体性功能的体现，是和睦的族际关系的标志；铸牢中华民族共同体意识是隐性的心理支撑，是凝聚与维持多元一体格局，构建团结和睦族际关系的精神基础。弄清三者之间的联系，才能在尊重客观规律的前提下有效避免急躁、冒进、消极、抵触，用正确的理论和认识系统推进民族团结进步和民族交往交流交融的各项工作，以广泛铸牢中华民族共同体意识。

中国是统一多民族国家既是历史，也是现实。稳定与团结、精神与理念、规范与组织是共同体成员需要解决的更高层次、更为宏观和复杂的民族问题，也是各民族繁荣发展的核心。民族团结、协作，各民族交往交流交融，是共同体成员习得语言与符号、获得经验和知识的重要方式。这种行为趋向和价值观念推进中国的历史、疆域、文化的形成与发展，将共同体意识孕育为各民族的“思维”常态，共同体成员才会坚守本根又不断与时俱进，在自我意识涵育与成长的过程中，中华民族共同体意识逐步凝聚而成。

总之，通过增进各民族大学生交往交流交融，不断强化民族团结进步，把各民族大学生凝聚起来，最大限度地促进青年一代民族团结交融的价值追求，使其步调一致、齐心协力共同为实现中华民族伟大复兴的中国梦不懈奋斗。

三、社会主义核心价值观与时代特色的统一

马克思说："人们自己创造自己的历史，但是他们并不是随心所欲地创造，并不是在他们自己选定的条件下创造，而是在直接碰到的、既定的、从过去承继下来的条件下创造的。"[①]所以，思想、意识的产生与转变表现出非常明显的历史规律性。中华民族是一个和谐共生的集合体，价值观是铸牢中华民族共同体意识的重要心理支撑，要铸牢共同体意识必然需要充分考虑中华民族所包含的各个"个体"的传统价值观。铸牢中华民族共同体意识关系到共同体成员的时代趋向与未来走向。因此，构建一致的趋同性的价值观，是铸牢中华民族共同体意识在当前改革深入、社会转型、利益多元、矛盾纷繁的背景下得以真正发挥其社会功能的精神纽带。社会主义核心价值观就是56个民族共同的价值观。

中华民族共同体脱胎于历史中国，在多民族国家建构层面，从"离散"到"整合"的共同体成员历经悠久岁月，在共同历史记忆、共同前途命运的助推下，走入社会主义文明体系。培育和践行社会主义核心价值观是新时代党和国家作出的重要理论和实践决策，凸显了各民族"共同"的价值意涵，是铸牢中华民族共

① 《马克思恩格斯选集》第四卷，北京：人民出版社，1995年，第732页。

同体意识的内在价值遵循。社会主义核心价值观体现了共同体成员对党、国家和自身的共同责任与使命，它牵系着共同体成员历史、政治、文化的一脉相连，推动中国特色多民族国家构建，是当代中国特色社会主义文化的本质体现和集中表达，凝聚着56个民族的共同价值追求，是中国最广大人民在意识形态上的最大共识。

（一）社会主义核心价值观是56个民族价值共识的最大公约数

社会主义核心价值观有着丰富的内容和重要意义，彰显了铸牢中华民族共同体意识的内在逻辑。国家层面，自古以来“中国”“四方”“畿服”“天下观”“夷夏之辨”等词语就将儒学政治思想对政治秩序的设想描绘成一幅多民族国家的统一景象。而社会主义核心价值观中关于富强、民主、文明、和谐的主张正是“大一统”理念下国家观的现代表达。社会层面，随着人类认识的进步，共同体成员习得以后天获知的经验和知识，逐步建立包括自由、平等、公正、法治在内的社会价值规范，用以推动共同体的延续、发展与未来走向。同时，在个人层面，将道德、艺术、文化等深层次的价值理念嵌入个体，反观共同体存在之根本，使个体以一种潜意识的方式重新反观自我的思维定式与民族心态，以达到最终的“外化于行”，监督共同体成员践行社会主义核心价值观。

社会主义核心价值观在“建设什么”“培养什么”方面最大限度地凝聚了56个民族的价值共识。“建设什么样的国家”是中华各民族在国家认同层面上整体性、根本性的价值目标，决定着“建设什么样的社会”的价值机制。而社会层面的价值机制，决定着

“培养什么样的公民”的价值要求，规范我们每一个人或群体的行为模式。国家富强、民族振兴、人民幸福的“中国梦”这一总目标，又使个人层面的价值要求通过社会层面的价值机制汇总凝聚在国家层面的价值目标上。

（二）社会主义核心价值观对大学生铸牢中华民族共同体意识具有基础性、决定性作用

社会主义核心价值观既是各族人民认同中华民族共同体意识的精神前提，也是中华民族从优秀传统文化中凝练出的价值共识，还具有社会主义的价值原点和共同追求。培育大学生社会主义核心价值观是必要性工作，是在尊重多元的基础上强化一体，在增强大学生中华民族凝聚力和向心力的基础上，培养中华民族共同体意识，最终铸牢大学生的国家意识、公民意识。

四、科学理论与价值诉求的统一

（一）铸牢中华民族共同体意识是中华各民族共同的价值诉求

对于当代中国，共同团结奋斗、共同繁荣发展蕴含着各民族对美好幸福的追求。中华民族共同体意识是超越界限的、共同的群体共有意识，是整合共同体成员形成统一整体的凝聚力、向心力、融合力和生命力。马克思说：“‘思想’一旦离开‘利益’，就一定会使自己出丑”[①]，这说明人的价值取向是由利益决定的，中华民族共同体意识充分体现了中华各民族的共同利益和价值取向。民族团结、国家统一、社会发展是所有共同体成员实现利益的前

① 《马克思恩格斯文集》第一卷，北京：人民出版社，2009 年版，第 286 页。

提和基础，是促进中华民族内生动力完成从量变到质变的主流意识形态“聚能环”。

各民族的文化系统和地域系统相互联系，五千年的历史发展使血脉相连、守望相助等价值观念聚合形成中华民族共同体意识，体现了共同体的利益整体性和利益共同性。中华各民族共同参与缔造的统一多民族国家的生命力之本就在于中华文明蕴含的“和合”思维意识，它是共同体持续生命力的核心内容，是在“意识表达”和“心理状态”基础之上的身份认同、情感认同、文化认同。

当前中国特色社会主义进入了新时代，经济繁荣、社会进步、民族和谐依然是共同体成员的利益诉求。但在当代复杂的国际社会中，制造中国分裂、挑战中国主权、干涉中国发展的忧患依然存在，西方反华势力企图制造中国混乱，以达到他们丑恶的目的。这些诋毁、蛊惑、挑拨严重侵犯了各民族的个人利益和共同体的集体利益。因此，铸牢中华民族共同体意识，促进各民族相互交融、共同繁荣，是未雨绸缪，有效应对的动态命题，在凝聚全社会为实现共同体集体利益而共同奋斗的共识方面发挥着极为重要的作用。中国共产党从成立算起已过百年。在波澜壮阔的中国近现代历程中，国家独立、民族解放、人民翻身，无不与“中国共产党的领导”息息相关。长期实践证明，在中国共产党的领导下，通过综合国力的不断提高和中华民族共同体不断巩固，拓展了中国走向现代化的途径，中国特色社会主义所体现的规律性、适应性与创造性，推动着社会主义制度向更加系统完备、科学规范、成熟定型迈进。同时，推动共同体成员获得高度一致的集体身份认同，呈现出一幅和谐万邦的美好画卷。新时代铸牢中华民族共同体意识，需要我们不忘初心，继续前进，因此，增强“全国一盘棋”的思想意识，坚决维护国家统一和民族团结，自觉反对和抵制西方反华势力的侵蚀与渗透，以强大的民族自信和自豪铸牢中华民族共同体意识，推进中国特色社会主义事业不断发展。

（二）坚定对马克思主义信仰是实现高校大学生个人价值的有效路径

新时代大学生承担建设和保卫祖国的重任。习近平总书记多次强调，青年人，尤其是在校大学生对国家、对社会、对民族、对世界、对未来的重要作用。成为社会主义建设者和接班人是青年人的神圣使命。所以，通过卓有成效的政治思想教育，努力增强大学生价值自觉与价值自信，牢固树立马克思主义“五观”、不断强化“五个认同”，扣好人生的第一颗扣子，全面克服片面、狭隘和不切实际的错误认识，主动发挥其价值能动与价值示范作用，自觉成为铸牢中华民族共同体意识的践行者和先锋队。

五、社会转型与思想发展的统一

（一）社会转型为铸牢中华民族共同体意识带来挑战

社会转型是指经济、政治、文化、社会等社会因素从低功效、低功率向高质量、高品质转变的过程，其核心是实现全社会工业化的转变。中国社会主义市场经济的跨越式发展，让共同体成员感受到了无与伦比的幸福感、满足感和自豪感。新时代，各族人民已脱贫致富在实现中华民族伟大复兴的道路上昂首挺胸、阔步前行。马克思主义唯物史观认为，社会存在决定社会意识，社会意识是社会存在的能动反映。随着社会生产力水平的提高，各民族的生产生活需求也与时俱进，表现为人民对美好生活需要界域的拓展和基础性的物质与精神文化领域的拓宽。各民族的合理需求在安全、民主、法治、公平、正义、尊严、科技、艺术、环境等领域凸显，而且更加注重有利于自身成长的“发展性需要”，“人们的观念、观点和概念，一句话，人们的意识，随着人们的生活条件、人们的社会关系、人们的社会存在的改变而改变”。[①]社会转型是当代中国社会的基本特征之一。

新时代随着全球化的兴盛，中国社会的对外开放程度与日俱增，利益纷争日趋增加。在引进西方先进科学技术的同时，西方的各种价值观也如潮水般涌入，“宪政民主”“普世价值”“公民社会”等西方自由化浪潮汹涌、翻滚奔腾而来，传统与现代、东方与西方、主流与非主流、正确与错误等多种思潮不断影响着中华各民族的社会价值观念，改变了他们固有的对于社会问题的是非判断，使得他们的价值观呈现出多元化状态。改革开放的社会环境，一方面推动人们的思想发展、变革与创新；另一方面也使得人们在多种价值选择中变得无所适从，拜金主义、享乐主义、个人主义等错误观念被推崇，中国特色社会主义制度遭到怀疑，为处于社会转型期的中华民族共同体带来了思想意识形态方面的安全挑战。

高校大学生涉世未深，不谙世事，正处于马克思主义世界观、价值观、人生观、民族观、宗教观、国家观、文化观的养成时期，各种反动思想的荼毒和荒谬价值观的侵蚀，会影响大学生正常的生活与学习，严重干扰他们的思想与行为，阻挠中华民族共同体

---

① 《马克思恩格斯选集》第一卷，北京：人民出版社，1995 年，第 291 页。

意识的形成，高校的思政教育和学生思政工作面临严峻挑战。

（二）统一思想铸牢大学生意识形态领域的钢铁长城

改革开放40多年来，经济建设取得了举世瞩目的非凡成就，中华各民族由封闭状态转向全面开放状态，在以开放心态和广阔视野看世界的同时，大学生的社会价值理念也由一元转向了多元。马克思主义认为，实践是认识的根本来源和发展动力。大学生的价值观是在其亲身经历和切身体验的日常实践中日积月累形成的。社会环境和校园生活对大学生价值观的形成和发展往往具有决定性的影响作用。所以大学生铸牢中华民族共同体意识，进一步加强马克思主义民族观、宗教观、国家观、文化观教育，强化中华民族共同体整体性和一体性观念，加强正确的思想和社会价值观的引领，消除意识形态领域出现的“真空地带”，彻底清除非主流的个人主义、错误的崇洋媚外意识，甚至反动思想的恶劣影响，全面推进中华民族共同体建构，让科学社会主义理念占据大学生思想的主导地位，让中华民族共同体意识成为大学生的日常重要思维模式之一，这是新时代社会稳定发展与大学生思想发展相统一的迫切需要。

新时代，大学生铸牢中华民族共同体意识，就是要在民族团结教育和专业知识教育下，协调并处理好民族关系、宗教关系，坚持中国共产党全面领导的政治原则，以求同存异的态度汇智聚力，巩固大学生共同的政治思想基础，推动已有共识的不断发展，最大限度地凝聚大学生对中华民族共同体的共识，把共同目标、共同利益、共同任务、共同理想、共同信念、共同使命作为其前进方向，牢牢把握高校思想意识形态领域的主控权，把不同民族、不同地域的在校大学生都联合、团结、凝聚起来，统一思想、统一意志、统一步调，最终实现实现中华民族伟大复兴的中国梦。

第三节 科学定位

科学定位，是在对大学生中华民族共同体意识认知与认同进行深入分析和准确判断的基础上，塑造培育体系和培育机制与大学生思想政治教育系统中的独特地位，并将它们传达给大学生铸牢中华民族共同体意识有机系统的靶向。它由培育体系的整体性定位、教育效用的战略性定位、教育目标的统一性定位、受教对象的差异性定位、施教群体的复合型定位、培育内容的针对性定位构成。

一、培育体系的整体性定位

铸牢中华民族共同体意识是新时代民族工作的主要任务。作为一个长期延续的自在共同体，其文明依然充满活力。中华民族共同体意识继承了中国古代“大一统”的国家治理理念，是中国共产党治国理政观念的新发展，是中华民族共同体凝聚力、向心力形成的决定因素。大学生铸牢中华民族共同体意识是多层次、多维度复杂的综合性、连续性过程，需要通过科学定位，构建整体性的培育机制，以保障该体系的功能得以充分发挥，以达到弘扬中国特色社会主义主旋律，马克思主义占领高校思想阵地，全面清除历史虚无主义歪理邪说的恶劣影响，有效引领高校大学生学历史、知历史、懂历史的教育效用。

习近平总书记指出：“理想指引人生方向，信念决定事业成败。

没有理想信念，就会导致精神上'缺钙'。"[①] 因此，高校要结合自身特点和现有资源，明确培育体系的教学定位，注重培养能肩负祖国富强、民族复兴、边疆巩固重要任务的新时代精英人才，以多角度、多层次的民族团结教育推动校园环境、教育环境和文化氛围的正向发展。同时，大学生除了需要拥有专业的科学知识与技能之外，还必须有坚定的马克思主义信仰，有正确的民族观、宗教观、国家观、文化观，有坚定维护祖国统一和民族团结的观念与行为。因此，全面夯实"七观"和"五个认同"教育基础，用中华民族共同体意识指导高校大学生的言谈举止，才能使其成为真正的青年马克思主义者，成为实现中华民族伟大复兴中国梦的社会主义合格建设者和可靠接班人。将铸牢大学生中华民族共同体意识与培育引导大学生树立正确的思想认识、价值观念有机结合，在价值目标、教学深度等方面提升中华民族共同体意识教育的理论层级，努力做到润物细无声，甘霖进心田，这是构建新时代大学生铸牢中华民族共同体意识长效机制的必要之举。

构建铸牢大学生中华民族共同体意识的整体性培育体系，要求高校用马克思主义思想统领在校大学生的思维意识，让中华民族共同体意识的科学内涵成为广大在校大学生普遍接受的共识和一致认同的信念，把理论与实践统一起来，通过生动、深入、具体的实践教学，引导在校大学生全面铸牢中华民族共同体意识。

当前，教育引导大学生牢固树立多民族国家的认知，以国际视野、历史视野，快速提升并逐渐巩固个人理想信念。要让大学生充分知晓，国家统一、民族团结和社会稳定是各民族获取自身

① 习近平：《习近平谈治国理政》，北京：外文出版社，2014年，第50页。

利益的前提，大学生要自觉融入铸牢中华民族共同体意识的伟大实践之中，发挥青年榜样和标杆的模范带头作用，用实际行动报效祖国和人民。青年大学生是中华民族共同体的组成部分，大学生是社会稳定与发展的未来积蓄力量，坚持用中华民族共同体意识教育在校大学生，发挥意识形态教育的基础性、先导性作用，引导他们自觉抵御歪理邪说的渗透，自觉捍卫中华民族集体利益的自信心。通过系统的、整体的、科学的培育体系，把握高校教育的政治方向，不断提高思政教育和学生政治思想教育的质量、水平与效率，用改革开放40多年来中国发展建设所取得的丰硕成果，启发在校大学生对中华民族共同历史记忆、共同历史命运、共同文化底蕴、共同经济体系、共同价值诉求、共同理想信念的深刻认知，让在校大学生明白，各民族只有在中华民族共同体内才能实现发展繁荣，才能满足个人成才的需要，才能实现人生的奋斗目标，以掌握思想教育的主动权，打好素质教育的主动仗。

二、教育效用的战略性定位

意识形态安全关乎一个国家的稳定、团结与未来发展，是组成国家整体安全体系的重要内容，是一个国家思想领域的“防盗门”。新时代是全球化大发展，科学技术突飞猛进、社会矛盾不断凸显、各国之间利益冲突日益加剧、各种思想文化交锋激荡、世界互联网复杂交织、大数据极度通用化以及不确定因素大幅度增加的“多变”年代，上述这种“多变”对国家意识形态安全带来了严峻挑战。全球化的深入发展带来了价值观的多元化选择，在世界文明交汇与交锋、碰撞与冲突的背景下，西方各种社会思潮大行其道，纷纷粉墨登场，抢占意识形态阵地的制高点。西方世界自身的危机与矛盾引燃了世界性的民粹主义和极端主义，上述两种主义摆出一副关心人间疾苦、反对不公腐败、维护社会正义和信仰纯洁的姿态，看似公平正义、高尚有理，实则是政治分裂与文化侵袭及其背后的西方意识形态渗透。涉世不深的大学生很容易遭受欺骗和蛊惑，他们往往视主流价值观教育为空洞无用的理论灌输，取而代之的是对西方意识形态的迎合与追捧，在对其奇谈怪论和歪理邪说的喝彩声中，迷失了“七观”而不自知。诸如西方国家通过文化交流与贸易交往进行多种途径、多种方式的意识形态渗透；利用互联网线上联系与线下活动相结合方式组织和培训民族分裂主义分子、暴力恐怖主义分子、宗教极端主义分子；通过互联网的信息汇聚整合与数据关联分析对我国进行政治、军事、经济、文化、社会等方面情报的刺探窥探；通过大力宣传杜撰、编纂、篡改、删减性的历史与事件进行新媒体舆论传播与诱导等。上述这些纷繁复杂、蓄谋已久、改头换面、不择手段的挑战，严重影响国家意识形态安全，成为阻碍中国社会稳定与发展、民族团结与和谐，干扰铸牢中华民族共同体意识的毒素。高校是国家意识形态建设的重要阵地，肩负教育事业创新发展的重要使命，必然会成为别有用心之徒进行渗透的“灾区”。高校大学生的思想状态更是当地意识形态安全的“风向标”和“晴雨表”。西方反华势力和敌对势力的渗透和挑战，已经给部分在校大学生的身心健康造成不同程度的危害，其负面影响进而向全社会传播扩散。

当今世界正处于深刻变化之中，但世界各国人民的共同愿望依然是开放包容、互利合作，和平与发展仍是时代的主题。认清世界发展大势和时代主题，以广阔的人类历史发展大视野谋划党和国家事业，坚持和平发展道路，促进全球治理体系变革，是我们党的一贯遵循。但国内外不稳定因素持续存在，为高校意识形态安全带来不良隐患。从外部环境看，西方反华势力一直利用具有明显伪装性、欺骗性和蛊惑性的方式，采取对外学术交流、举办学术论坛、资助大学生出国留学、举办夏令营和冬令营等手段，把对我国高校的渗透当作和平演变的重要渠道，以达到阻碍和遏制中国现代化进程、全面分裂中国的目的。因此，高校意识形态安全乃至国家意识形态安全受到直接的威胁和危害。从内部环境看，高校意识形态工作的基本情况总体态势可控，但仍有部分干部师生忽视抵御国内外反华势力意识形态渗透工作，如部分在校大学生认为意识形态工作是“虚”的，还有部分在校大学生认为抵御意识形态渗透工作只是学校老师和有关部门的事，也有部分在校大学生认为“中华民族共同体意识”与未来就业关系不大，与己无关等。上述这些想法、观念为高校开展意识形态安全教育、在学生中铸牢中华民族共同体意识带来了严重隐患。

所以，新时代大学生铸牢中华民族共同体意识，需要同时注重内部环境和外部环境的影响因素，在学校教育情境中把铸牢大学生中华民族共同体意识提升至高校培育体系中，明晰其政治性、长期性、复杂性的战略性定位，用马克思主义主理论全面武装在校大学生的头脑，努力纠正在校大学生关于铸牢中华民族共同体意识方面的误区，在校园树立青年马克思主义者的榜样，使在校大学生不断增强责任担当，成为自觉践行铸牢中华民族共同体意识的主体责任人，共同维护高校意识形态安全，以保障社会稳定、民族团结及繁荣发展。

三、教育目标的统一性定位

高等教育的状况标志着一个国家的发展水平和发展潜力。习近平总书记在全国教育大会上深刻指出："培养德智体美劳全面发展的社会主义建设者和接班人"[①]，回答了中国特色社会主义高校的办学目标，指明了高等教育工作的正确方向，为我国高校的发展方向、高等教育的改革内容、高等教育关涉的相关方面都提供了重要遵循；同时，也为铸牢中华民族共同体意识与高等教育相融合提供了思考空间。只有抓住这个根本，加强党对高校的全面领导，坚持办学正确政治方向，坚持教育目标与教育体系的配套统一，不忘初心、牢记使命，将铸牢大学生中华民族共同体意识与培养社会主义建设者和接班人的重要课题做好、做深、做实，才能实现社会进步、民族团结，建设社会主义的现代化强国。新时代，党和国家高度重视高等教育的目标，"为谁培育"是夯实立德树人目标的基本指标。我国是中国共产党领导的社会主义国家，党中央从治国理政的宏大视角制定的"办人民满意的大学"方针，既是对社会发展规律的科学把握，也是全面建设社会主义现代化国家的根本制度保障和科学理论指导，推动着中国特色社会主义高等教育向更加丰富和成熟迈进。高校必须把培养社会主义建设者和接班人作为根本任务，为党育人和为国育才是扎根中国大地办教育最基本的立场。高校要形成高水平人才培养体系，这个"高"首先就是要讲政治。扎实推进马克思主义理论教育，努力把思想政治理论课办成大学生喜爱的模样，源源不断培养立场坚定、思想端正的大学生，亮出我国思政教育鲜亮的底色，共同实现中

① 习近平：《在全国教育大会上的讲话》，载《人民日报》2018 年 9 月 11 日，第 1 版。

华民族伟大复兴的中国梦。

大学教育是神圣的，是青年人冲出“高考的独木桥”，迈向社会实现个人人生价值的重要准备阶段，也是他们树立正确价值意识，巩固正向思想理念的黄金时期。因此，高等教育需要以在校大学生为探究对象，以培养社会主义建设者和接班人为首要目标，切实把“为谁培养”重大理论课题研究透彻，将教育目标的统一性和教育效用的综合性相结合，使高校各民族大学生成为德智体美劳全面发展的新时代“红”才。

四、受教对象的差异性定位

对高校大学生开展铸牢中华民族共同体意识教育，为新时代高校思想政治教育带来了新任务和新使命。高校要树立理论自信，教师除了需要专心探究本专业的技能，搞好科学研究之外，还需要以在校大学生为研究对象，挖掘新材料、发现新问题，随时掌握他们的思想动态和行为倾向，确保教育教学能精准化、精细化、对症下药，这也是实现我国教育方针和党的民族政策的重要举措。大学生是精英群体，铸牢他们的中华民族共同体意识，也是稳固全社会意识形态安全，确保高校教育目标实现的关键环节。高校在坚持中国特色社会主义教育方针的同时，必须正视受教对象差异化的“特色”，了解并掌握在校大学生的基本状况、思想动态、价值取向、心理特点、思维定式、行为倾向等，紧紧围绕如何铸牢大学生中华民族共同体意识的重点、难点、热点和敏感点，因地施教，因人施教，因族施教，调整相关教育内容、教育方法、教育手段，把中华民族共同体意识教育融入在校大学生校园学习和生活的各个方面，对深化铸牢中华民族共同体意识教育具有重要价值。

在校大学生大都来自全国的不同区域、不同民族，他们在风俗习惯、价值观念、行为方式上各有差异，一些同学在学校学习生活的交往交流中，会因为民族文化的差异，导致立场不同、观点不一，从而产生不同程度的纠纷或者矛盾，再加上大学生的心智尚未完全成熟，容易感情用事，如果不对其加强铸牢中华民族共同体意识的教育，就会使其不良情绪上升为错误认知，影响他们对其他民族成员的信任、团结与交往交流交融。另外，部分地区基础教育相对薄弱，双语教育虽然取得了一定程度的进步，但成效不佳，使得部分少数民族在校大学生面临民族语言认知和思维转换障碍问题，致使他们普遍存在文化基础较差、理论知识缺乏等特点。面对马克思主义基本理论、中华民族优秀传统文化、我们应当建立什么样的国家、培养什么样的公民等重大问题，他们不能完全理解或者认识不到位，进而影响其对中华民族共同体的认知和认同程度。

高校作为社会主义高等教育的重要组成部分，要在“培养什么人”这个首要问题上作大文章、下大功夫，既要认真落实习近平总书记对教育工作所提出的任务目标，又应紧密结合高校受教群体的不同特点进行教育教学实践创新，把办学实际与办学特点相融通，在“特功奇效”方面，更好地为新时代铸牢大学生中华民族共同体意识服务。

五、施教群体的复合型定位

高校培养人才，关键在教师。只有抓住这个根本，立德树人的成效才能真正落实到位、发挥正价的功用。同时，建设高素质教师队伍，也是高校统筹意识形态工作、铸牢在校大学生中华民族共同体意识的前提条件。

（一）教师队伍

高校哲学社会科学教师必须是马克思主义的忠实信仰者、坚定守护者和有效传播者，教师的政治素养与言谈举止对学生的培养产生直接的影响。教育者应该先受教育，要提升授课教师对中华民族共同体全面、科学的深入掌握。教师作为教育主体，是整个教育教学活动的引导者、规划者，也是铸牢中华民族共同体意识教育的具体实施者，因此，教师应该本着爱国、勤学、修身的“戒尺”，使政治标准和学术标准相统一，把对祖国的热爱和忠实表露于个人的言谈举止之中，让学生深刻感受到教师的教育能量，树立起民族自豪感和自信心，才能激发起大学生信服并模仿的实效。“育人者先育己”，只有教师自己先成为励志、求真、力行的引路人，办出中国特色世界一流大学的目标才能最终实现。

在高校铸牢大学生中华民族共同体意识，要加强全体教师对意识形态工作深刻的认识，坚持不懈地用中国特色社会主义理论体系武装教师头脑，牢固树立共同体意识，使广大教师在教育教学过程中时刻保持高素质教师形象，主动地提高内涵式教育质量，让中华民族共同体意识在教师群体中“落地生根”，并转化为“清醒的理论自觉”、“坚定的政治信念”和“科学的思维方法”。[①]

---

① 习近平：《在哲学社会科学工作座谈会上的讲话》，载《人民日报》2016年5月19日，第1版。

（二）辅导员队伍

辅导员也是铸牢中华民族共同体意识的践行者，他们是高校在校大学生校园生活的主要管理者、参与者和服务者，是在日常生活中与在校大学生接触，指导在校大学生课堂以外教学活动的具体实施人，他们掌握着在校大学生思想动态和行为倾向等第一手资料，是高校意识形态工作的重要力量，因此，高校需要打造一支具有中国特色的高校辅导员队伍。辅导员是与在校大学生联系最密切的教育教学组织者之一，他们的思想情操、道德标准、价值趋向直接影响高校意识形态工作的整体效果，所以提升新时代教育教学实效，需要重视高质量辅导员队伍建设这一环，充分发挥辅导员队伍的作用，努力提高辅导员的个人综合素养，督促他们“守好一段渠、种好责任田”，通过教育培训等方式增强他们的政治鉴别力与卓有成效地从事学生思想政治工作的能力，提升辅导员的敏锐“嗅觉”，让大学校园始终保持积极的、正能量的和谐育人氛围，用“润物细无声”的方式，浇灌祖国的“花朵”，让在校大学生深入体会铸牢中华民族共同体意识教育的内涵，从而用实际行动践行教育成果。

（三）管理队伍

高校党委肩负大学生铸牢中华民族共同体意识的领导职责，具有协调各个职能部门进行联动的重要权限。大学生铸牢中华民族共同体意识是一个庞大、复杂的系统工程，需要高校各部门通力合作的机制体系，因此建设一支业务能力和素质过硬的管理队伍尤其重要。除了高校党委系统的主要干部外，基层党组织负责人也要担负起各部门意识形态工作的重任，整体推进高校党政干部、共青团干部和心理咨询师等队伍的建设，保证大学生铸牢中华民族共同体意识教育的顺利开展。

六、培育内容的针对性定位

铸牢中华民族共同体意识是新时代党和国家的一项重要的工作。当前，所有共同体成员正热火朝天地积极投入参与社会主义经济建设、民族团结进步建设、人与自然生态文明建设之中，“五位一体”“四个全面”的总体战略布局以人民群众期待的方式有效、有序实施。高等教育也是全面深化改革的其中一环，因此，在高校凝聚思想价值共识、积蓄社会发展的先进力量、夯实主流意识形态的心理基础，也是新时代中国特色社会主义建设的重要内容。高校在校大学生是中华民族共同体的重要组成部分，是未来肩负建设祖国、维护祖国安定的社会主义建设者和接班人。他们的意识形态状况关乎高校的发展与建设、关乎社会的团结与融合、关乎国家的统一与稳定，所以高校铸牢在校大学生中华民族共同体意识，需要在马克思主义“七观”的系统整合下，坚持“四个自信”的原则，强化“五个认同”教育内容，将民族团结进步、各民族交往交流交融和中华优秀传统文化贯穿于相关的教育教学过程中，正确引导教育对象以马克思主义观点、方法处理族际关系、解决民族问题的意识。大学生铸牢中华民族共同体意识，也是新时代“一流”大学内涵式发展的集中体现。要以铸牢中华民族共同体意识统领高校的教育内容，形成高校大学生“五个认同”的原生性表达、心理性强化、行为性呈现，通过提高相关教育教学内容的针对性，建构在校大学生的“认知—态度—行为”的教育模式，在有效获取他们的“思想—心理—倾向”的基础上，再次调整教育教学方式、完善教育内容，最终全面实现思政教育目标。

大学生铸牢中华民族共同体意识教育：首先，需要强调对中国历史与现实的认知进行整合。这种整合要实现历史意义和现实价值的融通，立足于教育内容与教育属性的连通，思政教育与专业教育的贯通，直接并集中呈现中华民族共同体的历史承继性和现实承载性，同时用历史教育与现实教育相交织的方式，使教育内容所蕴含的规范和目标转化为在校大学生自身的价值理念和思想意识，并将这些价值理念和思想意识外化。其次，需要强调对中华民族共同体的共同利益认知进行整合。这种整合要依赖民族利益一致性和民族关系共同演进的“共同体”意志表达，强调中华民族共同体意识的政治性诠释和利益性获取，用情景教学的方式提升在校大学生对既有共同利益和未来共同憧憬的认同。最后，需要强调对中华民族共同体的情感依赖和心态建设进行整合。这种整合存在于共同体成员长期的合作交往与命运相依的共同历史和共同记忆之中，以及基于文化解释的主观认定和基于谱系传承心理图景的情感涵濡，同时用“内化—外化”教育教学相统一的方式，构成相互联系的显性教育和隐性教育相结合模式，夯实在校大学生对中华民族共同体的情感体认。

第二章

大学生铸牢中华民族共同体意识的现实状况

大学生铸牢中华民族共同体意识拥有丰厚的思想资源和扎实的理论基础，尤其是习近平新时代中国特色社会主义思想为新时代铸牢大学生中华民族共同体意识提供了行动指南。那么，当前高校大学生铸牢中华民族共同体意识的成效究竟如何？大学生对中华民族共同体意识的认知、认同和践行情况如何？培育过程中是否存在问题？存在哪些问题？其背后的原因是什么？本章拟在大学生铸牢中华民族共同体意识价值要素和科学定位的基础上，对高校在校大学生铸牢中华民族共同体意识进行问卷调查和实证分析来解答以上问题，从而对大学生铸牢中华民族共同体意识的现状及对象有一个较为准确且立体的总体把握，为第五章建构新时代铸牢大学生中华民族共同体意识长效机制做好铺垫，以从经验的、现实的、问题的视角加强和完善大学生铸牢中华民族共同体意识的对策研究。

第一节　现状考察

为进一步掌握在校大学生对中华民族共同体意识的认知现状和认同程度，笔者采用问卷调查和个人深度访谈相结合的方式，选取了全国范围内10省（自治区、直辖市）的不同区域、不同层次、不同类别的10所高校进行田野调查，学校类型覆盖理、工、农、医、文科类，具体包括中央民族大学、内蒙古大学、南京医科大学、陕西师范大学、华中农业大学、中南民族大学、西南交通大学、云南民族大学、兰州大学、北方民族大学。问卷调查充分考虑了人口学变量，男女比例均衡，涉及不同年级、不同专业、不同民族、不同政治面貌的在校大学生，采取分层抽样的方法，共发放调查问卷1000份，回收问卷900份，其中有效问卷840份，有效回收率84%，将有效调查问卷运用SPSS22.0软件（依据四舍五入，保留小数点后一位的统计方式）进行了统计分析。个人深度访谈从思政教师、专业教师、在校大学生三个层面选取了具有较典型代表性的样本，其中深度访谈教辅人员100人，深度访谈在校大学生100人，以补充和校正相关田野调查数据。在受访的学生当中，大一学生占31.4%，大二学生占28.3%，大三学生占22.5%，大四学生占17.7%，各个年级比例基本平衡，具有一定的群体代表性。本次田野调查内容设计了对中华民族及中华民族共同体的认知认同情况、对“五个认同”的认知认同情况、对社会主义核心价值观的认知认同情况、对民族团结进步教育和各民族交往交流交融的认知认同情况、对实现中华民族复兴和国家富强的认知认同情况、对思想政治理论教育教学现状测评等六大方面共计92个问题。通过对相关基本信息的数据分析，能够比较真实有效地反映当前在校大学生中华民族共同体意识培育取得的成效和存在的问题，了解在校大学生的思想动态和行为倾向，为构建铸牢大学生中华民族共同体意识的长效机制提供第一手素材和数据资料。

回收的有效问卷显示（表 2–1 至表 2–7），男生占比 42.5%，女生占比 57.5%；就年级而言，大一、大二、大三、大四依次为 17.9%、34.9%、19.9%、27.4%；就学科而言，文史类占比 28.2%、理工类占比 29.1%、农医类占比 31.7%、其他占比 10.9%；从政治面貌来看，中国共产党员、中国共青团员和群众分别占比为 34.4%、53.2% 和 12.4%；从生源地来看，来自城市的占 34.6%，来自县乡镇的占 41.9%，来自农村的占 23.5%。从上述数据统计看，本次调查样本结构和群体结构相近，分布面比较合理，能够反映出高校大学生的相关情况，具有较好的信度和效度。

表 2–1　调查的学校及问卷情况

学校	发放问卷数 / 份	有效回收问卷数 / 份	有效百分比 /%
中央民族大学	100	90	90
内蒙古大学	100	88	88
南京医科大学	100	86	86
陕西师范大学	100	89	89
华中农业大学	100	80	80
中南民族大学	100	85	85
西南交通大学	100	90	90
云南民族大学	100	79	79
兰州大学	100	87	87
北方民族大学	100	66	66
合计	1000	840	84

表 2–2　有效问卷的学生性别情况

性别	人数 / 人	百分比 /%	有效百分比 /%
男	357	42.5	42.5
女	483	57.5	57.5
总计	840	100	100

表 2–3　有效问卷的学生民族情况

民族	人数 / 人	百分比 /%	有效百分比 /%
汉族	658	90.6	90.6
少数民族	182	9.4	9.4
总计	840	100	100

表 2–4　有效问卷的学生年级情况

年级	人数 / 人	百分比 /%	有效百分比 /%
大一	150	17.9	17.9
大二	293	34.9	34.9
大三	167	19.9	19.9
大四	230	27.4	27.4
总计	840	100	100

注：表中数据四舍五入

表 2–5　有效问卷的学生学科情况

学科	人数 / 人	百分比 /%	有效百分比 /%
文史类	237	28.2	28.2
理工类	245	29.1	29.1
农医类	266	31.7	31.7
其他	92	10.9	10.9
合计	840	100	100

注：表中数据四舍五入

表 2-6　有效问卷的学生政治面貌情况

政治面貌	人数 / 人	百分比 /%	有效百分比 /%
中国共产党员	289	34.4	34.4
中国共青团员	447	53.2	53.2
群众	104	12.4	12.4
总计	840	100	100

表 2-7　有效问卷的学生生源地情况

家庭环境	人数 / 人	百分比 /%	有效百分比 /%
城市	291	34.6	34.6
县乡镇	352	41.9	41.9
农村	197	23.5	23.5
总计	840	100	100
西部地区	410	48.8	48.8
东部地区	363	43.2	43.2
其他	67	7.9	7.9
总计	840	100	100

一、大学生中华民族共同体意识的基本概况

对高校在校大学生开展中华民族共同体意识的认知、认同和践行现状的调查分析，是查找以往在校大学生中华民族共同体意识培育问题及原因探析的前提、重要途径和有效方式。相关调查表明，目前在校大学生对中华民族共同体意识的认知、认同和践行情况总体如下：

（一）高校在校大学生对中华民族共同体意识的认知程度

铸牢中华民族共同体意识的前提是认知和认同。“认知认同，

是个体对一定价值观在认知和理解的基础上形成的感性认同和理性认同的统一形式。”① 认知是铸牢中华民族共同体意识的逻辑起点与心理起点，只有充分地认知，中华民族共同体意识才能内化于心、外化于行、深化于理、广化于群，由认知转换为认同，成为铸牢中华民族共同体意识的关键环节所在。对在校大学生中华民族共同体意识的认知现状展开调查分析，就是考察当前在校大学生对中华民族共同体意识的相关理论及其科学内涵、基本结构、传播方式的理解和掌握情况。通过对在校大学生中华民族共同体意识的认知现状展开田野调查后分析得出：在校大学生对中华民族共同体意识有基本认知，但有待深化、系统化和平衡。其结果显示如下：

1. 在校大学生对中华民族共同体意识相关理论的认知总体向好。从具体调查数据来看，在中华民族共同体意识的相关理论认知方面，68.3% 的填写问卷者选择了深刻理解中华民族的概念，25.1% 的填写问卷者选择了比较理解。27.9% 的填写问卷者认为自己深刻理解中华民族共同体的内涵，41.3% 的填写问卷者认为自己比较理解。69.7% 的填写问卷者选择了比较理解中华民族共同体意识的内涵。在中华民族共同体认知方面，77.5% 的填写问卷者选择了比较理解“本民族的前途和命运与中华民族的前途和命运息息相关”。70.6% 的填写问卷者选择了比较理解“中华民族是命运共同体、利益共同体、责任共同体，一荣俱荣，一损俱损”（见表 2–8）。由此可见，在校大学生对中华民族有比较积极的认知与认同，中华民族共同体意识的相关教育在大学生中比较到位。

① 吴潜涛，艾四林：《社会主义核心价值观研究前沿问题聚焦》，北京：人民出版社，2018 年，第 402 页。

表 2-8　在校大学生对中华民族共同体意识相关理论的认知情况

单选题	深刻理解 /%	比较理解 /%	不太理解 /%	不确定 /%	完全不理解 /%
对中华民族的概念	68.3	25.1	4.1	1.7	0.8
对中华民族共同体的内涵	27.9	41.3	21.6	6.5	2.7
对中华民族共同体意识的内涵	14.6	69.7	13.4	1.2	1.1
本民族的前途和命运与中华民族的前途和命运息息相关	6.9	77.5	9.5	5.3	0.8
中华民族是命运共同体、利益共同体、责任共同体，一荣俱荣，一损俱损	8.2	70.6	13.4	7.1	0.7

2. 部分在校大学生对中华民族共同体意识的认知停留在实用主义层级。理想与现实是人们在追求个人利益和树立信仰观念时考虑的两大重要因素。铸牢中华民族共同体意识是新时代中国发展的力量源泉，也是新时代民族工作的主线，还是考察在校大学生培育质量的重要标准。问卷调查显示，对于“您了解习近平总书记在党的十九大报告中提出的‘铸牢中华民族共同体意识’吗”的回答，18.2% 的填写问卷者认为自己“非常了解”，37.1% 的填写问卷者选择“比较了解”，34.3% 的填写问卷者持“不确定”的态度，6.5% 的填写问卷者选择了“不了解”，认为自己“完全不了解”的填写问卷者有 3.9%（见表 2-9）。这一数据显示，部分在校大学生对党的重大理论和国家政事关注度不够，还有 44.7% 的在校大学生对于“铸牢中华民族共同体意识”处于模糊和含混状态。但关于对中华民族共同体意识的内涵理解，69.7% 的填写问卷者选择比较理解，13.4% 的填写问卷者选择不太理解。关于中华民族共同体的内涵理解，有 27.9% 的填写问卷者认为自己深刻理解，

41.3% 的填写问卷者认为自己比较理解（见表 2-8）。而这与“您了解习近平总书记在党的十九大报告中提出的‘铸牢中华民族共同体意识’吗”的回答有相互矛盾之处，一些对这一问题做出负向选择的同学在中华民族共同体意识相关理论的内涵等方面又做出了正向选择，其中缘由有待探究。同时，在大学生深度访谈中，也仅有 1/5 的受访者能基本阐述中华民族共同体的内涵、中华民族共同体意识的内涵，其余大部分受访学生的回答是不明所以或一知半解。问卷调查的正负选择矛盾、高度理解和深度访谈的低度认知交杂，反映出部分在校大学生对中华民族共同体意识的认知还没有入脑、入心，而是盲目趋从下的“心口不一”，更关注于对其认知后带来的个人利益，这表明部分在校大学生对中华民族共同体意识的认知仅仅停留在实用主义层级。

表 2-9　在校大学生对铸牢中华民族共同体意识的认知情况

单选题	非常了解 /%	比较了解 /%	不确定 /%	不了解 /%	完全不了解 /%
您了解习近平总书记在十九大报告中提出的“铸牢中华民族共同体意识”吗?	18.2	37.1	34.3	6.5	3.9

3. 在校大学生对中华民族共同体意识的传播主体的认知参差不齐。关于中华民族共同体意识教育的传播主体方面，在“您觉得引导大学生正确认识、认同和践行中华民族共同体意识主要取决于？”的回答中，66.3% 的填写问卷者认为思想政治理论课教师是中华民族共同体意识教育的传播主体，45.2% 的填写问卷者倾向辅导员，39.1% 的填写问卷者认为是班主任，35.6% 的填写问卷

者选择了专业课教师，29.4% 的填写问卷者选择了社会，21.5% 的填写问卷者选择了自己，11.7% 和 10.9% 的填写问卷者分别选择了管理干部和同学，选择父母的填写问卷者占 9.7%，认为是服务人员的填写问卷者占 7.3%，选择其他的填写问卷者占 5.1%（见图 2–1）。由此可见，在校大学生对中华民族共同体意识培育的宣传渠道认同比较分散，对传播主体的认知程度参差不齐。

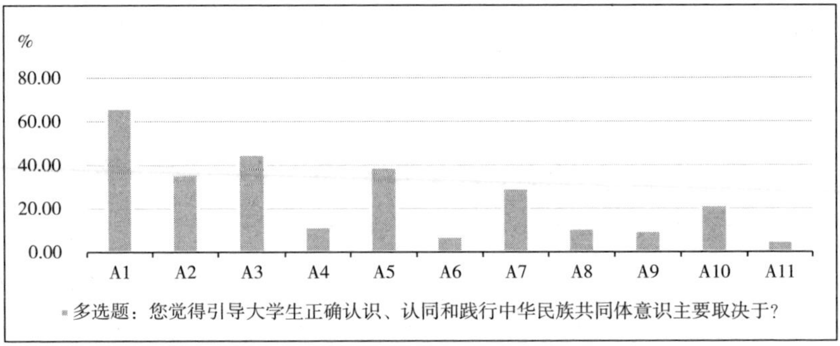

图 2–1　在校大学生对中华民族共同体意识的传播主体认知情况

A1—思想政治理论课教师；A2—专业课教师；A3—辅导员；A4—管理干部；A5—班主任；A6—服务人员；A7—社会；A8—同学；A9—父母；A10—自己；A11—其他

4. 在校大学生对铸牢中华民族共同体意识的环境和前景认知喜忧参半。在环境认知方面，25.9% 的填写问卷者认为西方价值观已经对其中华民族共同体意识认同造成了干扰，72.1% 的填写问卷者认为互联网是自己了解西方价值观的主要渠道。对于中华民族共同体意识的发展前景，72.8% 的填写问卷者非常赞同“中华民族共同体意识深厚广博，它将随着新时代中国特色社会主义的发展而与时俱进”的观点。78.1% 的填写问卷者对“铸牢中华民族共同体意识对世界和平与发展有着重要的意义”持非常赞同的态度。75.3% 的填写问卷者“对实现中华民族伟大复兴和中国国际地位的提升有很大的信心”（见表 2–10）。调查问卷分析表明，填写问卷者对中华民族共同体意识培育的环境和前景辨识比较清醒。在校大学生热爱祖国，对中华民族共同体的世界影响具有自信自觉，但也反映出西方意识形态的渗透已经成为阻挠高校铸牢中华民族共同体意识的主要障碍。

表 2–10　在校大学生对铸牢中华民族共同体意识的环境和前景认知情况

单选题	非常赞同 /%	比较赞同 /%	不确定 /%	不赞同 /%	完全不赞同 /%	
西方价值观对你铸牢中华民族共同体意识造成干扰？（请填写你了解西方价值观的主要渠道及赞同哪些西方的价值观）	25.9	29.6	4.7	27.3	12.5	主要渠道： 互联网（72.1%） 电影电视（51.1%） 图书资料（43.3%） 通过他人（32.4%） 其他（21.1%） 赞同的内容： 自由（占 64.1%） 民主（占 49.3%） 其他（占 33.6%）
中华民族共同体意识深厚广博，它将随着新时代中国特色社会主义的发展而与时俱进	72.8	22.3	2.8	1.3	0.8	
铸牢中华民族共同体意识对世界和平与发展有重要意义	78.1	19.6	1.1	0.7	0.5	

（续表）

单选题	非常赞同 /%	比较赞同 /%	不确定 /%	不赞同 /%	完全不赞同 /%	
对实现中华民族伟大复兴和中国国际地位的提升有很大的信心	75.3	20.8	3.5	0.2	0.2	

5. 部分在校大学生的中华民族优秀传统价值思维匮乏。中华民族优秀传统的价值观是经过几千年的积淀与传承而形成的，是中华民族历史、哲学、政治、经济、文化、道德方面的价值原点结晶，也是中国几千年优秀传统思想的一种延续与集成。从某种意义上来说，在校大学生对中华民族优秀传统价值观的认知程度直接决定其对中华民族整体的认识程度，换句话说，在校大学生的传统价值观与他们对中华民族共同体意识的认同感有着直接的内在逻辑联系。但通过田野调查笔者发现，“非常了解”和“比较了解”中华民族优秀传统价值观的填写问卷者仅占 12% 和 29.9%（见表 2–11）。这说明在校大学生对中华民族优秀传统价值观的认知程度不高，这是影响在校大学生中华民族共同体意识培育效果的主要原因之一。

表 2–11　在校大学生中华民族优秀传统价值观的认知情况

单选题	非常了解 /%	比较了解 /%	不确定 /%	不了解 /%	完全不了解 /%
您是否了解中华民族优秀传统价值观	12	29.9	18.8	36.6	2.7

（二）在校大学生对中华民族共同体意识的认同程度

对在校大学生中华民族共同体意识的情感、意志和信念现状展开分析，是考察大学生对中华民族共同体意识的认同程度的重要途径，其主要通过调查在校大学生对中华民族共同体意识与大学生个体之间关系的认识，在塑造自我的中华民族共同体意识过程中抗干扰的心态和能力等来明晰。

通过问卷调查发现，在校大学生的国家认同意识较强，政治立场坚定，主流价值取向积极向上，对“五个认同”、民族团结进步、各民族交往交流交融、各民族共同发展等持认同和赞赏态度，在校大学生对中华民族共同体意识有一定的情感基础、较强的趋向意愿和较为坚定的信心。具体情况如下：

1. 在校大学生的国家认同意识较强。国家认同是政治概念，指社会成员对自己归属于特定国家的认知、认可和归属感。问卷调查数据显示，在校大学生国家认同意识明显增强。高达 82.2% 的填写问卷者非常赞同“个人的荣辱与祖国的荣辱是紧密不可分割的”。78.8% 的填写问卷者表示“看到奥运健儿勇夺金牌时会热泪盈眶，情绪激动，感到自豪骄傲”。70.8% 的填写问卷者认为“在生活中是以国家利益和集体利益为重”。77.6% 的填写问卷者非常赞同“爱国主义在当代中国是爱国、爱党、爱社会主义的统一”（见表 2–12）。80.4% 的填写问卷者非常肯定“当中国受到外敌侵略时各民族都会团结一致奋起抗争保卫自己的国家”（见表 2–13）。由此可见在校大学生国家认同意识比较牢固，认同感较强，愿意“舍弃小我，为大我”。

表 2-12　在校大学生国家认同情况

单选题	非常赞同/%	比较赞同/%	不确定/%	不赞同/%	完全不赞同/%
个人的荣辱与祖国的荣辱是紧密不可分割的	82.2	15.7	1.1	0.5	0.5
看到奥运健儿勇夺金牌时会热泪盈眶，情绪激动，感到自豪骄傲	78.8	15.3	5.3	0.3	0.3
在生活中，你是以国家利益和集体利益为重吗？	70.8	19.3	6.4	2.7	0.8
爱国主义在当代中国是爱国、爱党、爱社会主义的统一	77.6	15.2	6.2	0.5	0.5

表 2-13　在校大学生国家认同情况

单选题	非常肯定/%	肯定/%	不太肯定/%	完全不肯定/%	不清楚/%
你认为当中国受到外敌侵略时各民族都会团结一致奋起抗争保卫自己的国家吗？	80.4	17.1	1.7	0.3	0.5

表 2-14　在校大学生政治立场情况

单选题	非常赞同/%	比较赞同/%	不确定/%	不赞同/%	完全不赞同/%
对坚决拥护中国共产党的领导，坚持中国特色社会主义发展道路	73.6	24.7	0.7	0.5	0.5
对坚持以公有制为主体、多种所有制共同发展的基本经济制度	66.2	27.8	5.7	0.2	0.1
您对“四个自信”的态度是	75	19.2	5.2	0.4	0.2
你认同中国共产党是先进性的政党，是社会主义事业的领导核心吗	72.9	17.5	6.9	2.2	0.5
大学生必须具备实现中华民族伟大复兴中国梦的理想信念	63.8	28.1	6.6	0.6	0.9

2. 在校大学生的主流价值取向积极向上。大学生是实现中华民族伟大复兴的主力军和中坚力量，是未来社会主义事业的合格建设者和可靠接班人，需要具有积极向上的价值观念。调查问卷显示，81.5% 的填写问卷者选择了非常赞同“能自觉坚持马克思主义的指导地位”。72.7% 的填写问卷者选择了“能自觉坚定‘五个认同’”。71.4% 的填写问卷者对“你对社会主义核心价值观持什么态度”持非常赞同的态度。74.6% 的填写问卷者认为“大学生应成为铸牢中华民族共同体意识的积极践行者”（见表 2–15）。由调查数据可见，在校大学生的主流价值取向是积极向上的，他们是社会稳定与发展颇具希望的有生力量。

表 2–15　在校大学生主流价值取向情况

单选题＼选项	非常赞同 /%	比较赞同 /%	不确定 /%	不赞同 /%	完全不赞同 /%
能自觉坚持马克思主义的指导地位	81.5	16.7	1.1	0.5	0.2
能自觉坚定“五个认同”	72.7	18.6	6.2	1.7	0.8
你对社会主义核心价值观持什么态度	71.4	19.7	7.4	1.1	0.4
大学生应成为铸牢中华民族共同体意识的积极践行者	74.6	18.5	5.3	0.9	0.7

3. 在校大学生对“统一多民族国家”的认同清晰。在中国是统一多民族国家的认同方面，填写问卷者对“中国是各族人民共同缔造的统一多民族国家”和“我国各民族是中华民族的组成部分”认同度很高，分别达到 94.2% 和 93.2%，这表明中华民族共同体意识与新时代在校大学生的国家观相契合，具有较为广泛的

代表性。在整体价值观维度认同层面，78.7% 的填写问卷者表示高度认同“民族团结合作始终是中国历史发展的主流”；86.3% 的填写问卷者认为“我国各民族文化是中华文化的组成部分”；89.9% 的填写问卷者认为“‘三股势力’对国家领土主权、对社会和谐民族团结、对文化安全、对新疆乃至国家的经济发展和改革开放造成了严重危害”；82.6% 的填写问卷者对“你赞同铸牢中华民族共同体意识，必须坚决反对大汉族主义和狭隘民族主义吗”持非常赞同的态度。78.1% 的填写问卷者对“你对违反或不适应中华民族共同体建设要求的现象或行为”持坚决反对的态度（见表 2–16）。由此可以看出，在校大学生对“统一多民族国家”的认同有着比较正确的评判。

表 2–16　在校大学生对“统一多民族国家”的认同情况

单选题 \ 选项	非常赞同 /%	比较赞同 /%	不确定 /%	不赞同 /%	完全不赞同 /%
中国是各族人民共同缔造的统一多民族国家	94.2	5.4	0.2	0.1	0.1
我国各民族是中华民族的组成部分	93.2	2.9	2.8	0.5	0.6
民族团结合作始终是中国历史发展的主流	78.7	19.1	1.5	0.5	0.2
我国各民族文化是中华文化的组成部分	86.3	9.5	3.6	0.3	0.3
“三股势力”对国家领土主权、对社会和谐民族团结、对文化安全、对新疆乃至国家的经济发展和改革开放造成了严重危害	89.9	9.2	0.7	0.1	0.1
你赞同铸牢中华民族共同体意识，必须坚决反对大汉族主义和狭隘民族主义吗？	82.6	11.3	5.8	0.2	0.1
你对违反或不适应中华民族共同体建设要求的现象或行为	0.2	0.3	10	11.4	78.1

4. 在校大学生对中华民族共同体意识的认同有一定情感基

础。情感认同是从根本上铸牢在校大学生中华民族共同体意识的有效方式之一。在情感认同方面，问卷调查的数据表明，在校大学生普遍有较强的社会责任感，对中华民族共同体意识与其自身的关系有清晰明确的认识，对中华民族共同体意识表示肯定、满意和喜爱。在对“中华民族共同体意识让我更加具有国家、民族及其文化归属感和自豪感”的反馈中，选择“非常赞同”的填写问卷者占 38.9%，选择“比较赞同”的填写问卷者占 29.6%（见表 2-17）。这充分表明在校大学生能从中华民族共同体意识中获得一种精神上的寄托和归属感，但也有部分在校大学生对中华民族共同体意识的关注热情不大，社会责任感不强。在意志信念方面，关于“铸牢在校大学生中华民族共同体意识是一个循序渐进的过程，会受到多种因素的干扰影响。对此，您是？”的回答中，分别有 31.2%、35.7% 的填写问卷者选择了“脚踏实地，坚持不懈”“基本能坚持 ”，选择“不确定”的填写问卷者占 20.9 %，选择“不能坚持”的填写问卷者占 10.4%，1.7% 的填写问卷者认为“完全不能坚持”（见图 2-2）。问卷调查数据呈现出，大多数在校大学生具有趋向中华民族共同体意识的强烈意愿以及克服困难塑造自我品质的行为动力。

情感具有正反两方面的倾向与特点，即热情和冷漠、认可和否定等。通过田野调查，笔者观察到情感的这两种倾向与特点共存于部分在校大学生的中华民族共同体意识认同之中。在与在校大学生进行深度访谈中发现，33.6% 的被访谈者表示愿意在不影响学习和生活的前提下参加民族团结进步活动，37.1% 的被访谈者表示加入学生社团或者参与学校组织的各项主题教育活动的原因是“怕扣操行评分”。问卷调查和深度访谈的数据表明，部分高校过于强调思政培育活动的表面形式，教育方式过于程序化，教学效果不够理想。虽然在校大学生能够参与高校举办和组织的各级各类各项宣传教育活动或是社会实践活动，但其对中华民族共同体的情感认同仍然停留在表象层面，浮在“空中”，并没有融入在校大学生的日常生活及其思维方式之中。总体来看，在校大学生对中华民族共同体意识的认同有一定情感基础，但还需加强。

表 2-17　在校大学生对中华民族共同体意识的情感认同情况

单选题	非常赞同 /%	比较赞同 /%	不确定 /%	不赞同 /%	完全不赞同 /%
中华民族共同体意识让我更加具有国家、民族及其文化归属感和自豪感	38.9	29.6	20.9	10.1	0.5

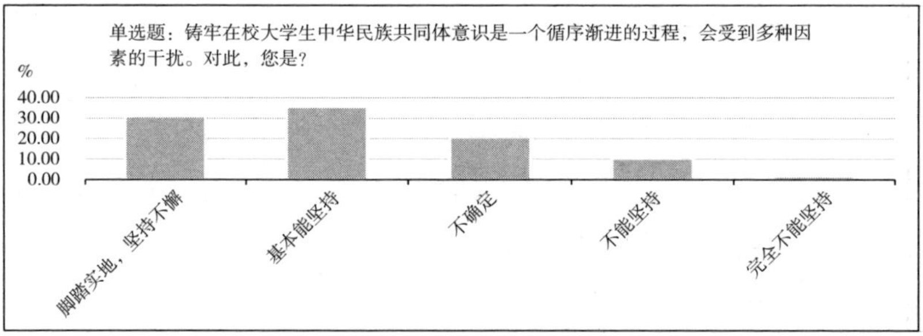

图 2-2　在校大学生对中华民族共同体意识的情感认同情况

5. 在校大学生的价值观多元化、多样化凸显。新时代的在校大学生是在多元化社会环境中成长起来的一代，受多元文化和各种思潮的冲击，他们的信仰呈现出多样化的状态。尽管马克思主义占据着主导地位，但在大数据和网络化的现代社会，他们获取信息的途径及渠道多样、广泛，包括“三股势力”在内的西方各种思潮影响着部分大学生的价值观念的形成与发展，甚至被一些大学生所接受而走上歧途。在校大学生深度访谈中笔者发现，谈及对西方价值观的看法时，部分在校大学生表示，“虽然我是中国人，但我也很喜欢甚至是向往西方的社会制度”“美国人的生活很惬意”“在国外上大学更轻松”“西方社会更注重民主和自由”“我爱中国，但对西方的现代化文明、制度也比较渴望”。这表明部分在校大学生受其阅历与学识所限，其价值观念的不成熟性、不稳定性、不正确性和多变性较突出，价值观念带有一定程度的肤浅化、矛盾性和错误性。

6. 在校大学生对思想政治理论课认同度较高，期望值较大。在思想政治理论课认知方面，调查数据显示，54.5% 的填写问卷者认为“思想政治理论课教育对铸牢在校大学生中华民族共同体意识”的“作用非常大”，39.7% 的填写问卷者选择了“作用较大”（见表 2–18）。在“你认为思政课教学存在的最突出问题是”的回答中，高达 48.2% 的填写问卷者选择了“课堂教学枯燥乏味”，21.4% 的填写问卷者选择了“实践教学太少”，选择“教学内容与实际脱节”的填写问卷者占 15.3%，选择“老师理论素质有待提高”的填写问卷者占 14.3%，选择“其他”的填写问卷者占 0.7%，（见图 2–3）。在校大学生深度访谈结果也同样反映出大学生对思想政治理论课培育方式的变革有所期待，大部分受访者表示“希望通过变换教学方式、提升教学内容的新颖性与大众化来丰富教学形式”。这说明，在校大学生对高校思想政治理论课认同度较高，但对教育方式的优化与改善期望值更大。

表 2–18　在校大学生对思想政治理论课的认同情况

单选题	作用非常大	作用较大	作用一般	作用不大	完全没有作用
你认为思想政治理论课教育对铸牢在校大学生中华民族共同体意识的作用如何?	54.5	39.7	3.4	2.2	0.2

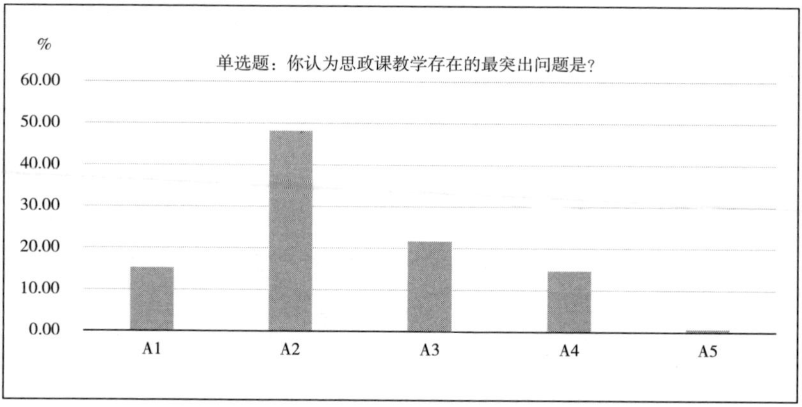

图 2–3　在校大学生对思想政治理论课的认同情况图

A1—教学内容与实际脱节；A2—课堂教学枯燥乏味；A3—实践教学太少；A4—老师理论素质有待提高；A5—其他

（三）在校大学生铸牢中华民族共同体意识的践行状况

铸牢在校大学生中华民族共同体意识是对在校大学生开展的一种非常重要的思想政治教育，但单纯地对其进行理论教育是远远不够的。将中华民族共同体意识的理论与铸牢中华民族共同体意识的实践相结合，促进在校大学生实现“知行合一”，是铸牢在校大学生中华民族共同体意识的重要目标之一。对在校大学生铸牢中华民族共同体意识的践行现状进行分析，就是考察在校大学生在日常学习生活中是否做到铸牢中华民族共同体意识的知行合一。调查问卷和深度访谈的情况表明，在校大学生对中华民族共同体意识有一定程度的践行，但还有待进一步加强。同时，在部分在校大学生中“知行分离”“知行不一”的现象仍然存在，需要采取有效措施加以切实解决。

1. 部分在校大学生对参加相关主题教育活动存在一定程度的困惑。问卷调查数据显示，关于“学校对学生进行集中性的政治学习，你的态度是?”的回答，47.4% 的填写问卷者认为“很有必要，可以坚定我们的立场”，33.5% 的填写问卷者选择了“有必要，但太频繁”，选择“没必要，浪费时间”的填写问卷者占 10.6%，3.1% 的填写问卷者认为“无所谓，没感觉”，还有 2.4% 填写问卷者选择了“不知道”（见图 2–4）。关于“学校组织民族团结一家亲活动，正好占用没课休息时间，你会怎么做?”的回答，选择“放弃休息，积极参加活动”的填写问卷者占 51.2%，选择“应付学校点名参加，自身热情不高”的填写问卷者占 33.7%，7.6% 的填写问卷者要“找借口请假”，3.9% 的填写问卷者选择“直接不去”，还有 3.6% 的填写问卷者选择“不清楚”（见图 2–5）。深度访谈的结果也同样反映出该问题，如部分受访的在校大学生表示“我知道的思想理论知识很多，但不代表我就非常热衷于参加相关的教育活动”“政治活动太多，有点厌烦”“没有个人时间，除了上课就是听报告”“主题教育活动没有意思，只能找借口请假或干脆不去”。由此反映出部分在校大学生对参加相关主题教育活动的积极性不够，并存在一定程度的困惑，还存在知行不一的现象。

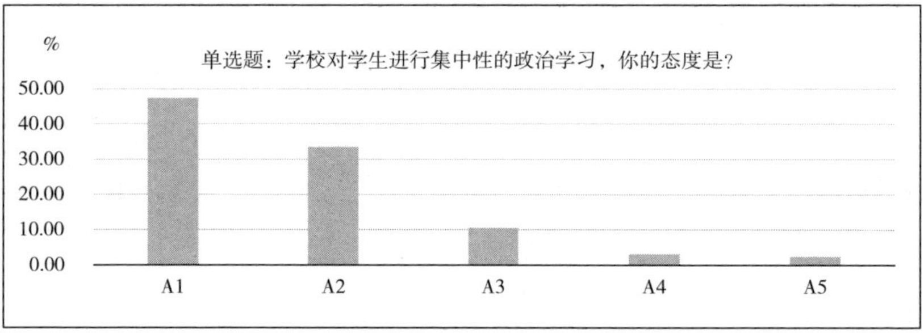

图 2-4　在校大学生铸牢中华民族共同体意识的践行状况

A1—很有必要，可以坚定我们的立场；A2—有必要，但太频繁；A3—没必要，浪费时间；A4—无所谓，没感觉；A5—不知道。

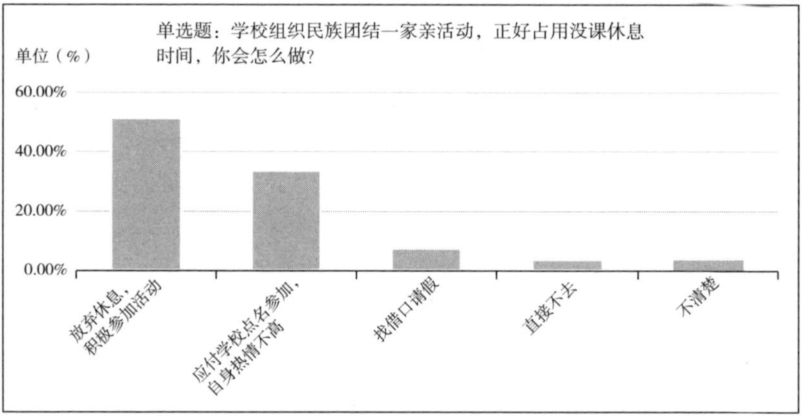

图 2-5　在校大学生铸牢中华民族共同体意识的践行状况

2. 部分在校大学生对铸牢中华民族共同体意识缺乏实践。问卷调查数据显示，关于学习和掌握中华民族共同体意识的相关知识方面，60.4% 的填写问卷者对“当代大学生是实现中国梦的中坚力量，应该学习、了解和掌握中华民族共同体意识的相关知识”持非常赞同的态度，选择了“比较赞同”的填写问卷者有 19.4%，但选择“不确定”“不赞同”“完全不赞同”的填写问卷者也分别占到 17.9%、1.4%、0.9% 的比例（见表 2–19）。这说明部分在校大学生对于学习和掌握中华民族共同体意识的相关知识缺乏主动积极的态度，缺少内生学习动力。关于践行民族团结进步、各民族深入交往交流交融、各民族实现互嵌式居住格局方面，61.8% 的填写问卷者非常赞同“实现民汉合校、学习混合编班、住宿混合同舍、活动混合编队的举措”，11.5% 的填写问卷者“比较赞同”，但选择“不确定”的填写问卷者有 16.8%，选择了“不赞同”和“非常不赞同”的填写问卷者分别占 8.8% 和 1.1%（见表 2–19）。显然，绝大部分在校大学生对实行民汉混合交往交流的措施是持支持的态度，但还有一小部分同学持反对态度，这从另一个侧面反映出，高校民族团结进步教育工作仍存在缺陷和不足，有待进一步的优化。在“你有带动或鼓励身边的朋友和同学宣传和践行中华民族共同体意识吗”的回答中，39.2% 的填写问卷者选择了“经常性”，33.6% 的填写问卷者选择了“比较经常性”，13.5%、6.3%、7.4% 的填写问卷者分别选择了“偶尔”、“从来没有”和“不好说”（见表 2–20）。问卷调查数据显示，多数在校大学生在学习和生活中普遍能通过各种民族团结和民族交往交流的路径践行铸牢中华民族共同体意识，但部分在校大学生仍然缺乏铸牢中华民族共同体意识的实践。对在校大学生的深度访谈结果也同样映射出部分在校大学生对铸牢中华民族共同体意识缺乏实践的问题：他们认为中华民族共同体意识教育是停留在表面的说教和理论教育，往往持有“只要我掌握了基本理论知识，考试能过关就可以了”“知道了理论不代表我就会时时那样做”“现在的社会风气好像也不容许我太过于遵守老师教的理论”等观点，这无疑对铸牢在校大学生中华民族共同体意识的实践带来了阻力。

表 2–19　在校大学生铸牢中华民族共同体意识的践行状况

单选题	非常赞同 /%	比较赞同 /%	不确定 /%	不赞同 /%	完全不赞同 /%
当代大学生是实现中国梦的中坚力量，应该学习、了解和掌握中华民族共同体意识的相关知识	60.4	19.4	17.9	1.4	0.9
你赞同实现民汉合校、学习混合编班、住宿混合同舍、活动混合编队的举措吗？	61.8	11.5	16.8	8.8	1.1

表 2–20　在校大学生铸牢中华民族共同体意识的践行状况

单选题	经常性 /%	比较经常性 /%	偶尔 /%	从来没有 /%	不好说 /%
你有带动或鼓励身边的朋友和同学宣传和践行中华民族共同体意识吗？	39.2	33.6	13.5	6.3	7.4

二、大学生对中华民族共同体意识认知存在差异

在新时代实现中华民族伟大复兴的征程中，大学生肩负着建设中国特色社会主义的时代使命，他们作为中华民族的重要组成部分，其思想观念和行为倾向深刻影响着中华民族伟大复兴的进程。在校大学生承载着社会稳定与发展的希望和未来，是高素质的精英群体，在校大学生铸牢中华民族共同体意识，是利在当代、功在千秋的大事，关系到社会的稳定与发展、高校社会主义办学方向和人才培养质量，关系到在校大学生人生道路。在全球化、网络化的时代背景下，价值多元化泛滥，各种社会思潮剧烈冲击，境内外反华势力不断蛊惑，在校大学生在政治立场方面尚未完全

成熟，不能对外界的各种社会思潮做出正确的判断，往往容易上当受骗。如何更深入地了解在校大学生的思想动态与基本特点，在“为谁培养人”的问题上掌握主动权，成为新时代高校思想政治教育的关键所在。所以，大学生铸牢中华民族共同体意识，迫切需要了解在校大学生的思想特点、个体差异、群体差异、区域差异等，精准把握他们的思想动态及行为倾向，才能更好地“对症下药”、有的放矢，不断提高铸牢在校大学生中华民族共同体意识教育的质量与效率。同时，不断改进高校思想政治工作的内容和方式，积极营造各民族在校大学生相互尊重、相互欣赏、相互信任、手足相亲、守望相助的良好校园氛围，构建大学生铸牢中华民族共同体意识的长效机制，培养为人民服务、为中华民族伟大复兴服务、为维护国家统一和民族团结服务、为社会稳定与发展服务的时代新人。

（一）在校大学生的思想特点

在社会意识开放、多样的全球化时代，在校大学生的社会生活丰富、思想意识丰富，再加上其身份背景、个人境遇、家庭关系、经济情况等各不相同，导致在校大学生在思想方面具有个体差异性，这是影响在校大学生对中华民族共同体认同的重要因素之一。

1. 特殊生理与心理特点交织。从生理年龄判断，在校大学生已经趋于成熟，均属于成年人。但从这一时期的心理年龄判断，在校大学生依然属于依赖性强、心理活动复杂多变的“幼稚孩童”。他们的生理智能发育日趋成熟，理论思考能力和独立思考能力迅速发展，而心理发展还处于幼稚向成熟、被动向主动、青少年向成人过渡的时期，其心理方面具有明显的幼稚性、盲从性和片面性等特点。大学时期又是大学生心理品质急剧变化的时期，由于其心理年龄的特殊性，大学生更容易受到外在各种思想的干扰与影响，心理发展普遍存在着不稳定性强和可塑性大的特点。在校大学生深度访谈的材料中，关于“你认为自己是成年人吗？”和“你对自己的未来发展有规划吗？”的回答，样本 28：“虽然我的年龄已经成年了，可我觉得我还有很多事没有弄明白。现在每天上课、学习都很忙，但我还是觉得迷茫，未来在哪？我以后要干吗？都不知道。”样本 59：“不算成年人吧，谁的青春不迷茫？哈哈哈……反正只要大家干啥我就跟着干呗，大家都去做的事，一定不会错。”样本 61：“我觉得自己比同龄人成熟，我认为大学生需要培育独立性。我们这一代的学生就是要特立独行，想到什么去做就对了。”从以上深度访谈的内容可以看出，在校大学生的生理趋向成熟与心理发展稚嫩相交织是这一时期在校大学生的基本特征。

2. 思想意识独立与经济依赖同步。新时代的在校大学生追求言论自由，喜好独立思考、参与社会。他们喜欢通过争论、碰撞形成鲜明观点，在思想上具有自立意识与自立行为。但在实际生活中，大部分在校学生在经济和生活等方面仍然依赖父母。在校大学生深度访谈中，关于“思想意识独立”的话题，样本 1：“我觉得我已经是大人了，可以自我管理，也可以照顾好自己，我不太喜欢父母总是约束我，限制我，我想寻找自己的生活。”样本 37：“思想上我算是独立的，但我还不能赚钱，能赚钱了才能算真正的独立，要是我能赚好多好多钱就好了，既能体现我的价值，又能让我爸妈看看我的本事。”样本 49：“我也没有什么特别的想法，但我觉得妨碍我独立的就是钱啊，我妈每个月的生活费太重要了，等我毕业找到工作后就能自食其力，想干啥就干啥。”样本

70：“不算完全的独立个体，我还是比较依赖父母和家人。”从以上深度访谈材料可以看出，在校大学生既盼望从父母思想的襁褓中挣脱而出，成为自立的“个体”，又因为经济上的依赖和自我社会化程度较低，而无法割舍对家庭的依赖，而成为自我个性突出、自身矛盾凸显的“新型人类”。

3.信仰的发展性和易变性共存。世间万物都遵循着一定的发展规律，这是辩证唯物主义的基本观点。精神信仰是个人的意识行为，是指对某种思想及对某人某物的信奉敬仰，是人精神世界形成与发展的产物，是情感和意识方面的一种归属。随着社会环境的变迁及个人认知能力的增强，精神信仰呈现出一个由表及里、由浅入深、循环渐进的逐步发展过程。在校大学生是中华民族共同体中的特殊、重要的群体，通过高校思想政治理论课的教育和引导，他们的知识水平、思维能力、政治素养得到了持续提升。但这种变化是发展性的，其中华民族共同体意识也是在自身正确理解力和正确判断力逐步增强的基础上，逐渐形成、发展、强化的，在校大学生的思维意识具有较突出的发展性特征。

易变性是指在校大学生的心理发展易受外界各种因素的影响而发生改变的现象。笔者通过在校大学生深度访谈发现，在校大学生正处在学习文化知识、培养技能、形成“七观”的关键时期，其思想意识还缺乏系统性、全面性、成熟性，其可塑性非常强。但他们可能会因一些突发事件、相关的舆情信息、朋友同学的影响等，对自己已有的认知认同产生动摇而改变原来的价值认同。如样本5：“我以前觉得不同民族同学合宿制度不好，也不愿意和其他民族同学过多接触，但大家真的住在同一个宿舍之后我发现也不错，我还交了一个汉族的好朋友，我的普通话水平也提高了。”样本23：“思想政治理论课教给我的知识都是一些道理，我也很认可思政课，也觉得老师说的都对，反正就是觉得自己和以前看待问题的方式不同了，我会站在不同的角度思考问题了。”样本 84 :“我以前觉得和不同民族的同学交往不是什么难事，只要我真诚就能找到和我一样的，可是现实中，太打击我了，我也不是排斥哪个民族，就是觉得我的想法和现实不一样，有点儿灰心。”以上的深度访谈材料说明，在校大学生的思想意识较容易出现波动和变化。

4. 关注自我价值与功利性交叉。笔者在深入访谈中发现，大部分在校大学生积极参加各种志愿者活动，愿意把为社会奉献作为自己的人生目标。但也有部分在校大学生对国家和社会关注度不高，他们更注重“自我发展，自我实现，自我成功”，信奉所谓务实的价值观，崇尚“钱是万能的，没有钱是万万不能的”观点。在深度访谈中，关于“践行社会主义核心价值观”的话题，样本 25 :“社会主义核心价值观是国家提倡的东西，但现在的社会还是看重钱啊，有钱能使磨推鬼了都，我也爱国、爱社会主义啊，但我爱国的方式就是好好赚大钱，我有钱了，国家不也有钱了吗?哈哈哈……我这样说是不是不好啊，但绝对是我的真心话。”样本 40 :“我对自己还是比较有规划的，我想以后能继续读书，读研究生，念博士，我希望自己能找个好工作，那我就可以光宗耀祖了。”样本 45 :“老师教的知识我都能理解，我也知道中华民族要发展需要加强民族团结，践行社会主义核心价值观，但具体到现实生活，我还是觉得赚钱是第一位的，要不然就是当官，我参加学生会也是为了能锻炼自己的领导能力。”从深度访谈中可以看出，部分在校大学生注重现实生活中的物质性和功利性，注重个体和个人价值的实现，在他们身上务实价值观与功利价值观互相交叉，这使得在校大学生的价值取向更多关注于实用主义、功利主义和利益关系，对抽象的理论反而不太关注。在社会转型的大环境影响下，在校大学生的思想意识呈现出复杂多变且务实的倾向。

5. 个体需求的现实性日趋突出。通过深度访谈笔者发现，在校大学生最重要的个体需求，即自我实现的个体需求，实现自我价值已成为在校大学生重要的价值追求。深度访谈的材料显示，一些学生思想意识里最多的想法是“上大学就是为了找份好工作，有了好工作就能赚大钱”“我要把时间都用在充实自己上，别的活动不想参加，参加了也是浪费我的学习时间”“我爱好的我会去，不爱好的不想去”。部分在校大学生认为，只有对自己有“利”的事，才是值得去做的事。他们往往积极选择最适合今后就业的实践课程，只参加对自身发展有利的社团活动和社会实践，而国家民族、政治理想、社会发展等均被抛于脑后。笔者通过深度访谈还发现，部分在校大学生申请入党的动机不纯或不完全清楚为什么要入党，使得他们在个人成才立业和自我价值实现的强烈愿望下形成个人主义意识，造成个人需求现实化的趋向。

6. 网络获取信息技能与行为虚拟交融。互联网的迅速发展，拓展了在校大学生的学习和生活空间，使得他们接受信息的渠道和方式趋向多元化与快捷化，有助于他们发展心智和知识获取。但互联网的作用是典型的“双刃剑”，其快捷和便利的另一面也带来了心理空虚和阅读肤浅的弊端。网络共享和大数据时代形成了大众“话语平等”和部分人“话语缺失”并存的现象。社会文化日益碎片化，快餐式阅读盛行，浅表性思维凸显已成为影响人们是非判断、价值认同的重要因素。在大数据时代，获取知识信息愈加简便，网络以音像、图文、视频等直观立体的方式将各种信息呈现在在校大学生面前，他们是网络虚拟场域下的“被动接受者”，出于一种“从众心理”，部分在校大学生在处理网络信息时懒于思考和辨别，往往盲目从众附和。调查问卷数据显示，有18.6%的填写问卷者对“与现实世界相比较，更喜欢网络世界，会排斥现实世界与他人的交流交往”的观点持非常赞同的态度，26.5%的填写问卷者比较赞同。38.1%的填写问卷者对所谓网络上的“意见领袖”、草根明星观点具有认同感（见表2–21）。调查问卷数据表明，在纷繁复杂、真假夹杂的虚拟世界中，在校大学生极容易“迷失自我”而产生盲从，网络人格、虚拟交流充斥，严重干扰着在校大学生在现实生活中与他人的交往和交流。

表 2–21 在校大学生网络获取信息技能与行为虚拟交融的情况

单选题	非常赞同/%	比较赞同/%	不确定/%	不赞同/%	完全不赞同/%
与现实世界相比较，更喜欢网络世界，会排斥现实世界与他人的交流交往	18.6	26.5	20.7	10.3	23.9
对网络上“意见领袖”和草根明星的观点更认同	20.3	17.8	15.3	11.5	35.1

（二）民族差异

从调研数据来看，当前少数民族在校大学生的思想政治状况总体上是积极健康的，他们热爱党和国家，有一定程度的政治鉴别能力。但由于经济发展水平、历史原因、生活习惯、复杂心理等因素影响，少数民族在校大学生的思想和行为特点呈现出相应的特殊性和复杂性。

1. 少数民族在校大学生价值认同“圈群”现象突出。少数民族在校大学生普遍对本民族文化有极强的认同感，其价值观的形成受本民族的风俗习惯、宗教信仰等影响较深。问卷调查数据显示，关于“你与本民族以外的其他民族的师生交往情况是？”的回答，在汉族填写问卷者中，选择了“经常交往”的占52.6%，选择了“交往”的占25.4%，选择了“偶尔交往”的占19.3%，有1.8%和0.8%的填写问卷者选择了“从不交往”和“不知道”。在少数民族填写问卷者中，选择了“经常交往”的占34.3%，选择了“交往”的占19.4%，选择了“偶尔交往”的占26.7%，选择“从不交往”的占11.6%，还有7.9%的少数民族填写问卷者选择了“不知道”（见图2–6）。同一题目的选择，少数民族在校大学生与汉族在校大学生存在较大的差异。问卷调查数据反映出少数民族在校大学生更倾向于选择有相同风俗习惯的本民族师生形成较为固定的“圈群”，他们对本民族“圈群”内的交流群体往往更信任。这种“软性排他”的认知性和认同性的“圈群”化特征，在一定程度上影响到他们对班集体、学校和国家的情感认同。

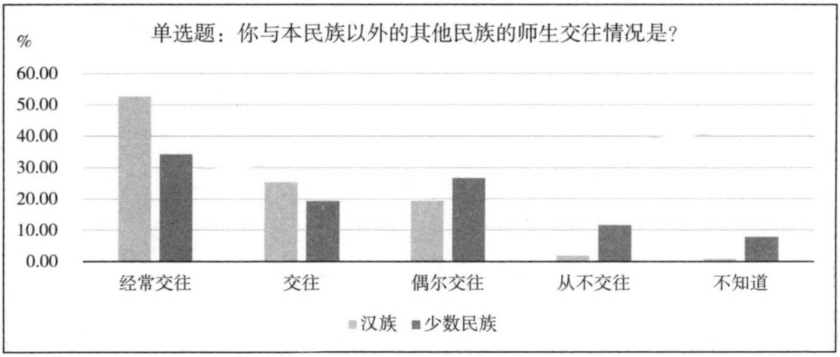

图2–6　汉族在校大学生与少数民族在校大学生对“与本民族以外的其他民族师生交往情况”对比

2. 部分少数民族在校大学生对中华民族共同体意识缺乏科学理性的认知。少数民族在校大学生的世界观、人生观、价值观尚未完全定型，他们对中华民族共同体意识的认知存在薄弱环节，在日常生活中容易出现思想认知上的偏差，对主流价值观念产生错误的判断，从而影响其铸牢中华民族共同体意识。问卷调查数据显示，在“如果本民族同学与其他民族同学发生矛盾或冲突，你会怎么做?”的回答中，44.7%的少数民族填写问卷者选择了“客观地判断对错”，28.2%的少数民族填写问卷者选择了“支持本民族同学”，11.7%的少数民族填写问卷者选择了“不介入”，选择“不知道”的少数民族填写问卷者占15.3%，但汉族在校大学生和少数民族在校大学生之间的选择存在较大差异（见图2–7）。该问卷调查数据说明，小部分少数民族在校大学生存在狭隘的民族意识，他们不能客观理性地分析和判断同学之间产生的各种矛盾纠纷，在处理问题时，容易产生排他意识和民族情绪。这种意识和情绪在一定程度上会影响在校大学生的民族团结进步和民族交往交流交融，成为阻碍铸牢在校大学生中华民族共同体意识的主要因素，也为境内外反华势力进行煽动蛊惑提供了思想空间。此外，笔者通过在校大学生深度访谈发现，在部分高校中，部分少数民族在校大学生认为，“中华民族共同体意识离自己很远”“中华民族共同体意识就是民族团结，自己已经做得很好了”“思政课听不太懂”“要学好专业课，公共课不重要”“思政课就是教育人的，对以后就业没有什么大的用途”等。这表明部分少数民族在校大学生缺乏对中华民族共同体知识的学习热情，缺少对思想政治理论课的学习兴趣，进而对主流意识形态认同比较淡漠。再加上思想政治理论课的讲授相对枯燥，课程设计和教学方式方法对少数民族大学生思想意识的特殊性和复杂性的关注度不够，教学实践往往缺少针对性和适用性，因而降低了教学效果与质量。同时，高校思想政治教育在一定程度上还不能充分满足社会稳定与发展的迫切需要，致使部分少数民族在校大学生缺乏对中华民族共同体意识的科学理性认知。

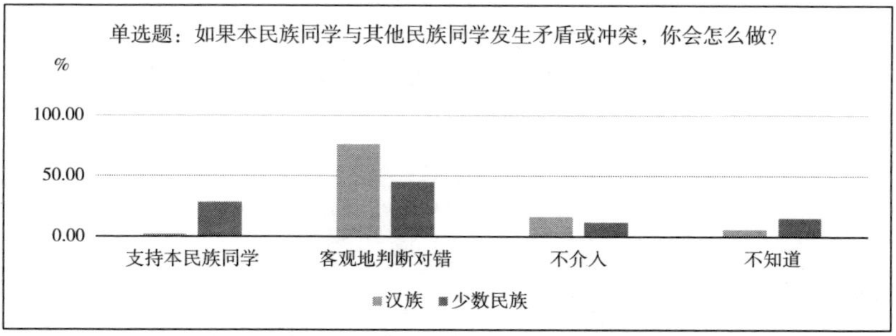

图 2–7　汉族在校大学生与少数民族在校大学生对“本民族同学与其他民族同学发生矛盾或冲突时”选择方式的对比

3. 部分少数民族在校大学生对中华文化缺少了解与关注。了解就是人们对相关事物的情况知道和清楚的心理状态。关注是指人们对特定事物关心重视的态度。少数民族在校大学生对中华文化的了解与关注程度是衡量其对中华民族共同体意识认同程度的重要尺度之一。问卷调查数据显示，在“你认为中华民族优秀传统文化是”的回答中，选择“是我国各民族集体智慧的结晶”和“各民族文化是中华文化的重要组成部分”的少数民族填写问卷者均占 70.1%，相较于汉族填写问卷者的 91.5%，其比例较低（见图 2–8）。在“下列节日中，你了解它的历史由来和风俗习惯的是？”的回答中，选择春节和国庆节的少数民族填写问卷者分别有

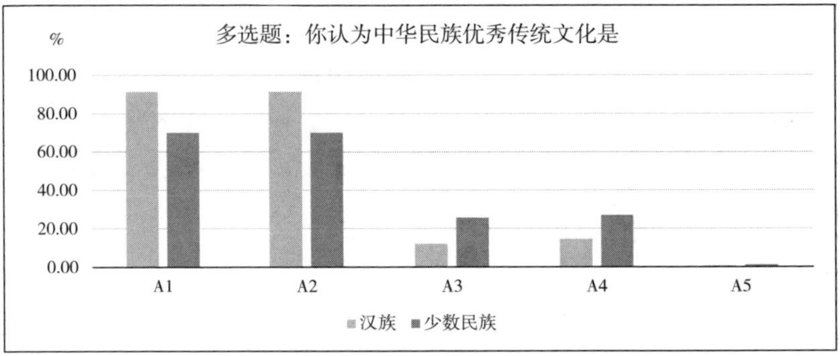

图 2-8　汉族在校大学生与少数民族在校大学生对"中华民族优秀传统文化"的认知情况对比

A1—是我国各民族集体智慧的结晶；A2—各民族文化是中华文化的重要组成部分；A3—它只代表着汉族文化，与其他少数民族文化关系不大；A4—各民族文化只属于自己的民族；A5—不清楚。

86.1%、83.3%，选择中秋节、端午节、清明节的少数民族填写问卷者分别为 34.1%、30.5% 和 23.4%，还有 5.9% 的少数民族填写问卷者表示对上述节日均不了解（见图 2-9）。问卷调查的数据表明，部分少数民族在校大学生对中华文化的了解和掌握还较为浅

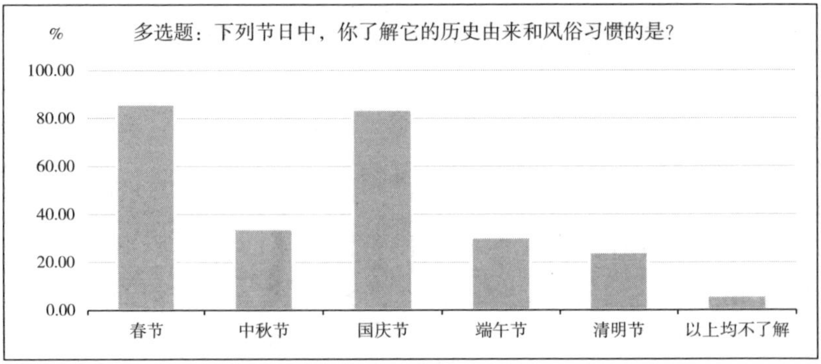

图 2-9　少数民族在校大学生对中华民族传统节日的认知情况

薄，对中华文化的了解与关注有所缺失，还存在较大的提升空间。

（三）区域差异

中国土地面积广袤而辽阔，960 万平方千米的土地繁衍生息着一代又一代的中华儿女。根据地形和气候的不同，中国区域地理以黑河—腾冲线为分割线，将黑河腾冲之间连线以东的地方称为东部，以西的地方称为西部。此后这一观点逐渐被主流学界认同。中国东部地区包括河北省、北京市、天津市、山东省、江苏省、上海市、浙江省、福建省、广东省、海南省、台湾省、香港特别行政区、澳门特别行政区，是中国特色社会主义经济最发达的区域。中国幅员辽阔、地大物博、人口众多，各地地理、文化差异较为显著，受历史、文化、地理位置、气候环境等因素的影响，中国东部与西部自古在政治、经济、社会发展等方面就呈现出不平衡，彼此间存在明显差距。东部与西部地区的大学生在中华民族共同体意识认知认同方面也呈现出显著的区域性差异。

问卷调查显示，来自西部地区的在校大学生在马克思主义“七观”，“五个认同”，民族团结进步，中华民族共同体意识的理论认知、情感认同、意志信念和践行，中华民族文化认同等方面的问卷统计数值均低于来自东部地区的在校大学生（见图 2-10）。一部分西部地区在校大学生不能全面、客观地认识各民族间的差异，部分西部地区大学生对马克思主义“七观”“五个认同”“社会主义核心价值观”认知较为模糊甚至是认知错误。笔者在对教辅人员深度访谈中了解到东西部大学生区域差异性的问题，样本 17：“东部与西部地区的在校大学生的确存在一些差距，西部地区的基础教育是短板，是造成他们在大学期间学习成绩较差的重要原因之一。”样本35：“西部地区少数民族在校大学生国家通用语言使用情况较差，语言障碍是他们必须攻克的一道鸿沟。”样本39：“与东部地区的学生相较，西部地区在校大学生的思想更为简单，价值观的选择和判断标准更依赖其原生家庭。”在对在校大学生深度访谈的材料中，也同样反映出上述问题：样本53：“我们寝室东西部地区的同学都有，来自西部地区的同学比较大大咧咧、热情。”样本43：“西部地区的同学更习惯于扎堆，他们经常会举办一些老乡会、同乡会，联络彼此感情，当然他们也比较排外。”通过以上田野调查资料可以看出，部分西部地区在校大学生民族情感和民族意识是比较狭隘的，对待民族问题容易产生偏激或者谬误的情绪，不能够一视同仁地对待发生在不同民族成员之间的问题。

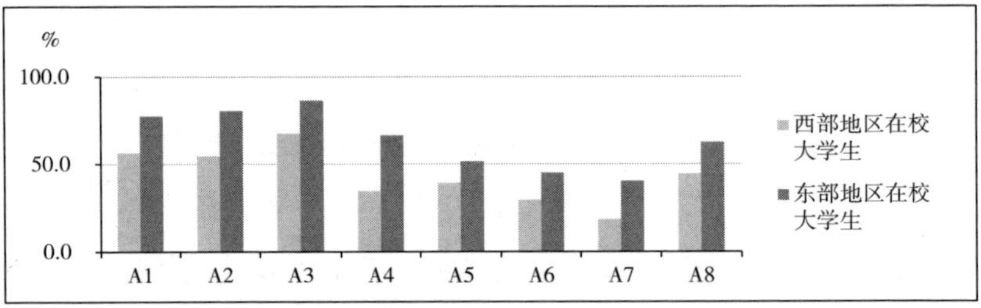

图2-10　东部地区在校大学生与西部地区在校大学生铸牢中华民族共同体意识认知、认同、践行情况对比图

A1—马克思主义“七观”；A2—“五个认同”；A3—民族团结进步；A4—中华民族共同体意识的理论认知；A5—中华民族共同体意识的情感认同；A6—中华民族共同体意识的意志信念；A7—践行；A8—中华民族文化认同。

（四）年级、学科、生源地及政治面貌差异

问卷调查结果统计分析表明，在校大学生对中华民族共同体

意识的理论认知、情感认同、意志信念和践行四个方面存在不平衡发展现象（见图 2-11 至图 2-14）。具体表现为：在中华民族共同体意识的理论认知方面：从年级层级看，呈现出大一好、大二差、大三回升、大四又回落的不稳定现象；从学科类别看，文史类学生优于理工类学生，理工类学生又优于农医类学生；从生源地区域看，城市的大学生优于县城乡镇的大学生和农村的大学生；从政治面貌看，党员学生优于团员学生，团员学生优于普通学生。在对中华民族共同体意识的情感认同方面：从年级层级看，表现为随年级层次递增而趋弱的趋势，但党员学生优于团员

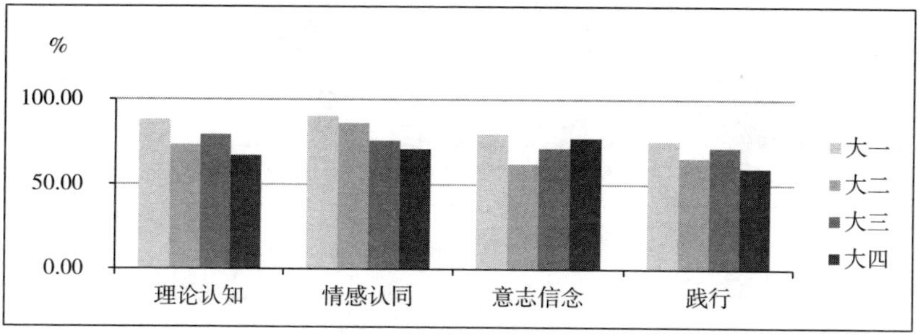

图 2-11　年级差异

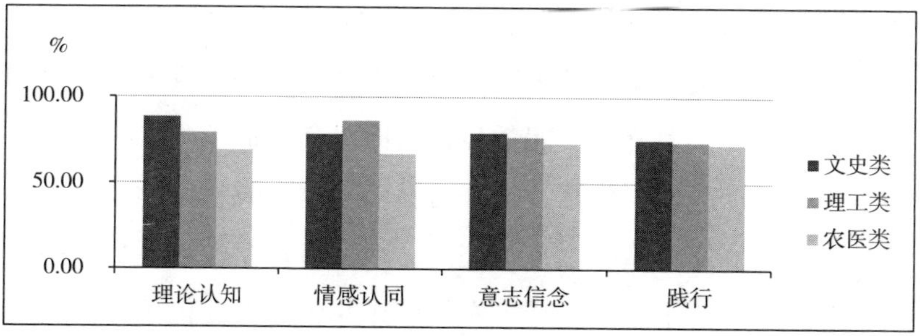

图 2-12　学科差异

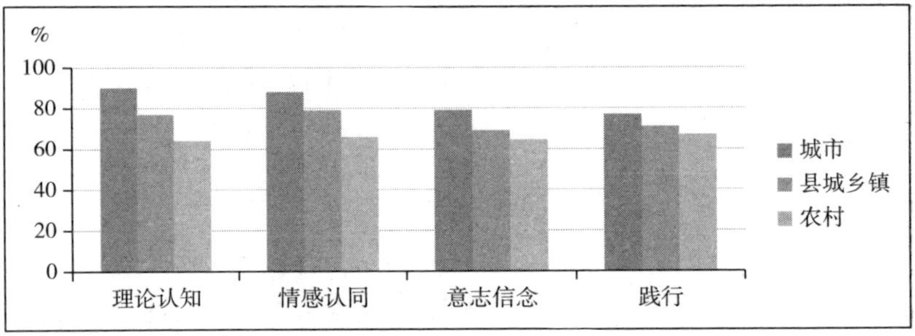

图 2–13　生源地差异

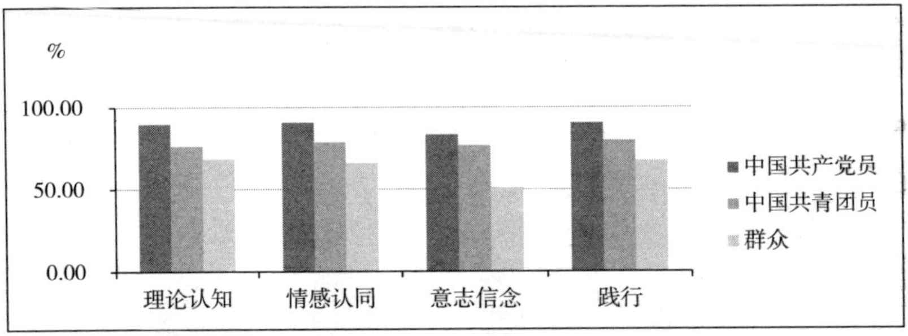

图 2–14　政治面貌差异

学生和普通大学生；从学科类别看，理工类学生优于文史类和农医类学生；从生源地区来看，来自农村的学生要低于来自县城乡镇和城市的大学生。在铸牢中华民族共同体意识的意志信念方面：部分学生意志信念易变性突出，社会责任感不强，且大二学生明显落后于大一、大三和大四学生；农医类学生低于理工类和文史类学生；城市的学生依然优于来自县城乡镇和农村的学生；党员大学生这一群体普遍政治信仰坚定，但还有近半数普通大学生的正确意志信念还未全面形成。在铸牢中华民族共同体意识的践行方面：在校大学生普遍能做到维护祖国统一、促进民族团结，各民族大学生相互尊重、互相帮助、相互信任等，并且党员学生普遍优于团员学生、普通学生，大四学生落后于大一、大二和大三学生，来自县城乡镇和农村的学生同来自城市的学生相比有一定的差距。

（五）家庭教育背景差异

家庭教育和本民族文化习俗的影响，是在校大学生在成长过程中不可避免的生活背景。相关调查数据显示，父母文化程度为“小学及以下”的在校大学生对中华民族共同体意识的认同要低于父母文化程度为“初高中”的在校大学生；父母文化程度为“本科及以上”的在校大学生对中华民族共同体意识的认同要明显高于父母文化程度为“中专”和“大专”的在校大学生。另外，通过调查发现父母的学历越高，其子女对中华民族共同体意识的认同率越高；父母两人文化程度不同，对子女的中华民族共同体意识认同也会造成一定程度的影响（见图 2-15）。可以说，父母受教育的程度将直接影响中华民族共同体意识的代际传播。

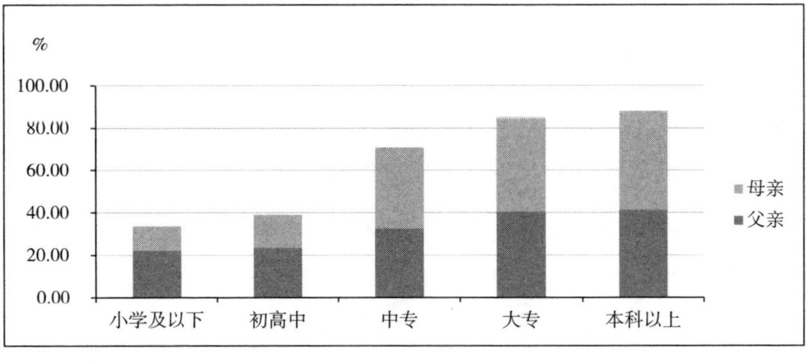

图 2-15　父母文化程度对子女中华民族共同体意识认同的影响

第二节　存在问题

新时代是党和国家对高校教育投入增加，教育教学质量不断提高的重要阶段，自 2017 年党的十九大召开到 2018 年全国教育大会的召开，铸牢在校大学生中华民族共同体意识已经成为社会各界的广泛共识，亦成为实现社会稳定与长治久安的重要任务之一。为此，教育部制定了一系列促进高校教育发展的措施和办法，高等教育迎来了历史上最好的发展环境和机遇。然而，受到社会、历史和高校教育系统自身原因的影响，高校在铸牢在校大学生中华民族共同体意识方面不可避免地存在着一些问题。

一、对铸牢中华民族共同体意识的重要性认识欠缺

通过问卷调查及深度访谈可以看出，在校大学生对中华民族共同体意识的认知认同状况总体良好，但是不可否认，在整体趋势向好的表象下还存在着一些隐忧和问题。新时代铸牢中华民族共同体意识是中国民族工作的主线，铸牢大学生中华民族共同体意识涉及国家核心利益。所以，对相关问题进行调查了解，是铸牢大学生中华民族共同体意识的前提条件。

（一）对铸牢中华民族共同体意识的理解欠缺学理深度

认同是“一种情感趋向和价值趋同”[①]，认同的前提必须是充分的认知，只有在高度认知的情况下才能进行正确的价值选择。但问卷调查统计数据显示，在校大学生对中华民族共同体意识的理

① 张成龙：《以“党建 +”理念增强高校基层党建工作内生动力》，载《思想教育研究》第 1 期，2019 年 1 月。

解却存在“悖论”，不符合“认知—认同—整合—传播—践行”的价值观构建逻辑与规律。关于建构中华民族共同体的问题，分别有76.7%和19.5%的填写问卷者对构建中华民族共同体持“非常赞同”和“比较赞同”的态度。72.3%的填写问卷者认为“铸牢中华民族共同体意识能够激发中华民族共同体建设中国特色社会主义的创造性活力”（见表2–22），但准确掌握铸牢中华民族共同体意识的原因及意义的填写问卷者仅有33.5%，“一般了解”的仅占19.3%（见表2–23）。由此可知，部分在校大学生存在的对中华民族共同体意识认知不足的现象，是仅仅停留在问卷上的“认知认同”，存在一定程度的“盲目”和“盲从”认同的情况，这种高度认同下的低度认知，表露出填写问卷者对中华民族共同体意识的认同或许并非源于自身的理性自觉和发自真心。

表2–22　在校大学生对铸牢中华民族共同体意识的理解情况

单选题	非常赞同/%	比较赞同/%	不确定/%	不赞同/%	完全不赞同/%
你对构建中华民族共同体的态度是	76.7	19.5	1.9	1.1	0.8
铸牢中华民族共同体意识能够激发中华民族共同体建设中国特色社会主义的创造性活力	72.3	24.3	1.5	1.2	0.7

表2–23　在校大学生对铸牢中华民族共同体意识的原因和意义了解情况

单选题	掌握并深刻理解其内涵/%	知道并一般了解其内涵/%	不知道不了解其内涵/%
对铸牢中华民族共同体意识的原因和意义	33.5	19.3	47.2

（二）对铸牢中华民族共同体意识的理解缺乏情感热度

情感是增强价值认同的“催化剂”，也是认同能经受时间和空间考验的“固化剂”，认同一旦离开情感，是无法在现实中长久践行的。在“你平常会自主阅读学习与中华民族共同体意识相关的理论知识吗？”方面，45.2% 的填写问卷者表示是消极应付，仅有 54.8% 的填写问卷者是源自内心而积极主动学习（见表 2–24）。对于中华优秀传统文化的了解，选择“不太了解”、“不确定”和“不了解”的填写问卷者分别为 20.9%、9.1% 和 0.8%（见表 2–25）。64.1% 的填写问卷者更喜欢西方价值观中的“自由”（见表 2–10）。在喜欢的经典名著中，中国古代名著以 45.2% 的票选险胜西方经典名著（见表 2–26）。不难看出，在校大学生对铸牢中华民族共同体意识的理解还缺少“热度”和“激情”；在价值观的认同方面，还糅杂了西方思潮、宗教因素、网络观点等大量非主流的思想，这种“个人价值观”在一定程度上削弱了在校大学生对中华民族共同体意识的情感认同。

表 2–25　在校大学生自主学习情况

单选题	经常认真学习 /%	多少看一点 /%	不确定 /%	不会 /%	完全不会 /%
您平常会自主阅读学习与中华民族共同体意识相关的理论知识吗？	25.7	29.1	34.3	6.2	4.7

表 2–26　在校大学生对中华优秀传统文化认知情况

单选题	非常了解 /%	比较了解 /%	不太了解 /%	不确定 /%	不了解 /%
你是否了解中华优秀传统文化	49.7	19.5	20.9	9.1	0.8

表 2–26　在校大学生“经典名著”认同情况

单选题	中国古代名著 /%	西方经典名著 /%	不确定 /%
你更喜欢的经典名著是	45.2	41.3	13.5

（三）对铸牢中华民族共同体意识的价值重要性认知匮乏

在校大学生对中华民族共同体意识的价值重要性认知往往停留在表面上的肤浅认识。深度访谈所呈现的是：受访大学生表面上具有对国家意识、民族意识、共同体意识等价值观认知，实则“不得要领”，对国家前途命运的关注，民族发展和社会目标的实现，国家、民族、社会、家庭、个人在铸牢中华民族共同体意识的重要性和作用方面，表现出一知半解。样本 23：“我就是爱国、爱中华民族，但具体的我说不出来。”样本 37：“国家、中华民族的前途这个话题太大了，离我太过于遥远，也不是我能考虑和决定的吧。”样本 89：“铸牢中华民族共同体意识这个说法我听过，但具体怎么做算是铸牢了呢？这个我不知道。”样本 96：“爱国就是爱中华民族，中华民族这个词我知道，但要说具体的，我就不清楚了，可能老师已经讲过了，但我不记得了。”受访的在校大学生虽然是个案，但也能反射出对在校大学生进行铸牢中华民族共同体意识教育存在明显偏差和短板。

二、部分学生对中华民族共同体意识的内容认知模糊

通过调研数据来看，当前部分在校大学生对中华民族共同体意识的内涵和相关历史知识的认知较为模糊，对团结合作意识、法治意识、共同发展意识、共建共享意识的认知较为肤浅。

（一）部分在校大学生对中华民族共同体意识的内涵认知不足

从整体上看，一些在校大学生对中华民族共同体意识的理论、内涵、本质认知不足。问卷调查统计数据显示，仅有 29.5% 的填写问卷者能完整填写中华民族共同体意识的内容，只有 11.2% 的填写问卷者知道中华民族共同体意识的本质是命运共同体。此外，有近 1/5 填写问卷者混淆了中华民族共同体意识和中华民族的概念及内容（见表 2–27）。从学科类别角度看，学生所学的专业对其理解中华民族共同体意识具有一定程度影响，文史类优于理工类，理工类优于农医类（见图 2–16）。这种状况反映出部分在校大学生对中华民族共同体意识缺乏全面、系统、深刻的认知。

表 2–27　在校大学生对“中华民族共同体意识的内涵”认知情况

选项（填空题）＼人数占比	完整填写者 /%	较完整填写者 /%	填写完全错误者 /%	未填写者 /%
请填写中华民族共同体意识的内容	29.5	25.1	35.1	10.3
请填写中华民族共同体的本质	11.2	41.2	34.7	12.9
请填写中国共产党的建党日期	56.2	—	30.2	13.6

（二）部分在校大学生对相关历史认知模糊

关于中华民族共同体的发展历程，根据问卷调查统计结果分析，31.7% 的填写问卷者对中华民族共同体的发展历程“不了解”（见表 2–28）。30.2% 的填写问卷者不能准确填写中国共产党的建党日期（见表 2–27）。23.5%、12.2%、17.8% 的填写问卷者分别选择“不太了解”“不确定”“不了解”我国社会主义早期建设和建设成效（见表 2–28）。10.1% 的填写问卷者“不赞同”“无论哪

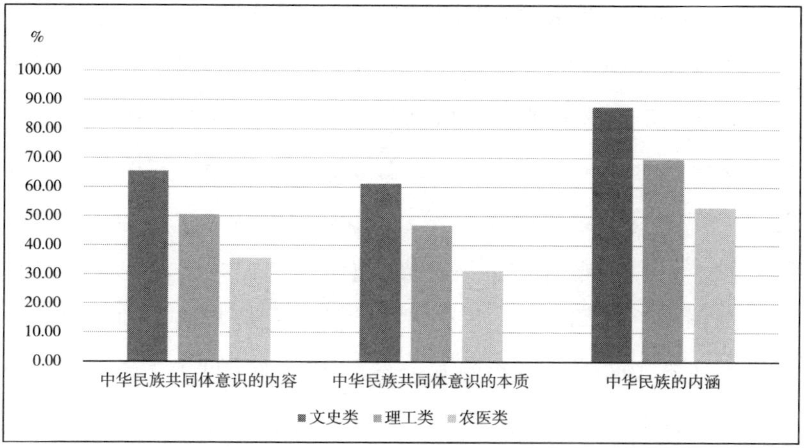

图 2-16　不同学科类别的在校大学生对中华民族共同体意识的内涵认知差异

个民族入主中原，都把自己建立的王朝视为统一的多民族国家的正统”（见表 2-29）。对在校大学生而言，这种相关历史基本知识认知水平与其大学生的身份、受教育程度极不相称。

表 2-28　在校大学生对“相关历史知识”的认知情况

单选题	非常了解 /%	比较了解 /%	不太了解 /%	不确定 /%	不了解 /%
是否了解中华民族共同体的发展历程	9.5	21.2	10.5	27.1	31.7
是否了解我国社会主义早期建设和建设成效	23.8	22.7	23.5	12.2	17.8

表 2-29　在校大学生对“相关历史知识”的认同情况

单选题	非常赞同 /%	比较赞同 /%	不确定 /%	不赞同 /%	完全不赞同 /%
是否赞同“无论哪个民族入主中原，都把自己建立的王朝视为统一的多民族国家的正统”	35.8	29.4	24.7	7.4	2.7

（三）部分在校大学生对团结合作意识认知模糊

通过问卷调查我们发现，部分在校大学生对团结合作意识认知程度不高。问卷调查统计数据显示，在民族团结、各民族交往交流交融包含哪些内容方面，仅有 33.9% 和 31.9% 的填写问卷者选择“非常了解”（见表 2–30）。15.5% 的填写问卷者不认同“尊重差异，包容多样”。在对各民族精诚团结，共同奋斗这个问题上，选择“不赞同”“完全不赞同”的填写问卷者分别占 7.9%、1.5%，还有 19.4% 的填写问卷者态度不明确（见表 2–31）。上述这些统计数据应该引起有关部门和高校的高度重视。

表 2–30　在校大学生对“团结合作的内涵”的认知情况

单选题	非常了解 /%	比较了解 /%	不太了解 /%	不确定 /%	不了解 /%
对民族团结的内容	33.9	37.3	11.1	8.0%	9.7
对各民族交往交流交融的内容	31.9	32.4	14.0	11.5	10.2

表 2–31　在校大学生对“各民族团结合作”的认同情况

单选题	非常赞同 /%	比较赞同 /%	不确定 /%	不赞同 /%	完全不赞同 /%
是否赞同“尊重差异，包容多样”	30.4	36.5	17.6	11.1	4.4
是否赞同“各民族精诚团结，共同奋斗”	32.8	38.4	19.4	7.9	1.5

（四）部分在校大学生对法治意识认知模糊

通过问卷调查和深度访谈笔者发现，在校大学生的法治教育主要依靠学校教育，部分在校大学生的法治观念淡漠，法治意识认知程度较浅，对国家法律法规的认知较为匮乏。问卷调查表明，关于“你了解的法律知识主要来源于？”的回答，78.6% 的填写问卷者选择了“学校法治教育”，10.8% 的填写问卷者选择了“国家法制宣传”，4.6% 的填写问卷者选择了“自学法律”，5.9% 的填写问卷者选择了“通过家庭获得”（见图 2–17）。这表明学校教育仍然是提升在校大学生中华民族共同体意识的主渠道。在“当你的父母或朋友人身或财产利益受到侵犯时，你常用的解决办法是”的回答中，67.4% 的填写问卷者选择了“通过法律方式解决”，25.8% 的填写问卷者选择了“大事化小，小事化了”，9.2% 的填写问卷者选择了“用武力解决”，3.6% 的填写问卷者选择了“忍气吞声”，3.1% 的填写问卷者选择了“不知道”（见图 2–18）。这表明部分在校大学生的法治意识还有待提高。在大学生深度访谈中，问及“是否了解中国特色民族政策的相关法律”时，绝大部分被访问者表示“不知道”“老师没有讲过”“平时没有怎么关注”“不太清楚”，这充分说明，部分在校大学生法治意识认知程度较浅，对相关法律法规内容掌握不够。

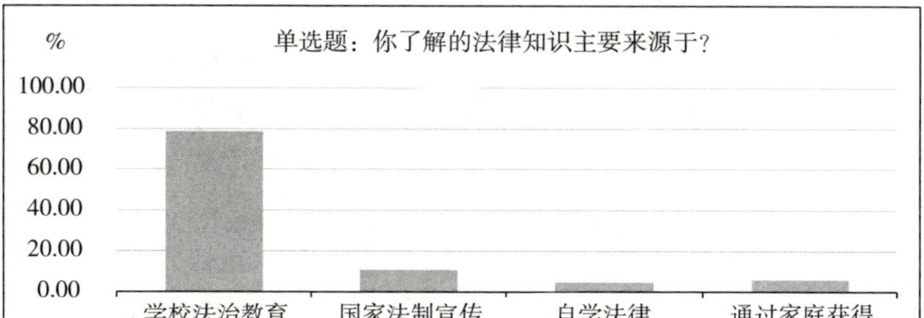

图 2–17　在校大学生相关法律知识的来源情况

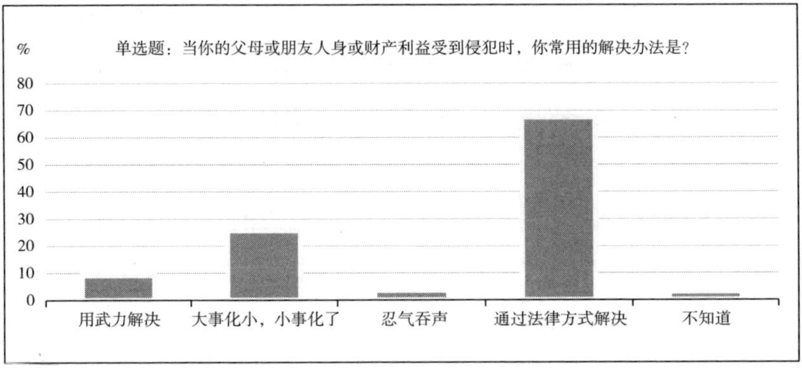

图 2-18　在校大学生对“父母或朋友人身或财产利益受到侵犯时”采用方式的情况

（五）部分在校大学生对共同发展意识认知模糊

通过问卷调查我们发现，一些在校大学生对各民族共同发展意识认知程度较浅。在对于“发展是解决民族地区各种问题的总钥匙”的理解上，仍有接近一半的填写问卷者回答不够准确。30.9% 的填写问卷者“不了解”党和国家的民族政策（见表 2-32）。34.9% 的填写问卷者认为“民族地区精准脱贫仅仅需要国家的大力扶持”（见表 2-33）。关于“你认为我国各民族之间存在共同利益吗？”的回答中，选择“各方面都存在”的填写问卷者有 36.1%，选择“有些方面存在”的填写问卷者占 42.9%，认为“不存在”和“完全不存在”的填写问卷者共占 11.4%（见图 2-19）。这说明一些在校大学生对“中华民族利益共同体”的认知模糊。

表 2-32　在校大学生对“党和国家的民族政策”了解情况

单选题	非常了解 /%	比较了解 /%	不太了解 /%	不确定 /%	不了解 /%
是否了解党和国家的民族政策	11.3	28.7	21.3	7.8	30.9

表 2-33　在校大学生对“共同发展意识”的认同情况

单选题	非常赞同 /%	比较赞同 /%	不确定 /%	不赞同 /%	完全不赞同 /%
是否赞同“民族地区精准脱贫仅仅需要国家的大力扶持”的说法	18.2	16.7	6.5	24.3	34.3

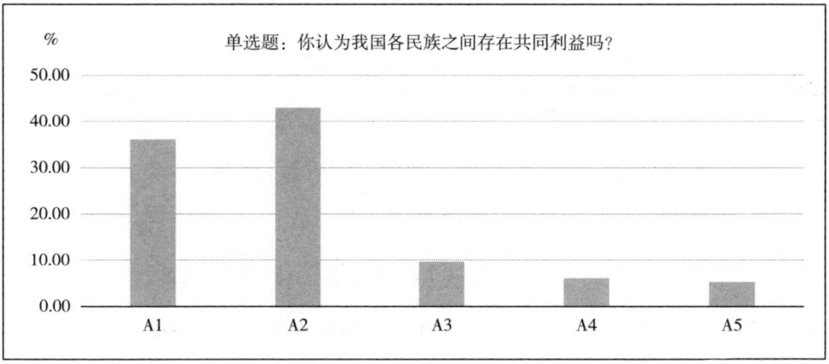

图 2-19　在校大学生对“共同发展意识”的认同情况

A1—各方面都存在；A2—有些方面存在；A3—不清楚；A4—不存在；A5—完全不存在。

（六）部分在校大学生对共建共享意识认知模糊

文化认同是最深层次的认同，是民族团结之根、民族和睦之魂。文化认同问题解决了，中华民族共同体意识的认同才能巩固。通过问卷调查我们发现，部分在校大学生对共建共享认识程度不够，认知较为模糊。27.7% 的填写问卷者选择“不了解”，16.4%

的填写问卷者选择“不太了解”多元与一体的辩证统一关系。31.8% 的填写问卷者“不了解”，10.3% 的填写问卷者“不太了解”本民族文化与中华文化之间的关系（见表 2–34）。这说明强化在校大学生对中华文化认同，是提高在校大学生认知认同中华民族共同体意识的核心要点。

表 2–34 在校大学生对“中华民族多元一体”的认知情况

单选题	非常了解 /%	比较了解 /%	不太了解 /%	不确定 /%	不了解 /%
对“多元”与“一体”的辩证统一关系	22.2	24.5	16.4	9.2	27.7
是否了解本民族文化与中华文化之间的关系	15.7	25.1	10.3	17.1	31.8

三、培育方式、课程体系、教育内容有待完善

新时代大学生铸牢中华民族共同体意识必须实现培育方式、课程体系、教育内容的全面创新与优化，体现与时俱进、贴近学生思想实际的特征。但目前培育方式缺乏创新性、吸引力和差异性，课程体系缺乏系统性和层次性，教育内容缺乏针对性和现实性等问题仍然较为突出，有待进一步完善。

（一）培育方式缺乏创新性、吸引力和差异性

当前，高校培育大学生中华民族共同体意识的方式主要包括理论教育、实践教育、线上与线下辅助教育。从问卷调查统计数据来看，高校开展铸牢中华民族共同体意识教育活动存在创新性不足、吸引力不强、差异性不突出的问题。

1.培育方式的创新性和吸引力较为欠缺。在回答“你所在学校开展铸牢中华民族共同体意识教育活动的方式是？”时，80.4%的填写问卷者选择了“课堂理论阐述”，11.2%的填写问卷者选择了“观看有关宣传影视片”，10.4%的填写问卷者选择了“校园广播、网络宣传”，9.6%的填写问卷者选择了“专家学者讲座”，选择了“主题活动”的填写问卷者占9.3%，选择“专题讨论”的填写问卷者占8.1%，选择了“社会实践”的填写问卷者占6.5%，选择了“开展学术科研”的填写问卷者占5.4%，0.5%的填写问卷者选择了“其他”（见图2-20）。从对在校大学生进行深度访谈案例看，在“你认为铸牢中华民族共同体意识的有效方式是什么”和“你对铸牢大学生中华民族共同体意识有何建议”的回答中，大多数的填写问卷者回答均为要加强方式和手段上的创新，提出如“增强趣味性，方法与时俱进”“创新课堂模式”“培育方法使学生有兴趣”“贴近大学生生活”“以新颖的方式进行主题教育”“活动要形式多变”“不要过于硬性”“采用适应时代的方式，吸引学生的方式”“用名人效应进行宣传”等。

上述调查情况充分表明，当前大学生铸牢中华民族共同体意识的方式主要采用课堂理论灌输、专家学者讲座、观看宣传影视片、开展社会实践等传统常规方式，还停留在传统一般方式层面，缺乏创新性。同时，在培育过程中没有将在校大学生的思想状况、个性特点和新时代社会信息化特征、高校教学实际相结合，使得铸牢在校大学生中华民族共同体意识的教学手段、方式、形式和程序缺乏吸引力。

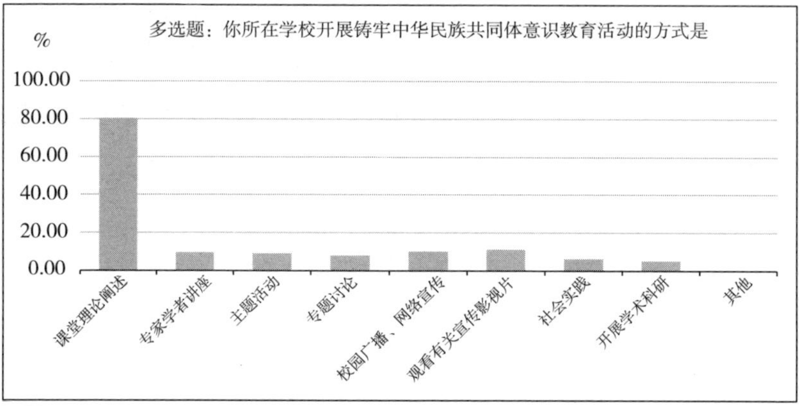

图 2–20　在校大学生对“开展铸牢中华民族共同体意识教育活动方式”的认同情况

2. 培育方法的差异性不突出。中华民族共同体意识教育具有政治性强、理论抽象、内容宏阔等特性，对初学者特别是理工科学生、少数民族学生、预科生而言，有些内容较为深奥，学习难度较大，迫切需要因材施教。在教辅人员的深度访谈中，问及“中华民族共同体意识培育内容是否有效并适用”时，大多数教辅人员回答，“教育内容不太紧密贴合大学生日常实际”“少数民族大学生使用国家通用语言情况仍然薄弱，面对理论性强的内容他们理解得不够充分，或者不能完全掌握理论的深刻含义”“教育内容未针对个体体现差异性”。这表明铸牢在校大学生中华民族共同体意识的培育内容理论性较强，教学方法的差异性不够突出。

（二）课程体系缺乏系统性和层次性

首先，课程体系的系统性不强。铸牢中华民族共同体意识教育涉及马克思主义“七观”教育、“五个认同”教育、国家意识教育、历史主流意识形态教育、团结合作意识教育、政治法治意识教育、共同发展意识教育、共享共建意识教育、中华优秀传统文化教育、理想信念教育等方面，包含对中华民族共同体意识的科学内涵、形成过程、本质特征、结构功能、价值意义等教育，是一个体系庞大、内容丰富的系统性的思政教育。我们通过田野调查发现，在高校铸牢中华民族共同体意识的课程体系中，“实现路径”教育比较欠缺。如在问及“是否了解铸牢中华民族共同体意识的方式和途径”时，选择“不确定”“不了解”的填写问卷者分别有 31.4% 和 13.3%（见表 2–35）。在回答“你所在学校开展铸牢中华民族共同体意识教育活动的方式是”问题时，选择了“社会实践”的填写问卷者仅有 6.5%（见图 2–20）。在对部分在校大学生深度访谈方面，大多数被访谈的学生认为没有具体接受到“铸牢中华民族共同体意识教育活动”。

表 2–35　在校大学生对“铸牢中华民族共同体意识的方式和途径”的认知情况

单选题	非常了解 /%	比较了解 /%	不太了解 /%	不确定 /%	不了解 /%
是否了解铸牢中华民族共同体意识的方式和途径	22.2	19.6	13.5	31.4	13.3

其次，课程体系的层次性不够凸显。大学生铸牢中华民族共同体意识，需要根据其思想行为特征和观念价值意识形成的客观规律来进行分层次、按阶段、分场域的中华民族共同体意识培育活动，而课程体系的层次性以及教学内容的层次性是否显著，是判断在校大学生中华民族共同体意识培育成效如何的重要标准之一。根据在校大学生中华民族共同体意识形成的知、情、意、信、

行的递进规律，理论上应出现从低年级到高年级学生对中华民族共同体意识的认知认同逐级递增的体认效果。但事实上，问卷调查统计分析结果并非如此，相关调查数据显示，大二学生在认知认同方面处于最弱的状态，高年级学生在铸牢中华民族共同体意识的践行上不如低年级学生（见图 2–11）。在“你所在学校是否有采取分层次、分场域、分阶段的路径铸牢在校大学生中华民族共同体意识”的调查中，只有 32.9% 的填写问卷者认为“完全有”，29.1% 的填写问卷者认为“基本有”，还有 26.7%、11.3% 的填写问卷者选择了“不清楚”和“没有”（见表 2–36）。这一数据表明部分高校铸牢中华民族共同体意识教育的课程体系有一定的层次性，但层次性不够凸显。

表 2–36　在校大学生对“课程体系层次性”的认知情况

单选题	完全有 /%	基本有 /%	不清楚 /%	没有 /%
你所在学校是否有采取分层次、分场域、分阶段的路径铸牢在校大学生中华民族共同体意识？	32.9	29.1	26.7	11.3

（三）教育内容缺乏针对性和现实性

1. 教育内容的针对性较弱。教育内容的针对性表现为能很好地将在校大学生的思想特质和铸牢中华民族共同体意识的本质要求有机结合，采取较为贴切、适宜性强的培育方法。问卷调查数据显示，在“你所在的学校铸牢中华民族共同体意识教育的效果如何？”的回答中，40.4% 的填写问卷者认为“非常好”，21.2% 的填写问卷者认为“比较好”，但仍然有 29.1%、8.6%、0.7% 的填写问卷者选择了“一般”“效果不明显”“没效果”（见表 2–37）。

这反映了部分高校在大学生铸牢中华民族共同体意识方面，教育效果有待进一步提升。关于“你认为思想政治理论课中有关于中华民族共同体意识教育的内容吗？”的回答，61.5% 的填写问卷者选择“有”，还有 9.8%、11.4% 的填写问卷者认为“没有”和“不清楚”。在“你认为中华民族共同体意识教育的内容在情感体验、人文化育、实践体悟等方面是否有针对性？”的问题中，仅有 38.9% 的填写问卷者选择“有”（表 2–38）。从当前高校的培育实效来看，铸牢在校大学生中华民族共同体意识的教育内容在情感体验、人文化育、实践体悟等方面还存在明显的针对性不足问题。

表 2–37　在校大学生对“铸牢中华民族共同体意识教育效果”认同的情况

单选题	非常好 /%	比较好 /%	一般 /%	效果不明显 /%	没效果 /%
你所在的学校铸牢中华民族共同体意识教育的效果如何？	40.4	21.2	29.1	8.6	0.7

表 2–38　在校大学生对“铸牢中华民族共同体意识教育效果”认知的情况

单选题	有 /%	好像有 /%	没有 /%	不清楚 /%
你认为思想政治理论课中有关于中华民族共同体意识教育的内容吗？	61.5	17.3	9.8	11.4
你认为中华民族共同体意识教育的内容在情感体验、人文化育、实践体悟等方面是否有针对性？	38.9	27.3	18.2	15.6

2. 教育内容的现实性不强。大学生铸牢中华民族共同体意识的现实性主要体现在三个方面：一是教育者应与时俱进，立足新时代中国社会发展现实，把中华民族共同体意识培育内容转换为

新时代实现中华民族伟大复兴中国梦具体的、实在的、鲜活的、感人的教学内容，使学生明晰正确的思想理论指导和中华民族的现实状况。二是教育者应立足于新时代在校大学生的现实生活和个人发展需要，把铸牢中华民族共同体意识的教学内容转化为在校大学生学习生活中应有的政治觉悟、学习动力、生活态度、处事方式、思想境界和人生追求，使在校大学生明晰新时代实现个人理想和中华民族伟大复兴需要具备的精神品质。三是教育者应因材施教，把握在校大学生的思想动态和学习生活规律，根据大学生的思想特征精心设计相关的教育教学活动内容。根据对在校大学生深度访谈的结果来看，部分大学生表示对中华民族共同体意识不熟悉，在问及所在学校开展的中华民族共同体意识教育是否与现实生活紧密相关时，有近一半的在校大学生表示“不相关”或“不确定”（见表 2–39）。

表 2–39　在校大学生对“铸牢中华民族共同体意识教育内容”认知的情况

单选题	紧密相关 /%	较相关 /%	不相关 /%	不确定 /%
你所在学校开展的中华民族共同体意识教育是否与现实生活紧密相关	37.6	13.1	21.1	28.2

四、学校、学生、社会、家庭密切结合的培育机制需要强化

大学生铸牢中华民族共同体意识的渠道或途径应该是多元化的，完备和畅通的渠道或途径是促进在校大学生认知认同中华民族共同体意识的有效导因。从问卷调查统计分析的数据来看，大学生铸牢中华民族共同体意识教育途径囊括了学校教育、学生自我教育、社会教育和家庭教育诸多方面，在问卷调查中针对“你

是通过哪些渠道了解铸牢中华民族共同体意识教育的”这一问题，选择“思想政治理论课”的填写问卷者有81.5%，选择“社会教育”的填写问卷者占36.3%，23.7%的填写问卷者选择了“校园文化环境”，选择“学校管理和服务”的填写问卷者有7.8%，选择“专业课”的填写问卷者有6.9%，4.4%的填写问卷者选择了“家庭教育”（见图2–21）。在问卷调查“是否有通过家风家教接受到中华民族共同体意识教育”时，仅有22.1%的填写问卷者认为“经常有，效果显著”，选择“基本没有”和“完全没有”的填写问卷者占比39.2%和38.7%（见表2–40）。在同一问题对在校大学生深度访谈中，大部分同学回答“父母比较关注专业课”“爸妈担心我的就业”“家里人想让我继续读研究生”“家人希望我将来赚大钱”“妈妈让我以后有个稳定工作就行”等答案。问卷调查中，关于“你所在学校是否形成了学校、家庭、社会协同铸牢在校大学生中华民族共同体意识的格局？”的回答，23.8%的填写问卷者选择了“完全形成”，31.4%的填写问卷者选择“基本形成”，还有29.7%和15.1%的填写问卷者表示“不清楚”和“尚未形成”（见表2–41）。

以上田野调查数据充分显示，大学生铸牢中华民族共同体意识教育路径呈现多元化特征。但学校教育、学生自我教育、社会教育、家庭教育之间缺乏有机内在联系，导致思政教育的整体性优势无法充分发挥。铸牢在校大学生中华民族共同体意识是一个庞大的系统工程，需要各方面协同发力。但目前社会和绝大部分家庭教育重应试轻能力、重智育轻德育，功利主义教育、利己主义教育现象较为严重，思想政治理论课仍然是大学生铸牢中华民族共同体意识的主渠道和主阵地，广大学生期盼着通过“高品质的论坛讲座”“虚拟网络”“校园文化”“社会实践”等方式提高教育效果，将学校教育、学生自我教育、社会教育、家庭教育各要素紧密结合，充分发挥思想教育整体性优势。

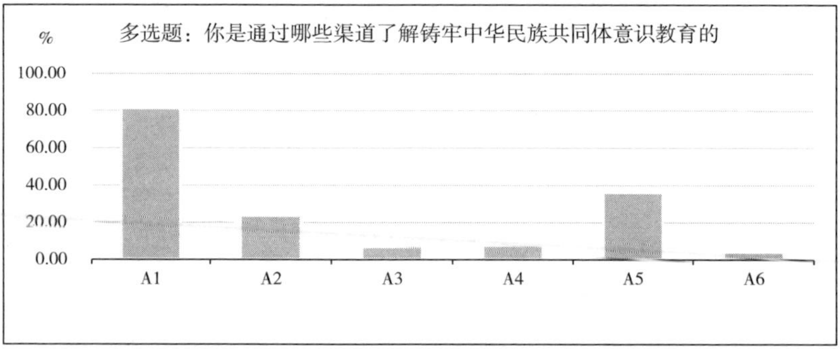

图 2-21　在校大学生“了解铸牢中华民族共同体意识教育途径”情况图

A1—思想政治理论课；A2—校园文化环境；A3—专业课；A4—学校管理和服务；A5—社会教育（互联网、广播、电视、报纸等大众传媒宣传和社会活动）；A6—家庭教育。

表 2-40　在校大学生“家庭教育”情况

单选题	经常有，效果显著 /%	基本没有 /%	完全没有 /%
是否有通过家风家教接受到中华民族共同体意识教育	22.1	39.2	38.7

表 2-41　在校大学生“学校、家庭、社会协同教育”情况

单选题	完全形成 /%	基本形成 /%	不清楚 /%	尚未形成 /%
您所在学校是否形成了学校、家庭、社会协同铸牢在校大学生中华民族共同体意识的格局？	23.8	31.4	29.7	15.1

第三节　成因探析

马克思主义认为社会存在决定社会意识，“人们的观念、观点和概念，一句话，人们的意识，随着人们的生活条件、人们的社会关系、人们的社会存在的改变而变更”[①]。调查问卷和深度访谈的数据资料表明，虽然都是在校大学生，但高校类型不同，高校所处地域环境不同，生源来源区域不同等均可以成为影响在校大学生中华民族共同体意识认知认同的因素。在此基础上，笔者大体梳理了影响在校大学生铸牢中华民族共同体意识的原因，主要有以下四个方面。

一、社会原因

大学生铸牢中华民族共同体意识是在整个国家和社会发展过程中进行的，它既离不开国家和社会层面的方向指引和顶层设计，也不能脱离国家和社会的有效治理。社会环境、社会风气、社会价值取向等因素，深深影响着在校大学生思想品德的形成和发展。

（一）多元文化交汇下的认知定式

当社会存在发生变化时，社会主体的意识形态和思想认同会对社会存在的变化产生能动反应，从而主动做出相应的价值选择。因此，社会存在的客观变化就不可避免地成为影响在校大学生对中华民族共同体意识认同的重要因素。

1. 主流文化认同易失去核心焦点。在世界不同文明之间交汇

---

① 《马克思恩格斯选集》第一卷，北京：人民出版社，1995 年，第 191 页。

与交锋、碰撞与冲突的背景下，各种西方社会思潮纷纷“装扮上场”“登台亮相”，抢占舆论阵地的制高点。西方世界的多种社会问题引燃了民粹主义和极端主义，其传播往往包含文化侵袭及西方意识形态渗透，“三股势力”也千方百计进行煽动引诱，而部分涉世不深的在校大学生很容易遭到欺骗和蛊惑，他们视思想政治教育为空洞无用的理论灌输，取而代之的是对西方意识形态的迎合与追捧。如“欲亡其国，先亡其史”，历史虚无主义思潮等往往成为国内外反华势力西化分化中国的重要工具。他们否定历史唯物主义，强调个体性叙事，用个体历史的细节研究来“虚无”整体历史及历史发展规律，进而彻底颠覆唯物史观，歪曲“解构”历史事件、历史人物，丑化、妖魔化中国共产党、中国革命和建设的历史，达到否定中国革命、否定中国共产党执政合法性的目的。部分“东突”分子打着学术研究的旗号，大肆歪曲杜撰历史，胡编乱造地出版了《维吾尔人》《匈奴简史》《维吾尔古代文学》等反动书籍，他们竭力鼓吹历史唯心主义和“双泛”思想，为民族分裂分子闹独立、搞分裂提供所谓的“历史依据”和“理论根据”，造成极为恶劣的社会影响。在校大学生首当其冲受到影响，更容易成为受到多种意识形态影响的敏感人群。

2. 价值认同冷漠与价值认同焦虑并存。马克思说：“‘思想’一旦离开‘利益’，就一定会使自己出丑。”[①] 个人合法利益能否满足，是实现中华民族共同体意识认同的关键环节之一。改革开放使中国特色社会主义市场经济存在多元利益格局，在这种多元利益格局的影响下，各民族的需求在安全、公平、民主、文化等领

---

① 《马克思恩格斯文集》第一卷，北京：人民出版社，2009 年，第 286 页。

域凸显，且更加注重有利于达成个人合法利益的“发展性需要”，一些人“一切向钱看”，房、车、年薪往往成为这些人的人生价值标配。一些人忙于实现“个人利益”，国家民族、政治理想、社会温情均被抛诸脑后，导致一些人精神思想供给出现严重的空虚和缺乏。在这种价值诉求环境中，部分在校大学生往往被西方的实用主义、功利主义、拜金主义等逐利性的价值观所侵蚀，影响了其价值判断，致使其对个体合法利益与中华民族共同体利益的统一性产生怀疑，对集体利益高于个人利益的价值选择产生动摇，甚至割裂个人合法利益与中华民族共同体利益的整体性、联系性、一致性，这些“乱象”充斥于部分在校大学生的头脑。笔者通过在校大学生深度访谈发现，部分在校大学生具有“上大学就是为了找个稳定的工作，比如成为公务员”“男人的标配就是有房有车”“毕业之后我想要创业，赚大钱”“女孩子找个有钱的老公就可以了”“没有价值观也不影响吃饭、生活”等想法和观点，这消解了其对中华民族共同体意识的价值认同。

3. 价值取向倾向个人化。在我国，正确的集体价值和社会价值是一种健康向上的价值选择和生活方式，体现了中华民族共同体的根本利益，属于公共领域的价值认同。个人价值是指事物对于个人生存与发展所产生的作用，具有自发性和自利性的特征，属私人心理领域。人不能离开社会而正常生存与发展，社会性是人的本质属性。因此，个人价值在任何时候都不能摆脱社会性的价值取向影响，社会性是个人价值取向的最核心的维度。个人价值的实现并不是一次完成的，而是一个动态的过程，不同的定位起点、具体实践、影响因素、目标结果等均能对个人价值的层次、程度、境界产生不同程度的影响。所以，个人合法价值的实现，需要有符合社会规律或自然规律的指导思想、计划及行动目标，需要个体具有积极开拓进取和拼搏精神。对部分在校大学生来说，由于他们一味考虑自己的条件、爱好、兴趣，强调私人空间、个性舒展和自由领域，认为“参加社会实践没有意义”“业余时间更应该去打工赚钱”“老师天天都在说民族团结，好无聊啊”“还是在宿舍打游戏比较自在”等，这使其对中华民族共同体意识的认知与认同仅仅停留在“口头”应付层面，不能真正“内化于心、外化于行”，从而在价值取向上容易倾向于个人化。

4. 认知兴趣匮乏加大价值整合难度。对于在校大学生来说，需要他们把中华民族共同体的共同历史记忆、共同奋斗命运、共同价值诉求、共同文化渊源、共同理想信念与我国特殊国情的时代价值以及大学生的自我理解整合起来，进而形成认知感觉和认同思维，在此基础上用理论指导实践，用实践体验认知，在内化和外化的过程中，经过反复的验证、反思和再认知才能最终形成牢固的对中华民族共同体意识的认同。然而，部分价值主体的认知匮乏导致其对中华民族历史共同体、命运共同体、经济共同体、文化共同体、利益共同体的属性被“祛魅”化，中华民族共同体意识培育由此受到巨大冲击。民族分裂主义势力在渗透的过程中拼命鼓吹“本民族利益至上”，将本民族利益与国家利益、中华民族共同体利益对立起来，煽动民族仇恨，破坏民族团结，恶化族际关系，致使部分在校大学生降低了对中华民族共同体意识的认知兴趣，导致部分在校大学生的思维方式呈现碎片化特点。例如，在校大学生深度访谈中，个别受访者民族观具有狭隘性和片面性，认为，“我爱自己的民族就可以了”“我觉得我的民族是最优秀的”“中华民族就是 56 个民族的集合，我爱我的民族就等于爱中华民族了”。

（二）全球化网络化时代的巨大挑战

目前，互联网已成为信息传播与交流的通用平台，在此背景下，网络平台也成为在校大学生获得知识和交流、交往的重要场域。国内外反华势力利用网络形成一种新的舆论斗争形态，因此网络安全威胁和风险日益突出，互联网已经成为意识形态、政治斗争的主战场，网上斗争已经成为新时代伟大斗争的重要组成部分。

1. 西方思想通过网络全面渗透。长期以来，国内外反华势力从未改变对我国施行和平演变的策略，而且更加变本加厉、更加不择手段、更加寡廉鲜耻。在他们看来，意识形态领域的渗透是危及政权统治、实现和平演变最有效的手段。网络全球化给予了国内外反华势力利用网络传播渠道进行意识形态渗透的操作空间与途径。国内外反华势力及其培植的“代理人”精心设置议题，鼓吹、宣扬西方的思想文化、社会制度和价值体系的所谓“无比优越性”，极力向在校大学生兜售民族分裂主义、宗教极端主义、暴力恐怖主义等歪理邪说，并对其进行所谓的“合理性、先进性、普遍性、正确性、正义性、永久性、神圣性”解读与宣教。部分在校大学生因受上述错误甚至反动观念的影响，被西方意识形态所蒙蔽，更有一小部分在校大学生对中华民族伟大复兴缺乏自信，陷入对马克思主义主流意识形态不认同的泥淖（见表 2–10）。

2. 负面和虚假信息充斥网络。网络上鱼龙混杂，正面和负面信息相伴，真实与虚假信息交织是 Twitter（推特）、Facebook（脸书）、Instagram（照片墙）和微博、微信、抖音等网络媒体难以防控的网络现状，使各种五花八门的亚文化、负面文化、虚假信息通过网络途径大行其道、大肆传播、“大放异彩”。一些缺乏政治责任感的网络媒体为追求高点击率和商业利益，不惜过度夸大现实社会中的矛盾与问题，肆意渲染与网络热点、社会矛盾等有关的负面信息，还有别有用心之人不断利用相关事件进行恶意炒作，给政府或者社会施压，以达到扰乱视听、破坏团结、干扰稳定、煽动仇恨、撕裂社会的目的。如以美国为首的一些西方政客和无良媒体带着他们不可告人的目的，颠倒黑白、混淆是非、指鹿为马，公然抨击新疆的职业技能教育培训工作，发布所谓的“中国政府在新疆囚禁维吾尔族人”等歪曲事实的言论，并出台所谓“2019 年维吾尔人权政策法案”，对中国新疆政策抹黑攻击，利用所谓涉疆问题挑拨中国民族关系、破坏新疆繁荣稳定、遏制中国发展壮大，以期最终分裂中国。这些网络负面信息造成部分在校大学生对执政党的政治信任感降低，导致他们出现政治认知和国家认同方面的迷茫与偏差，进而出现个人理念或行为上的矛盾与错位。

3.“泛娱乐化”现象弥漫网络。在社会价值观念不断转变的影响下，不管是网民还是网络媒体，日渐呈现出“万事皆可娱乐”的观念。网络上到处充斥着“娱乐圈”的最新信息和各类明星的“绯闻”“八卦”，往往导致所谓“爆屏”现象，媒体平台的娱乐类新闻明显过多过滥，网络舆论场长期被娱乐八卦议题所霸占，而对于国家政治方面的内容，一般网站涉及较少或更新缓慢。“泛娱乐化”的不良网络环境明显降低了国民的精神生活品质，恶化了社会风气，误导了广大受众。在这种现象的负面影响下，一小部分在校大学生价值观模糊，人生信仰空乏，政治认同冷漠，他们疏远、逃避社会参与，这些消极情绪，对铸牢中华民族共同体意识形成了无形的冲击。

（三）国内外环境的影响

大学生铸牢中华民族共同体意识属于心理意识的培育工作，其意义重大而深远，为了做好上述工作，就必须重视国内外环境的影响。

1. 国际环境复杂多变的影响。传统意义上以疆域为界限相对封闭的国家管理形式逐渐被现代社会开放的国家间政治、经济、文化交流所打破，但同时也面临着“中国威胁论”等反华、仇华的国际舆论环境。西方资本主义国家打造了一整套符合西方利益的价值坐标和话语体系，并通过文化消费的方式将自己的意识形态进行“脱色处理”和“包装”，或者直接披上“普世价值”的外衣进行意识形态领域的渗透和扩张，其方式和行为更为隐蔽，更加防不胜防。中国幅员辽阔，边疆地区的跨境民族居多，边境双方的往来非常频繁，是中外各种影响的交汇处、聚焦点，国外的各种影响最直接、最直观、最迅捷扩散到全国，这在一定程度上稀释、消解、弱化着部分在校大学生中华民族共同体意识，不利于中华民族凝聚力的提升。

2. 国内社会主要矛盾的影响。社会主要矛盾随着时代的变化不断发展，党的十九大指出当前中国社会主要矛盾是“人民日益增长的美好生活需要和不平衡不充分的发展之间的矛盾”[①]，具体表现为收入分配不均匀、贫富差距拉大、城乡生活水平差

① 习近平：《决胜全面建成小康社会　夺取新时代中国特色社会主义的伟大胜利——在中国共产党第十九次全国代表大会上的报告》，北京：人民出版社，2017 年，第 11 页。

异、民族间发展差距仍然存在等。与东部较发达地区相比较，西部的社会环境、自然环境非常脆弱，产业结构与东部有所差异，而且在东西部地区间发展差距与民族间发展差距相互重叠的情况非常突出，更容易引发各种社会问题与矛盾。国家统计局2021年统计年鉴数据显示，2020年全国居民年人均可支配收入32188.8元，东部地区居民年人均可支配收入为41239.7元，是全国居民年人均可支配收入的128.1%；其中，上海居民年人均可支配收入为72232.4元，[①]是全国居民年人均可支配收入的224.4%。西部地区居民年人均可支配收入为25416.0元，是全国居民年人均可支配收入的78.9%。西部地区农村居民年人均可支配收入为14110.8元，[②]是全国居民人均可支配收入的43.8%（见表2–42）。上述发展差距的长期存在，客观上为境内外反华势力进行煽动与蛊惑提供了借口，他们别有用心以此来彻底否定中国共产党的领导、彻

表2–42　2020年居民年人均可支配收入情况

数值 / 地区	2020年居民年人均可支配收入/元	占全国总量的百分比/%
全国	32188.8	
东部地区	41239.7	128.1
西部地区	25416.0	78.9
上海	72232.4	224.4
西部地区农村	14110.8	43.8

① 《中国统计年鉴（2021）》，http：//www.stats.gov.cn/tjsj/ndsj/2021/indexch.htm（上网时间：2022年5月24日）。

② 《中国统计年鉴（2021）》，http：//www.stats.gov.cn/tjsj/ndsj/2021/indexch.htm（上网时间：2022年5月24日）。

底否定中国社会主义制度、彻底否定党和国家的民族政策、彻底否定中华民族共同体、彻底否定各民族共同团结奋斗和共同繁荣发展，其歪理邪说在部分在校大学生中产生了恶劣的影响，使他们的内心深处对铸牢中华民族共同体意识也产生了困惑与疑问，个别人还因此走上了犯罪道路，其教训极为深刻与惨痛。

3. 社会一些不良风气的影响。新时代我国各项事业发展日新月异，与此同时各类社会问题也随之凸显，作为社会成员之一的在校大学生势必会受到不同程度的影响。首先，在社会活动中，互联网作为社会舆论的扩音器，深刻影响着在校大学生的世界观、价值观、人生观、民族观、宗教观、国家观、文化观的形成与发展。与此同时，思想交流和信息传递的便捷性和连通性促使全世界联系得更加紧密。微信、微博以及各类 APP 软件，不但开阔了在校大学生的视野，也增进了他们的思想灵活性与复杂性。其次，在校大学生也十分渴望参与社会生活，他们通过“勤工俭学”“社会实践”“大学生志愿者活动”等走入社会并发挥着积极的作用，也会在此过程中直接与间接接触到各种各样的社会问题，使其产生各种疑惑。另外，随着社会经济的发展，人口流动性增大，各种价值观念充斥在社会的各个角落，其中不乏低俗、错误甚至反动的思想理念。还有一些社会成员缺乏自力更生意识，“等、靠、要”思想严重，并错误认为造成自身贫困的原因就是缺乏国家的“特殊照顾”。部分社会成员还以亲戚朋友的身份向在校大学生传播民族分裂主义、暴力恐怖主义、宗教极端主义的视频与音频。还有人拉拢在校大学生参加地下讲经班，向其灌输宗教极端主义思想，使其成为暴恐分子。面对如此的社会环境，部分在校大学生极其容易被这些错误思想引诱和蛊惑，使得他们中一些人对马克思主义信仰弱化，个人理想与价值观遭到严重冲击，“七观”发生扭曲或者断裂，并引发部分在校大学生中华民族共同体意识认同感、归属感不足现象。

二、学校原因

高校是大学生从“自然人”向“社会人”转变的重要基地。大学生铸牢中华民族共同体意识是高校一项重要政治任务。目前高校在铸牢其在校大学生中华民族共同体意识方面需要进一步提高认识程度，深化改革力度，以不断提高大学生铸牢中华民族共同体意识的培育效果。

（一）部分高校的传统教育模式不能充分满足育人需求

高校是铸牢其在校大学生中华民族共同体意识的主阵地，但由于高校的重视程度不够，缺乏与时俱进和改革创新，因此，在对在校大学生进行中华民族共同体意识教育的过程中存在一些问题和不足之处，导致大学生铸牢中华民族共同体意识的效果不尽如人意。

1. 现有思想政治教育体制无法满足现实需求。目前，高校普遍欠缺相应的促进中华民族共同体意识培育与价值观教育相融合的规范教材与相应的课堂教学方式，在教学方法上也仅仅单纯地依靠讲授法进行教学，缺乏与学生有效的互动和交流。部分高校仍然存在重理论，轻实践；重上课，轻效果；重灌输，轻引导；重入耳，轻入脑的现象。教学方法单一的问题比较突出。这种形式化的教育体制，不能激发在校大学生的思政学习积极性与主动性，无法掌握在校大学生的思想动态，不能遵循其认知方式和身心发展的规律，不能促使正确的思想观念得到正向入脑的有效传播，亦不能满足在校大学生的成才实际需求，使得他们逐渐失去思政学习的热情与兴趣，进而影响思政课教育实效。通过田野调查发现，部分高校思政课教师对开展中华民族共同体意识教育的认识高度及重视程度不够，一些教师采用一成不变、自己得心应手的“老套”教学方式照本宣科，在课堂教学中电脑、多媒体及网络教学法使用率不高，与学生所处的网络时代格格不入，无法紧跟时代发展，无法与学生产生课堂教学共鸣。可以说，高校目前的思政教育无法充分满足在校大学生的实际需求。

2. 原有思想政治教育模式存在固有弊端。笔者通过调查发现，绝大多数高校受制于师资等教育资源的制约，虽然改革创新理念被大力倡导，且在一定程度上推动了思想政治教育质量的提升，但以传统的灌输模式或控制模式为主进行思想政治教育仍然是目前高校思想政治教育的基本方式。这两种教育模式对于普及理论及专业知识来说有一定程度的必要，但课堂教学始终采取上述教育模式，其弊端也是显而易见的。一是这种传统思政教育模式仅以教师向学生的大脑里单向灌输大量预设的知识为主，将大学生视为一种机械的、被动的教育客体，忽视了大学生在教学过程中主体性的认知活动，压制了他们的自主性、能动性和创造性学习。同时，在教学过程中大学生价值判断和价值选择能力遭到全面抑制，思政教育异化成为“传递有形的物质”的教育。二是这种传统的教育模式把大学生变成了“局外人”，把思政教育变成了一种走过场、重形式、摆样子、定调子、搞形式的教育活动。这种教育模式虽然在形式上做到了教育内容和教育活动进教材、进课堂，但实际上没有完全进在校大学生的头脑。陈旧的教育模式既无法掌握他们的思想状态和行为倾向，也不能适应其认知方式及身心发展的规律，还不能实现理论与实践的有效内化，更不能满足在校大学生的成才需求，无法全面实现以中华民族共同体意识武装大学生“头脑”的最终目标。

3. 部分高校思想政治教育引导责任不明确。对于这些国内外的思潮和多元价值理论，高校的一般做法是，禁止或回避学生公开谈论非马克思主义思潮，高校意识形态工作往往是以“堵”为主或以“避而不谈”为主，这样的教育教学策略不能使大学生从思想认识的高度“心服口服”地认同马克思主义主流意识形态。目前，高校缺乏对各种社会思潮的正确分析与有效引导，在面对非马克思主义思潮时往往处于被动应付地位，缺乏“亮剑”的精神和引导的智慧。“堵”的策略往往表现为教学过程中的“失声”“失语”，甚至“失踪”。面对一些热点公共事件或学生关心的重大理论问题时，高校思政教育引导工作责任不清晰：其一是没有让思政教育工作者深入细致地思考出现问题的原因及解决问题的对策；其二是追责不到位，让思政教育工作者没有足够动力创新引导方式和策略，去进行智慧引导、有效引导。

4. 部分教育者本身的示范引领作用发挥不够。整体而言，当前高校教师总体上发挥了示范引领的作用，但也存在一些不足之处，其素质和能力欠缺表现在以下几个方面：

一是高校教师对铸牢中华民族共同体意识的认识不足。教育者应当先受教育，要铸牢在校大学生的中华民族共同体意识，首先要培育自身的中华民族共同体意识。但目前高校教师，特别是思政课教师在政治素养、价值观念、文化精神和道德素质等方面还存在不同程度、不同方面的差距，部分教师甚至存有“知行不一”的问题，以致在贯彻教育原则上缺乏定力，使得教育的示范效应在整个培育过程中难以得到有效发挥。

二是部分高校教师的教育能力和教学水平有待提升。从目前思政课教师队伍状况来看，部分教师对铸牢中华民族共同体意识相关理论的本质内涵、历史形成、属性、结构、功能、意义和价值等缺乏必要的了解，以致在具体的教育教学过程中对学生提出的质疑和疑难问题难以给予正确、合理的论证和解答。

三是部分高校思政课教师对工作缺乏热情和创新。部分教师把主要精力放到自己评职称、搞科研，缺乏对在校大学生的成长规律和思想价值观念的形成规律的认识，甚至因为怕麻烦而不去了解在校大学生的思想实际，在教育过程中缺乏热情和耐心。在对在校大学生深度访谈中，一些受访者表示“部分老师要不喜欢念书，要不就喜欢念 PPT”“老师也不在乎我们的喜好，只顾自己讲课”“课堂纪律好乱，好多同学玩手机、看其他书籍、讲话，或者随意出入教室，老师都不管”“我觉得有些老师课上得很不好，很老套，没有任何吸引力”等。这些访谈情况说明，部分高校思政课教师在设定教育目标、选取教育内容、运用教育载体、拟定教育方法、进行有效课堂管理等方面缺乏针对性，导致在整个教育过程中出现“一刀切”或“一把抓”的现象，从而降低了培育成效。

5. 大学生铸牢中华民族共同体意识的途径不完备。大学生铸牢中华民族共同体意识的途径越丰富、越完备，他们受到中华民族共同体意识教育的影响就越大。从调查问卷的统计数据来看，目前在校大学生接受中华民族共同体意识教育的途径较为多元，基本覆盖了社会教育、学校教育、家庭教育和自我教育等方面，但仍然存在不完备问题。具体表现为：

（1）在校大学生党团组织未完全发挥作用。问卷调查中，关于“你有带动或鼓励身边的朋友和同学宣传和践行中华民族共同体意识吗”的回答中，选择了“经常性”和“比较经常性”的中共党员占比 90.5%；选择了“经常性”和“比较经常性”的共青团员占比 82.1%；选择了“偶尔”和“从没有过”的中共党员有 1.4%，共青团员有 3.5%（见表 2–43）。党员大学生作为中国共产党的一分子，具有弘扬、践行、引导和推动大学生铸牢中华民族共同体意识全面发展的首要任务，理应将大学生铸牢中华民族共同体意识作为自觉使命，起到模范带头的作用，并成为带动和鼓励其他在校大学生践行铸牢中华民族共同体意识的先进和典型。问卷调查中，“你认为如何才能更好更有效地把中华民族共同体意识融入到大学生的学习生活中去？”的回答，选择“搞好课堂教学”的问卷填写者占 75.1%，选择“开展常态读书评论活动”的问卷填写者有 54.8%，选择“搞好班级、党、团、社活动”的问卷填写者有 87.5%，69.2% 的问卷填写者选择了“把中华民族共同体意识融贯到学生成长每一时段、每一环节”，61.3% 和 57.4% 的填写问卷者分别选择了“转化成身边事，从自我做起，从现在做起”和“其他”（见图 2–22）。问卷调查数据表明大部分在校大学生希望以“搞好班级、党、团、社活动”的方式开展学习和教育活动。

表 2–43 不同政治面貌在校大学生"践行中华民族共同体意识"的情况

单选题 \ 政治面貌	"经常性"和"较经常性"				"偶尔"和"从没有过"			
	中共党员	共青团员	群众	其他	中共党员	共青团员	群众	其他
你有带动或鼓励身边的朋友和同学宣传和践行中华民族共同体意识吗？	90.5	82.1	56.3	31.2	1.4	3.5	6.2	9.6

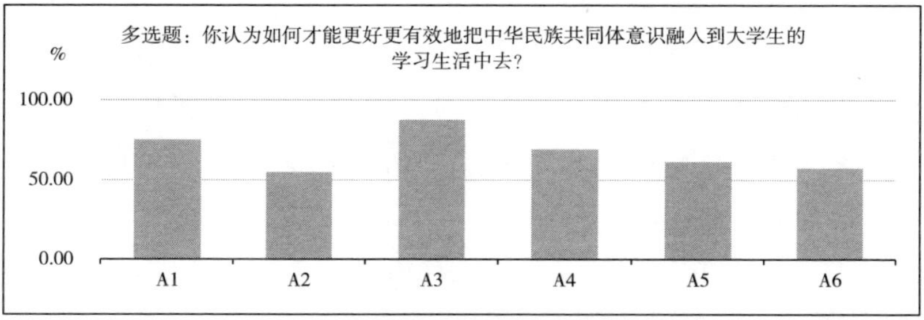

图 2–22 在校大学生对"中华民族共同体意识融入大学生学习生活"的分配情况

A1—搞好课堂教学；A2—开展常态读书评论活动；A3—搞好班级、党、团、社活动；A4—把中华民族共同体意识融贯到学生成长的每一时段、每一环节；A5—转化成身边事，从自我做起，从现在做起；A6—其他。

（2）实践教育未能充分满足实际需求。问卷调查中，关于"本学期，你参加有关铸牢中华民族共同体意识活动的次数为？"的回答，从年级层次来看，大二、大四年级的在校大学生明显低于大一和大三的在校大学生（见表 2–44）。问卷调查数据说明，目前高校铸牢在校大学生中华民族共同体意识的实践教育力度还不大，需要进一步加强。在校大学生深度访谈中，关于"你认为铸牢在校大学生中华民族共同体意识的有效方式是什么？为什么？"的回答中，绝大部分受访者表示"多组织有关实践活动，因为只有真正体会了才能有所感悟""大学生大都喜欢社会实践，比如社会调查啊，组织各种活动等”“只有自己去亲自实践了，才能真正体会，才能从体会中得到启发”“实践活动可以更好地让我们参与其中”“在课堂上课的方式，我们大都厌倦了，很渴望去实际践行”“中华民族共同体意识我们差不多都知道一些，但因为实践得太少，缺少行动力”“积极开展社会实践、社区支援、青年志愿者服务”等。问卷调查和深度访谈数据反映出，高校在大学生铸牢中华民族共同体意识的过程中，实践教育未能充分满足在校大学生的实际需求，有待进一步提升。同时，这一现实状况也是造成在校大学生中华民族共同体意识理论和实践脱节，出现“知行不一”现象的重要原因之一。

表 2-44　不同年级在校大学生“参加铸牢中华民族共同体意识活动”的次数情况

10 次以上 / 单选题		本学期，你参加过有关铸牢中华民族共同体意识活动的次数为？/%				
		5 ~ 10 次	3 ~ 5 次	1 ~ 3 次	0 次	
你的年级	一年级	43.6	31.4	21.6	9.8	0.0
	二年级	20.0	22.9	24.3	47.1	64.7
	三年级	30.9	45.7	51.4	41.2	35.3
	四年级	5.5	0.0	2.7	2.0	0.0

（二）部分高校的育人机制尚未充分发挥作用

高校育人机制在大学生铸牢中华民族共同体意识过程中发挥了重要的作用。高校实际上是一个小型社会，是铸牢在校大学生中华民族共同体意识育人环境系统中重要的组成部分。该育人环境系统由教书育人的课堂和潜移默化的校园氛围两个方面构成，囊括教师、学生、管理者、后勤服务人员、校园秩序维护人员和基础设施、校园环境、文化氛围、校园网络媒体等。问卷调查中，关于“你所在学校是否形成了管理、服务、教育教学三部门协同铸牢在校大学生中华民族共同体意识的格局？”的回答中，21.7%的问卷填写者选择了“完全形成”，34.4% 的问卷填写者选择了“基本形成”，30.2% 的问卷填写者选择了“不清楚”，还有 13.7%的问卷填写者认为“尚未形成”（见表 2–45）。可见目前高校育人环境的作用尚未充分发挥，其培育效果不明显，亟待进一步加强。

表 2–45　高校协同育人情况

单选题	完全形成 /%	基本形成 /%	不清楚 /%	尚未形成 /%
你所在学校是否形成了管理、服务、教育教学三部门协同铸牢在校大学生中华民族共同体意识的格局？	21.7	34.4	30.2	13.7

三、学生原因

从问卷调查和深度访谈的数据资料来看，新时代的在校大学生发散性思维较强，具有求知欲旺盛、看待问题较为深刻的优点。但他们身上所具有一定程度的“反叛精神”，部分人过度追求个性的“自我意识”等现象，也成为影响其铸牢中华民族共同体意识的主要原因。

（一）在校大学生的身心发展阶段导致困惑

目前，在校大学生基本是“95 后”，他们存在政治敏锐性较差，辨别是非能力较弱，容易轻信盲从，看问题片面，无法对事件进行理性合理分析等思维弱点，容易人云亦云，容易情绪激动，这些特征给国内外反华势力政治渗透提供了机会。在这种状态下，学校对其进行教育管理如果不注重方式方法反而会事倍功半。

1. 在校大学生价值行为存在诸多陋习。笔者在调查问卷中设计了关于大学生自身缺点分析的选题。通过问卷调查呈现，大学生自身存在的影响学习效果的因素排名为：玩手机、打游戏 > 作息不规律 > 学习目标不明确 > 上课无法集中精力（见图 2–23）。问卷调查数据表明，当前在校大学生价值行为存在诸多陋习，其自身的弱点和劣势易使其在思想意识方面出现问题。

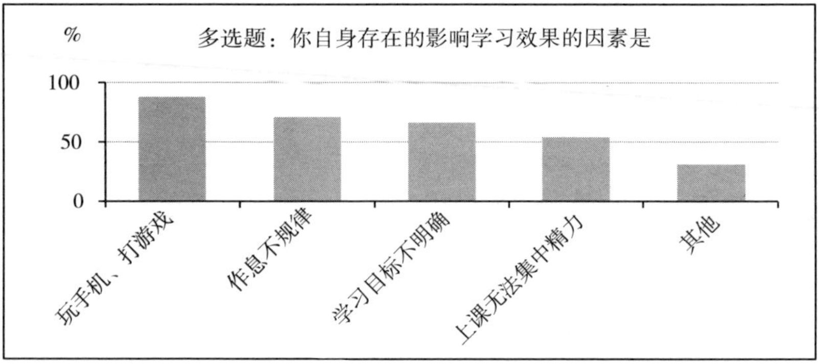

图 2–23　在校大学生“自身存在的影响学习效果的因素”

首先，部分在校大学生从入学到毕业都面临着学习、经济、人际关系不适应等一系列压力。尤其是部分少数民族大学生，他们的专业文化知识较匮乏，学习能力相对较弱，受语言沟通能力的限制容易对较难的课程产生畏难心理，加之其学习方法不得当，导致学习成绩较差，长此以往，造成他们对各类文化课的学习逐步丧失信心直至放弃。另外，部分在校大学生在学习方面的自我约束力不高、学习方法不当是导致其学习效果不好的重要原因。

其次，受“享乐主义”“拜金主义”“虚荣炫富”等不良社会风气的影响，部分在校大学生对于当前社会中出现的不良现象不能给予正确客观的认识和评价。部分在校大学生不以改善学业为主要任务，不以付出辛勤劳动和自身不懈努力作为生活常态，而是痴迷于上网游戏荒废青春韶华，或是为了挣钱整日忙于打工，荒废学业。从实际情况来看，大学生出现的生活不适、交往障碍、学习困难等问题，会干扰其正确思想意识的形成，影响他们正确价值理念的塑造。

2. 在校大学生自我教育明显乏力。自我教育作为学校德育的一种重要方法，要求教育者按照受教育者的身心发展规律与阶段予以适当的指导，充分发挥他们提高思想品德的自觉性、积极性、主动性、创造性，使他们能把教育者的要求变为自己努力的目标。因此在教育过程中要充分发挥受教育者自我教育的主体作用。笔者在“你平常会自主阅读学习与中华民族共同体意识相关的理论知识吗？”调查数据的分析中发现，仅有 25.6% 的填写问卷者表示会“经常认真学习”，29.2% 的填写问卷者选择了“多少看一点”，34.3% 的填写问卷者表示“不确定”，6.2% 的填写问卷者认为“不会”，还有 4.7% 的填写问卷者表示“完全不会”（见表 2–46）。这反映了当前部分在校大学生在学习中华民族共同体意识相关知识的方面自觉性、主动性仍然欠缺。

表 2–46　在校大学生自主学习情况

单选题	经常认真学习 /%	多少看一点 /%	不确定 /%	不会 /%	完全不会 /%
您平常会自主阅读学习与中华民族共同体意识相关的理论知识吗？	25.6	29.2	34.3	6.2	4.7

（二）民族心理特点中的思维定式

高校的少数民族在校大学生比例较高，作为中华民族共同体的重要组成部分，他们的思想动态和行为倾向关系到大学生铸牢中华民族共同体意识的成效。通过对在校大学生的状况分析，笔者发现，部分少数民族在校大学生对铸牢中华民族共同体意识的认知认同欠佳，存在的问题比较突出，其原因主要有：

1. 少数民族在校大学生的民族传统思维根深蒂固。少数民族大学生拥有深厚的对本民族文化的认同感，如何实现各民族共同繁荣发展与中华民族伟大复兴相一致，是大学生铸牢中华民族共同体意识的核心问题。首先，少数民族在校大学生与汉族在校大学生在生活环境、文化背景以及风俗习惯上存在很大的差异，导致二者在思维方式、行为习惯等方面存在着显著的区别。其次，少数民族在校大学生在长期的生活中，对本民族的生活方式、历史文化早已形成了较强的依赖性和较牢固的思维认知定式，再加上部分少数民族在校大学生对相对枯燥的思想政治理论课程的学习缺乏兴趣，从而丧失了对其思想认识进行塑造的机会，造成部分少数民族在校大学生对中华民族共同体文化了解较少，对中华民族共同体的认同感和归属感相对较弱，对中华民族共同体意识的认同存在不同程度的认知狭隘、偏差、错误等，这是影响少数民族在校大学生铸牢中华民族共同体意识教育效果的重要原因之一。

2. 民族特性易使少数民族在校大学生的思想意识出现问题。调查数据显示，高校大多数少数民族大学生来自边境和边远农牧地区，他们自幼传承和学习的以崇尚自然、热爱本民族为主的民族传统和民族习俗，造就了他们自尊心强、耐受力强、随意性强等民族特性。新时代，随着中华民族共同体的日益繁盛，国内外反华势力，包括“三股势力”等纷纷涌上前台进行渗透，在他们的蛊惑和煽动下，一小部分少数民族在校大学生过分强调本民族的文化、风俗习惯方面的差异性，从而产生了民族偏激意识和狭隘心理。甚至有一小部分少数民族在校大学生持有民族优越和民族特权思想，错误认为“少数民族就应该有特权”“少数民族必须受到照顾”“民族团结就是汉族要团结少数民族”。个别在校大学生还对其他民族产生了不满情绪和排斥心理，进而影响民族团结、各民族交往交流交融和社会稳定，这也对大学生铸牢中华民族共同体意识造成了消极影响

（三）部分少数民族在校大学生语言交流存在障碍

目前少数民族大学生的双语教学取得了长足进步，经过多年的实践和探索，少数民族大学生国家通用语言使用频率不断提高，汉语基础水平不断提升。但受语言文字差异的影响，少数民族大学生在信息的接收—思考—认知—反馈的过程中，习惯使用本民族的语言语序进行信息的接收、加工和再处理。但在实际操作中，语言转换会出现转码错误或是转码歧义等现象，从而造成信息转换的延误、障碍、不完整或错误理解。例如，少数民族大学生在“中华民族共同体意识”的认知过程中，需要先把汉语词汇转换为本民族语言词汇，然后再通过与本民族语言相近或相似语句的诠释进行理解和认知。但在实际转换过程中，少数民族大学生文化基础和语言水平的差异性，将直接导致对“中华民族共同体意识”内涵理解的不同解释或错误诠释，造成部分少数民族在校大学生对中华民族共同体意识的理解和认同程度出现偏差甚至错误。笔

者通过在校大学生深度访谈了解到，在校大学生语言交流存在的障碍是影响各民族大学生交往交流交融的重要因素。样本 31：“其实我很愿意和不同民族的同学交往，但有一些同学，普通话说得不好，一般性的交流还可以，但再深入的交流就不行，我还怎么和他聊。”样本 48：“我交朋友的原则很简单，能谈得来就可以，但和一些少数民族同学实在是因为语言问题，没有办法交谈。”样本 51：“少数民族同学很好，他们很热情、大方、好客，我有很多不同民族的好朋友，他们的普通话说得真棒，我觉得有时候比我都标准。”以上深度访谈材料说明，解决在校大学生之间语言交流存在的问题，是大学生铸牢中华民族共同体意识、促进各民族交往交流交融的基本途径。

四、家庭原因

大学生铸牢中华民族共同体意识离不开与其成长、成才息息相关的家庭环境。在大学生铸牢中华民族共同体意识的整个教育系统中，家庭环境教育主要表现为父母以及家庭成员的思想品德、言谈举止、作风习惯对大学生的深刻影响。传统的家庭教育有许多值得继承的优良传统。但毋庸讳言，当前我国的家庭教育存在着一些明显的问题和不足之处。

（一）家庭环境的影响

家庭是人类接受价值观教育的起点。因此，大学生铸牢中华民族共同体意识需要重视家庭因素。家庭是社会的缩影，所谓“近朱者赤，近墨者黑”，一个大学生的家庭成长环境在很大程度上影响着他们的思想修养。家庭因素在在校大学生价值观形成及培育过程中的向导作用是不可忽视的。但受一些社会观念、比较陈旧落后的习俗影响，在校大学生中华民族共同体意识培育遭到较大的干扰。

1. 部分家庭对读书目的的教育存在偏差。当前部分大学生家庭对读书目的的教育随着新时代的发展发生了显著的变化。对在校大学生深度访谈中，关于“你能否在家庭教育中接受到中华民族共同体意识教育”的问题，绝大部分受访者表示“没有，我父母说读书就是为了找个好工作”“有一点点，我爷爷希望我能光宗耀祖”“好像没有，我家里人比较重视我的专业课，更看重考试分数”“偶尔会有，但不多，他们觉得我好好学习更重要”等。这说明部分家庭教育孩子刻苦学习的目的带有站位不高的局限性，忽视甚至忽略对中华民族共同体意识等相关思想理念的教育。在部分家庭教育中重智轻德，把爱国、爱党、爱社会主义的培养放在次要的位置，这种急功近利的家庭教育是引发部分在校大学生中华民族共同体意识淡薄的重要因素。

2. 部分家庭教育意识比较淡薄。通过深度访谈笔者发现，部分大学生家庭中缺少教育意识或教育意识比较淡漠。

一是一些家庭只管孩子的吃穿冷暖，而不太管孩子的教育，对孩子的身体养育意识较强，思想教育意识较弱。他们往往认为“父母管吃穿，老师管教育”，只顾埋头自己的工作，忙于生计，而忽略了对子女应有的思想政治教育。

二是一些家庭对学生的精神面貌和精神追求不太关注。教育过程中只关注孩子的分数、文凭和学历，过分强调“功利主义”和“个人主义”，对大学生基本的心理层面的价值观、理想人格、道德人格、情绪化的倾向等精神层面的教育较为忽视。

三是由于受应试教育的影响，家庭教育中普遍存在轻德育重智育、轻能力重学历、轻精神重物质的教育倾向。这势必会造成在校大学生对专业课、自然科学知识课程的重视，而对中华民族共同体意识等相关思想政治教育课程的忽视。

3. 部分家庭忽视榜样的作用和环境的营造。身教重于言传，父母要求孩子怎么做，首先自己要做到。父母是孩子的第一位老师，榜样的行动示范，能更加直接具体地传递给孩子，起到良好的家庭教育作用。但个别家长本身就具有世界观、人生观、价值观不正或言行不端、作风不正的问题，不能给孩子树立道德榜样，这会在潜移默化间把自己的错误观点灌输给孩子。例如，部分家长对有神论思想甚至带有迷信和神秘主义色彩的教条深信不疑，宗教情结较浓郁，还让子女参加宗教活动，进而影响了子女正确宗教观的形成；一些家庭对待民族问题的看法比较偏激，具有狭隘的民族情绪，也影响子女正确民族观的形成；一些家庭的传统观念中，还存在着封建社会残留思想等。究其原因，与社会发展相对落后封闭，大部分学生家长文化程度不高，家长过分依赖学校教育等息息相关，在不同程度上影响其中华民族共同体意识的认知和认同。

（二）父母素质的影响

从历史唯物主义出发，中国传统的家庭教育有许多值得继承的优良传统，也有许多值得肯定的好的方面。但毋庸讳言，改革开放以来，在国内外多种思潮的不断冲击下，中国的家庭教育存在着一些明显的问题和不足。

1. 家长自身对中华民族共同体意识认识不到位。在铸牢中华民族共同体意识的实践中，大学生父母素质的高低和对中华民族共同体意识相关科学理论的掌握程度直接影响到在校大学生铸牢中华民族共同体意识教育的成效。问卷调查数据显示，填写问卷者的父母受教育程度是：具有小学文化程度的占 9.1%，具有初高中文化程度的占 16.3%，具有中专文化程度的占 31.5%，33.5% 的填写问卷者父母具有大专学历，具有本科及以上文化程度的父母仅占 9.6%（见表 2–47）。但碍于在校大学生的父母受自身文化程度较低的限制，部分家长对相关概念及内涵不能透彻地理解和把握。再加上部分家长自身爱国、爱党、爱中华民族共同体的意识不高，也会对其子女主流意识形态的形成和行为规范的养成造成负面影响。

表 2–47　在校大学生的父母文化程度情况

单选题	小学及以下 /%	初高中 /%	中专 /%	大专 /%	本科及以上 /%
你父母的文化程度是	9.1	16.3	31.5	33.5	9.6

2. 部分家长狭隘民族主义意识对在校大学生产生一定负面影响。目前，国内外反华势力渗透活动猖獗，不遗余力地寻找契机，企图分裂中国，破坏祖国统一和民族团结的大好局面，以达到其丑恶的政治图谋。近年来，受民族分裂势力、宗教极端势力和暴力恐怖势力的影响，部分知识文化水平较低的少数民族家长，特别是一些贫困地区的少数民族家长滋生了狭隘民族主义思想，极力推崇本民族至上，对其他民族产生排斥心理。甚至有一小部分少数民族家长不愿接受社会主义新思想和新文化，片面地认为本

民族就是世界上最优秀的民族，本民族文化就是世界上最优秀的文化。还有极小部分人甚至挑拨民族关系、制造争端，出现了盲目抵制政府的行为。在这种家庭环境的影响下，其子女也易产生狭隘民族主义意识，形成孤僻、内向的性格，继而不愿意与外界交流沟通，久而久之，还会使其子女对马克思主义理论知识的学习产生排斥心理，给大学生铸牢中华民族共同体意识带来一定程度的负面效应。

（二）部分亲属的影响

中国长期以来多种宗教信仰并存，现有伊斯兰教、佛教、道教、基督教、天主教等宗教。部分在校大学生的亲属有宗教信仰，他们在日常生活中往往“真主”“佛祖”“耶稣”不离口，对在校大学生的科学无神论信仰造成不同程度的影响和干扰。在这种浓厚宗教色彩的影响下，一小部分在校大学生学习科学文化知识的热情不足，对党和国家的政策、制度了解不够，反而对学习宗教教义的兴趣高涨，这不利于在校大学生专心学习科学文化知识和专业技能，不利于他们铸牢中华民族共同体意识。

第三章

大学生铸牢中华民族共同体意识的体系要素构成

要铸牢在校大学生中华民族共同体意识，就需要深入考察其体系的要素构成，把它作为一个系统进行研究，从整体上把握大学生铸牢中华民族共同体意识的全局与思路，这是构建大学生铸牢中华民族共同体意识长效机制的理论依据和智慧支撑。

第一节　大学生铸牢中华民族共同体意识的基础要素

相关环境处于大学生铸牢中华民族共同体意识系统之外，但又与该体系密切不能分割，大学生铸牢中华民族共同体意识的基本要素主要是由主体、客体、介体构成。

一、党委、政府、社会和高校的主体地位

铸牢中华民族共同体意识的基本理念是以人为本，其出发点和归宿点是实现个体价值与社会价值的统一。所以，界定主体与客体的基本范畴，规范主体与客体的地位，是构建教育长效机制

的首要环节。笔者认为在大学生铸牢中华民族共同体意识过程中，其主体是能承担相关思政教育任务的人，这既包括教育者，也包括受教育者，他们是开展大学生铸牢中华民族共同体意识工作的主导性要素。各主体之间既相互联系又相互作用，在思政教育过程中具有不同的地位，发挥着有效实施思政教育及强化各主体机能的功能。当前，高校教育主体具有主导性和主体性不强、整合性和协同性较弱的薄弱环节，导致大学生铸牢中华民族共同体意识培育工作的实效性不能有效凸显。因此，应该在明晰党委政府、社会和高校各自权责的基础上，最大限度发挥各自优势，实现力量的有机整合，协同构建科学规范和高效有序的长效机制，对全面推进大学生铸牢中华民族共同体意识具有重要价值。

（一）党委、政府组织领导责任的主体地位

党委、政府处于大学生铸牢中华民族共同体意识的管理主体地位，具有在当地最高的领导责任。通过其组织、计划、发动、实施、控制等管理职能的行使，发挥着意识形态价值引领和统筹协调社会资源的执政党和政府职能，并在实现思政育人目标和人财物匹配方面影响和制约着铸牢在校大学生中华民族共同体意识的实际效果。

恩格斯指出："外部世界对人的影响表现在人的头脑中，反映在人的头脑中，成为感觉、思想、动机、意志，总之，成为'理想的意图'，并且以这种形态变成'理想的力量'。"[①] 党委、政府作为大学生铸牢中华民族共同体意识的领导者、组织者、协调者、

---

① 《马克思恩格斯选集》第四卷，北京：人民出版社，2012 年，第 238 页。

实施者，其工作职责是指导当地高校管理部门及当地高校，在价值观念、政治观点、道德规范和法治意识方面，形成具体政策或措施，推动大学生铸牢中华民族共同体意识教育真正做到“上情下达”“上下一体”。在操作中要充分发挥培育主体的组织、管理、协调、监督、评价等功能，剔除旧有的政策不到位、行动不给力、效果不明显的“顽疾”，努力实现新时代高等教育的制度化、规范化和法制化。在现实状况中，党委、政府既要关注本地区社会发展的客观现实，又要关注当地社会各界在自身发展和社会进步中出现的现实问题，利用自身治理当地社会和把控全局的领导地位及领导责任，有效引领社会各界树立马克思主义“七观”、强化“五个认同”和“中华民族共同体意识”等，同时采取全面深入持久开展民族团结进步创建工作，把理论观点与现实问题结合起来，努力推动实现社会稳定、经济发展、人民幸福的美好生活。同时，深化和各民族交往交流交融的路径，解决社会面临的现实问题，全面实现社会的长治久安和跨越式发展。

党委、政府是大学生铸牢中华民族共同体意识教育中的监督检查者。新时代要求各地区党委、政府必须树牢“四个意识”，坚定“四个自信”，做到“两个维护”，在优化工作思维方式和教育理念的前提下，通过相关的监督检查，使当地高等教育管理部门和当地高校领导及教师员工牢固树立政治意识、责任意识和质量意识，以全面提升大学生铸牢中华民族共同体意识的“理想意图”、“理想力量”和“理想效果”。同时，优化高等教育教学的资源投入与产出之比，确保高等教育的正确方向，为教育内容的拓展、教育手段的施展、教学方法的充实提供政策保障和制度指引，增强教育教学活动的高质量实施动力，在顶层设计中做好、做足准备，回答和解决高校在具体方案的实施中遇到的棘手问题，成为大学生铸牢中华民族共同体意识教育的稳固后盾。

（二）社会的协同责任主体地位

社会是由人与人之间形成的关系总和，是特定环境下共同生活的人群长久维持的、彼此不能够离开的一种不容易改变的结构，是共同生活的个体通过各种各样关系联合起来的集合。马克思曾指出：主体即社会。[①]这说明主体在本质上是能动的、创造的和发展的，主体的社会性就是人的共同存在方式。人类的生产、消费、娱乐、政治、教育等，都属于共同存在方式，即社会活动范畴。因此，高等教育也属于社会活动范畴。社会作为大学生铸牢中华民族共同体意识的主体之一，具有整合和调节社会资源、引领共同文化导向、继承弘扬优秀传统文化、促进各民族交往交流的作用和地位。

社会能整合各界的资源与力量，并协同各地党委、政府传播中华民族共同体主流价值理念，营造出当地新时代良好的社会环境氛围。社会的协同责任主体意识是在把握社会发展规律前提下，更好地协调共同体成员地位、权益和发展，增强中华民族的凝聚力和向心力，以推动全社会形成良性的价值追求和健康的精神动力。社会的协同责任主体地位在社会环境的营造和文化理念形塑的价值氛围中得以体现。充满正能量的社会舆论导向可以引领和塑造每个社会成员的主流意识形态，形成全社会自觉引领、科学引领的“动力意识”。同时，社会各界应主动创造文化浸润系统，

① 《马克思恩格斯选集》第二卷，北京：人民出版社，1995 年，第 19 页。

给予民族传统和文化心理规约的行为实践机会，积极巩固社会主义新型民族关系，并在社会各界参与的实践活动中将这种“动力意识”渗透于铸牢在校大学生中华民族共同体意识的社会环境之中，以增强社会协同教育的实效性，巩固国家统一和稳定的社会基础。社会各界在大学生铸牢中华民族共同体意识过程中具有协同责任的主体地位，为在校大学生的健康成长提供持续不断的“动力意识”，从而保证在校大学生的发展不会偏离中华民族共同体的发展轨道。

（三）高校的执行责任主体地位

1. 以高校党委为代表的管理责任主体。习近平总书记强调：“我们的高校是党领导下的高校，是中国特色社会主义高校，办好我国高等教育，必须坚持党的领导，牢牢掌握党对高校工作的领导权，使高校成为坚持党的领导的坚强阵地。”① 高校党委是在校大学生中华民族共同体意识培育的管理主体，是高校的政治核心，在“为谁培养人、培养什么人、如何培养人”方面肩负着“把方向、管大局、作决策、保落实”的主体责任。高校党委是高等教育体系的“大脑”，除了要高度强调政治站位、政治立场，把控教育政治方向之外，还必须扮演好管理责任担当者的角色，在整个教育教学系统中充分做好组织协调、政治领导、战略引导和统筹管理等工作。同时可以在方向保障、战略制定、理念指导、队伍建设、条件保障等方面进行顶层设计，以确保铸牢在校大学生

① 习近平：《把思想政治工作贯穿教育教学全过程 开创我国高等教育事业发展新局面》，2016 年 12 月 9 日，http ://jhsjk.people.cn/article/28936173（上网时间：2022 年 5 月 24 日）。

中华民族共同体意识工作顺利进行，并取得实效。高校各院系基层党组织、相关职能部门是实施教育的基层组织者，他们负责完善并落实相关教学活动检查督促机制、考核评价机制和奖惩机制，全面高效地为大学生铸牢中华民族共同体意识提供保障。

2. 以管理育人和服务育人群体施教者为代表的执行主体。大学生铸牢中华民族共同体意识，必须由相应的教书育人、管理育人、服务育人的主体去落实完成高校党委确定的相关目标任务。大学生铸牢中华民族共同体意识的执行主体包括个体施教者和群体施教者：负有组织、实施铸牢在校大学生中华民族共同体意识教育职责的学校各级党政干部及相关管理人员；负有组织、协调和实施学生思想政治教育职责的共青团干部；负有在校大学生日常管理职责的辅导员与班主任队伍；负有帮助在校大学生培养良好心理品质职责的心理健康教育工作队伍；负有管理大学生宿舍文化生活职责的公寓管理工作队伍及大学生党团组织、班级、学生社团等组织。上述个体施教者和群体施教者应充分发挥各自的职能，使大学生铸牢中华民族共同体意识的教育教学有效果、有效率、有效益。

3. 以思想政治教育理论课和哲学社会科学课教师为代表的执行主体。在高校铸牢在校大学生中华民族共同体意识的过程中，教育的主体、客体都是人，因此，以思想政治教育理论课和哲学社会科学课教师为代表的高校施教者承担着提升在校大学生的政治素养和提高人的道德品质的重要职责。思政课教师是发挥以课堂传授和实践指导主渠道的第一责任人，同时，这类教师还是进行学术研究的研究人员。大学生铸牢中华民族共同体意识是专业性、实践性、导向性、政治性非常强的教育活动，教师除了要具备深厚的理论功底和学术素养之外，还需要深入了解和具体掌握在校大学生思想政治状况和行为倾向，引导在校大学生将相关政治理论知识实践于日常的学习和生活中，帮助在校大学生提升思想政治素质和道德品质，全面、有力促进铸牢在校大学生中华民族共同体意识的教育教学工作。

二、在校大学生的主体与客体地位

马克思在《1844 年经济学哲学手稿》构想了以自我意识快速提升并逐渐巩固的方式，认知自身价值对精神存在的支撑。这是马克思在大德育的人文视野中对如何提升个体的综合性素质作出的科学构想。新时代中国特色社会主义的“时代个体”就是需要在对自我明确认知的意识下，强化精神存在的支撑力量，成为坚定的马克思主义者，在铸牢在校大学生中华民族共同体意识过程中，不是被动的受教育对象，而是具有主观能动性的人，其兼具主体和客体，主要表现在以下三个方面：

（一）大学生是学习活动的主体，是主动的发现者和探索者

大学生也是铸牢在校大学生中华民族共同体意识的主体之一，是意识形态培育的对象，也是参与实际理论学习和实践教育的主体。在现实教育教学过程中，在校大学生的个体情况不尽相同，他们来自不同的民族、地区、区域，受到不同基础教育的熏陶，其思想观念、心智水平的发展程度参差不齐，对于相同事物、事件、案例会有不同的见解和看法，对于人生、理想和抱负也有独特的认知和需求，这些都是其典型或者非典型性的特征，直接影响教育对象对中华民族共同体的实体认知和价值认知。大学生铸牢中

华民族共同体意识长效机制构建需要赋予教育对象主体地位，除了帮助在校大学生掌握政治理论知识外，更重要的是充分调动其主观能动性，树立正向的价值观念，理性对待各种多元利益的诱惑，探寻主流价值观对个人精神追求的意义，使其自觉从低层次价值需要向高层次价值需要提升，在正确认知中华民族共同体意识的基础上，充分发挥意识指导行为的作用。

（二）大学生是个体身心发展的主体，是个性社会化的主体

在铸牢在校大学生中华民族共同体意识的系统中，大学生受思想特征和身心发展规律等实际情况的影响，具有自主性、能动性、创造性、独特性、整体性等主体性品质。提高教育教学的实效性，迫切需要全面调动教学双方的积极性，引导其以主流价值目标为导向，以提升教育对象中华民族共同体意识认同的主观能动性，不断提高铸牢在校大学生中华民族共同体意识教育的水平、质量与效率。

（三）大学生在教学过程中是主体化的客体，是由接受教育的客体走向自我教育的主体

大学生处于价值取向养成阶段，这一时期他们的个人意识显著增强，对政治、经济、社会发展的参与度尤显迫切。由此铸牢在校大学生中华民族共同体意识在主客体之间出现了一个崭新的主客体，即他们由“主体我”和“客体我”两方面构成。“主体我”是教育者亦是受教育者，“客体我”是由“主体我”认知自身本质和价值需求之后，走向教育自觉的个体。“主体我”和“客体我”在精神意识层面属于两个层级，前者是他律，后者是自律，即实

现从他人教育到自我教育的升华，完成个体全面、深入发展的全过程。

在现实环境下，“主体我”和“客体我”具备较强的信息搜寻能力，体现在大学生创造形式多样的“传、帮、带”等活动，积极主动地与教育主客体进行交流互动等方面。同时，在校大学生还能创造性地对相关信息进行加工、提炼和传播，在顺应机制或同化机制的作用下，推动在校大学生群体对中华民族共同体意识的认知和认同。可见，大学生是铸牢在校大学生中华民族共同体意识的对象，也是教育内容的接收者和教育实践的执行者，同时，其亦具备自我教育和成为教育者的主体和客体双重地位。

三、校内外环境、课程体系、教材的介体地位

依据教育学原理，教育介体起到连接教育各机制的作用，是促进教育教学效用充分发挥的“润滑剂”。教育介体在教育过程中上“承”教育要求，使教育主体把教育内容传导给教育客体，并促成其“内化于心”，同时，下“启”教育客体，使教育客体达到“外化于行”的教育目标。校内外环境、课程体系、教材在铸牢在校大学生中华民族共同体意识的主客体间扮演着促进主客体之间发生教学关系的重要介体角色，同时也是满足主客体诉求的重要承载体。铸牢在校大学生中华民族共同体意识的有效推进，不仅取决于主客体的状态和主客体的相互作用程度，还取决于连接主客体的介体作用及其状态。现实情况下，在大学生铸牢中华民族共同体意识的过程中，教育介体还应该包括教育主体和教育客体的活动及其使用的教育方法、教育路径等综合性要素。教育介体在整个铸牢在校大学生中华民族共同体意识的系统中，处于传输

和传导地位，服从并服务于教育主客体的教学需求，其根本使命在于将中华民族共同体意识的内容“介”给受教育者，并完善和建构教育中介系统。

校内外环境作为大学生铸牢中华民族共同体意识的教育介体，主要包括以在校大学生思想政治教育为代表的“大思政”教育介体，以报纸、杂志、期刊为代表的纸业传媒等传统教育介体，以传播中华民族共同体意识教育为代表的互联网、微信、抖音等现代教育介体。课程体系和教材作为教育介体，主要包括直接介体，如中华民族共同体意识培育的相关课程、专题讲座、理论报告等；间接介体，如将中华民族传统文化、中华民族发展历程、中国共产党红色革命教育渗透高校各个专业、学科及研究领域等；显性介体，如学科体系的构建、教育机制的完善、教材的理论创新和实践教育的内容优化等；隐性介体，如开展各类民族团结进步主题活动、“时代新人”表彰活动、革命红歌传唱活动等。只有把各级各类铸牢在校大学生中华民族共同体意识的教育介体整合起来，才能充分传播中华民族共同体意识的相关信息，才能凸显意识形态教育的时代感和使命感，强化高度教育教学的针对性、实效性和适用性。

四、主体、客体、介体相互关系

铸牢中华民族共同体意识教育，是一种追逐理想与信仰并为之奋斗的信念教育。所以，厘清主体、客体、介体的相互关系，增强主体、客体、介体的互动关系，是建构高校铸牢在校大学生中华民族共同体意识长效机制的必然要求，亦是大学生成长成才的内生驱动力使然。

（一）主客体的互动关系

铸牢在校大学生中华民族共同体意识的主客体之间互动关系具有开放性、整体性、自我生长性等特性，主客体各要素间的合理排列组合，是构建彼此有效互动关系的基础。主体和客体互动交流越频繁，关系越密切，铸牢在校大学生中华民族共同体意识的整体系统效应也就发挥得越稳定。在这个系统中，基于已有的理论和实践资源，对在校大学生施加教育影响，并从大学生全面成长成才的视角出发，将在校大学生对中华民族共同体意识的认知和认同打造成思政教育的着力点。同时，加强以党委、政府、社会和高校为代表的教育教学主体与在校大学生主体和客体的互动关系，充分发挥介体的作用，有针对性地甄选符合在校大学生认知发展规律的信息进行加工、内化，从而形成正价合理的铸牢在校大学生中华民族共同体意识主客体之间的良性互动关系。

（二）客体内部的互动关系

客体间的互动是大学生铸牢中华民族共同体意识维持动态平衡、保持适度张力的关键。围绕在校大学生主体化客体的特性，在大学生思想意识“外化于行”的行为过程中，适时调动在校大学生积极参与社会实践活动的主动性，提升其教育与自我教育能力，强化其反思、顿悟、确证等心理体验。同时努力拓展在校大学生实践活动的时空维度，在目标任务、沟通机制、条件保障等方面确定后，开展系列研讨、项目对接、社会实践品牌塑造等活动，以减少大学生在“认知—认同”过程中的内耗，形成铸牢在校大学生中华民族共同体意识的合力，进一步增强在校大学生客体对中华民族共同体意识的认同感和责任感。

（三）主体、客体、介体的有机统一

1. 主体需要具有理论和实践权威。以党委和政府、社会和高校为代表的教育教学主体，是大学生铸牢中华民族共同体意识的领导者、建设者、传播者及权威的维护者。这就意味着，首先，主体在铸牢在校大学生中华民族共同体意识的系统中必须成为言行一致的领导者，是铸牢在校大学生中华民族共同体意识的正确组织者和守护者。其次，主体需要提升理论层级水平，在教育教学的相关顶层设计、社会辅助教育、高校具体教育中实现治理能力现代化、协调统筹社会化、制度实施职能化。再次，主体扮演着宣传中华民族共同体意识的传播者角色。其责任不只是传播具体的科技内容和理论知识，而在于在实践中传播好社会主流意识形态，党和国家的路线、方针、政策等内容，增强广大受众客体的真认同和真追随。最后，主体要坚决维护中华民族共同体意识的理论正确性和实践权威，要敢于同各种反动思潮及不良言论作斗争，要敢于“亮剑”，成为理论与实践的维护者。

2. 主体化客体需要自觉自育。在校大学生是大学生铸牢中华民族共同体意识的主体化客体，他们既是教育教学的受教对象，也是实现教育教学最终目标的主体，对认识和改造客观世界的对象性活动具有利益需求，是努力实现教育客体向教育主体性转化的主力。因此在大学生铸牢中华民族共同体意识过程中，应充分发挥教育客体的主体性，形成在校大学生教育和自我教育的转化，达到自觉自育。

3. 介体需要有效运用。大学生铸牢中华民族共同体意识的介体内容丰富、形式多样，影响着主体和客体教育活动的有效进行，同时也是保证主体化客体教育和自我教育积极性、主动性的中介

因素。主客体相互作用和互动离不开介体的有效运用，是实现主体、客体和介体有机统一的过程，既是铸牢在校大学生中华民族共同体意识理论和实践形成的过程，也是推动思政教育效果理想化进程的过程。

第二节　大学生铸牢中华民族共同体意识的基本要求

大学生铸牢中华民族共同体意识是一种理论和实践相贯通的教育教学活动，其目的是高质量实现立德树人的价值导向。人才是最宝贵的资源，也是生产力中最活跃的因素。新时代努力培养在校大学生，为国家发展储备人才，更需要我们在思想上深化认识，在理论上深化研究，在实践上创新途径。我们应该认识到，在校大学生是铸牢中华民族共同体意识工作最重要的社会基础之一。从中华民族共同体建设层面看，理想信念、政治观、道德观等基本理论是生产实践、生活实践、政治实践产生的前提，关系到社会主义各项事业的长治久安；从意识形态层面看，铸牢在校大学生中华民族共同体意识，有利于我们抵御西方敌对势力和“三股势力”的干扰、破坏和渗透；从中国共产党的执政现实来看，铸牢在校大学生中华民族共同体意识，有助于提高我们党的执政效率。新时代需要针对当代在校大学生的不同特点，认真探索具体途径和方法，构建针对性强、实用性广的铸牢在校大学生中华民族共同体意识的目标、原则及内容，从而真正培养一大批终身致力并献身于中华民族伟大复兴事业的可靠的新时代青年人才。大学生铸牢中华民族共同体意识的培育目标是巩固教育对象的主流意识形态，自觉抵御境内外反华势力的渗透与煽动，并形成长效机制；培育原则是以理服人、以情感人、以心聚人、以智启人；培育内容是共同奋斗历史、共同命运、共同理想、共同信念、共同利益、共同任务、共同目标等。培育目标决定了相关教育教学活动的政治方向，培育原则决定了相关教育教学活动基本要求，培育内容是培育目标得以实现、培育原则有效运用的教育教学基础。对这三者进行综合性分析和总结是实现新时代高等教育向更加系统化、规范化转变的要义。

一、大学生铸牢中华民族共同体意识的目标

大学生铸牢中华民族共同体意识的目标在整个学科系统中具有指向性、导向性作用。从不同维度看，铸牢在校大学生中华民族共同体意识的目标可分为：

（一）直接目标与间接目标

铸牢在校大学生中华民族共同体意识的直接目标就是使在校大学生从理论、情感、意志、信念和践行等方面铸牢中华民族共同体意识，自觉抵御境内外反华势力的渗透与煽动，并形成长效机制，成为合格的社会主义建设者和接班人。间接目标是培育教育对象牢固树立和弘扬爱国主义精神，使其自觉维护中华民族的根本利益和国家核心利益，以提高在校大学生政治素质和文化素养。

（二）总体目标与具体目标

铸牢在校大学生中华民族共同体意识归根到底是要使其在认知认同中华民族共同体意识的过程中，用正确价值观指导自身的

行为，最终使其成为社会主义的合格建设者和可靠接班人。铸牢在校大学生中华民族共同体意识以“中华民族一家亲，同心共筑中国梦”为总目标，在具体的教育教学中，需要时刻关注和保证理论教育和实践教学之间的融合性和平衡性，找准二者之间的切入点，把握当代在校大学生的思维习惯和行为倾向，开展有针对性和实效性的教育教学活动，让水乳交融、唇齿相依、休戚相关的情感和心态真正落入生活实际，及时回答和解决教育对象关于中华民族共同体意识的棘手难题和困惑，努力建设和睦相处、和衷共济、和谐发展的校园文化。要达到这个总体目标，还需要具体目标来支撑，包括：使在校大学生了解中华民族的历史，认知并掌握中华民族共同体的概念内涵，夯实马克思主义“七观”、“五个认同”、“社会主义核心价值观”教育，强化中华民族认同和国家认同的价值观念，使在校大学生具备民族间交往交流交融素养，树立民族法制观念等。同时，还需要以问题意识为导向，设计科学合理的教学目标，例如，在推广和普及国家通用语言文字教育中，可以用思想方式和行为方式两个部分把握语言学习的规律性，讲透彻、讲清楚语言文字在共同体成员交往交流交融的重要作用，提升教育对象对国家通用语言文字的认同，为铸牢在校大学生中华民族共同体意识提供良好的共同语言环境。设计具体目标必须综合考量高校多方面的具体特点和客观因素，例如，可以从以下维度进行考量：首先，加强师资队伍的建设，不断提高思政课师资队伍水平，优化教学设计，确保相关思政课的教育教学水平；其次，强化学科建设，全面提升铸牢中华民族共同体意识的科研能力和研究水平，为提高相关具体教育教学目标的设计水平奠定坚实基础；再次，要通过研讨会、评审会、专家咨询会等方式，集中区内外专家学者的智慧，科学设计相关具体教育教学目标，以确保总体教育教学目标的顺利实现；最后，由自治区高校管理部门牵头，组织高校思政课教师进行集体备课，设计相关具体教育教学目标。

（三）当前目标与未来目标

大学生铸牢中华民族共同体意识是一个动态的实践过程，在具体操作过程中需要依据其对中华民族共同体意识的理论认知情况、情感认同程度、意志信念进程、具体行为状况等来进行相应的调整，以实现铸牢在校大学生中华民族共同体意识的教育教学总目标。这就意味着大学生铸牢中华民族共同体意识不是一蹴而就、一蹴即至之事，而必须遵循在校大学生身心发展的规律，分阶段分层次循序渐进地推进。铸牢在校大学生中华民族共同体意识的当前目标与未来目标，需要在对高校实际情况的掌握和分析下统筹规划加以考虑。其当前目标是：从易到难、由浅入深、由低到高，从被动思政教育入手，进行理论掌握，到行为养成，再至主动践行。其未来目标是：具有较强的有效抵御境内外反华势力渗透与煽动的能力，最终为实现中华民族伟大复兴贡献力量与智慧。

二、大学生铸牢中华民族共同体意识的原则

理论来源是纵向认知的思想源泉。教育的规律告诉我们，教育是一种关涉教育对象的对象性活动，研究教育规律，把握教育本质，发挥教育的内生动力是提高教育效用的有效路径。

大学生铸牢中华民族共同体意识是新时代党和国家非常重视

的主流意识形态教育活动，侧重于引导教育对象具备社会实际生活的知行统一观。根据铸牢中华民族共同体意识教育与其他工作系统的关系和本教育教学系统内各构成要素的关系，该项教育教学活动有以下九种教育原则。

（一）政治性与文化性相统一

形成认知是纵向认知的理论基点，理论来源认知是构造现代多民族国家制度的基础，体现了共同体从“自在实体”向“自觉实体”转变，从文化扩散到文化集流融合，从“纵”“横”两个方向为铸牢中华民族共同体意识提供助力。

在新时代，中华民族共同体意识具有鲜明的社会主义属性，是中国特色社会主义意识形态的主要内容之一，这就决定了铸牢在校大学生中华民族共同体意识具有显著的政治性，也是高校思政教育的主要任务之一。从培育目标看，大学生铸牢中华民族共同体意识，旨在造就一大批对中国特色社会主义具有坚定政治立场和政治信念、关切国家发展前途和命运、为实现中华民族伟大复兴的中国梦而努力奋斗的、德才兼备的时代新人。从学科属性看，“培养什么人”是一种特殊的教育活动，是一个国家意识形态领域的重大课题，它关涉到一个国家的根本政治制度，是维护国家统一、促进民族发展的突破口和关键问题。在我国中华民族共同体意识教育就是体现中国特色的实践教育活动，它基于中国历史的传承性，诠释了中华民族礼俗、血缘、地域等文化要素在政治教育与道德感化中的作用。是与高校思想政治教育组织化、系统化的统一体。从培育内容看，共同体意识化的国家意识、国家认同意识，中华民族多元一体格局下多元共生的文化思想，马克思主义民族理论关涉的无产阶级社会主义意识等都是反映其内涵认知的深层次内容。同时，支撑高校思想教育政治属性和政治内涵的马克思主义中国化最新理论成果也是其重要内容。以上这些都是铸牢在校大学生中华民族共同体意识的实际教学内容。与此同时，铸牢中华民族共同体意识也是新时代中国特色社会主义文化建设的重要组成部分。铸牢在校大学生中华民族共同体意识需要以中华文化为根基，只有通过中华优秀传统文化、中国革命文化和社会主义先进文化的综合培育，才能够有效提高其思想政治素养，使其成为社会主义合格的建设者与接班人。同时以文化涵濡的教化，阐释共同体“礼义教化”的普遍性意义，塑造教育对象承认、容纳、宽容的文化形态，培育其差异中求和谐、多样中求统一的品行与“观乎人文，以化成天下”的意志与信念，培养他们的人文关怀精神，实现相关思政教育教学政治性与文化性的有机统一。

（二）理想性与现实性相统一

大学生铸牢中华民族共同体意识，需要尊重他们的身心发展规律与教育教学规律，相关教育教学内容既要具有理想性，也要具有现实性，是理想性与现实性的有机统一。在培育目标上，必须确保大学生铸牢中华民族共同体意识教育有效开展，推动他们形成为中华民族伟大复兴而努力奋斗的理想信念。同时，相关概念的界定、教学内容的遴选、教学框架的构建都要有充分的科学依据，也要有正确的理想信念的光芒，使在校大学生群体能够在最大范围内形成对中华民族共同体意识的理论认知、情感认同、意志信念体认和践行，使培育成效或期望达到最为理想的状态。

在培养过程中要认真考虑大学生各项指标之间的结构性及其内在关系，加强顶层设计和系统规划，有效整合多方资源，贯通教育主体多维协同、互动发力的要素环节，引导在校大学生树立崇高的价值追求。铸牢在校大学生中华民族共同体意识是在现实社会条件和社会环境中进行的，因此，还需要充分考虑符合教育规律所具备的现实基本条件及他们意识形态形成的社会基础和发展规律的客观现实性。首先，在校大学生的思维意识往往呈现由低层次到高层次循序渐进的认识发展规律；其次，在校大学生个体或群体有着不同层次的素质差异和发展诉求。所以，在教育教学目标设置上需要充分考虑社会、高校及大学生的现实性，在价值信仰的追求引导的方式方法上不能“一刀切”，要注重在校大学生个体思想实际和社会实际。一方面，要根据时代的发展和社会环境的变迁，不断推进相关思政教育教学的发展和创新；另一方面，以“接地气”的方式，构建文化理念形塑的价值氛围，打造新时代的文明校园，助力在校大学生滋养心灵、涵育德行，增强他们对中华民族共同体认同的使命感和责任感，实现铸牢在校大学生中华民族共同体意识理想性教育与现实性教育的耦合，用“入芝兰之室久而自芳”的熏陶，构建大学生铸牢中华民族共同体意识长效机制。

（三）理论性与实践性相统一

铸牢中华民族共同体意识是新时代党和国家的重点工作，是思政教育的核心内容。其内容构成包含中华民族共同体意识的内涵、特征、功能、价值、缘起和发展规律等；从历史、文化、哲学等维度来看，其包含中国历史、中国文化、中国哲学等；从时代价值看，其包含马克思主义原理、新时代中国特色社会主义思想体系等。同时，必须突出中华民族共同体意识的本体理论讲授，注重理论阐释和理论灌输同步，确保教育对象了解和掌握当前我国的价值目标，用正确价值观指引人生，自觉将个人发展融入国家、民族发展之中，夯实他们铸牢中华民族共同体意识的思想理论基础，使其在此基础上形成正确的理论认知和情感认同。马克思主义经典作家强调："不是从观念出发来解释实践，而是从物质实践出发来解释各种观念形态"[①]，因此，铸牢在校大学生中华民族共同体意识还需要具有实践性。当今世界，伴随着经济全球化，价值迷茫成为全球青少年的突出问题。就多民族社会而言，个体利益与共同利益相背离的错误价值选择就是降低多民族和谐关系的壁垒。在高等教育中，引导教育对象做出正确的价值选择是理论教育教学实践化的必经环节。理论知识的灌输传导只能完成教育主体"教与授"的环节，但铸牢在校大学生中华民族共同体意识是一个比较复杂的过程，需要他们接受理论知识后将其内化为自己的意识，然后以实践的方式将意识外化，所以适当的亲身实践才是真正解决相关教育教学过程中的知与不知、懂与不懂、会与不会问题的"推动力"和"催化剂"。基于此，大学生铸牢中华民族共同体意识必须将理论性与实践性统一起来，保证理论教育与实践教育二者同频共振、协同发力、双向共进。一方面强化理论教育，让在校大学生对中华民族共同体意识的相关理论认知更全面、更系统；另一方面还要不断推进社会实践教育，以应对培育过程中出现的新情况、新问题和新挑战，使在校大学生对中华

① 《马克思恩格斯选集》第一卷，北京：人民出版社，2012年，第172页。

民族共同体意识的心理认同更具体、更形象、更深刻、更牢固。

（四）传统性与时代性相统一

大学生铸牢中华民族共同体意识要体现传统性原则，即一方面以马克思主义立场、观点和方法来正确看待中华民族共同体，教育在校大学生认识和了解传统文明向现代文明转变的独特发展道路及历史紧要关头中华民族的正确价值选择等，秉持以古鉴今的理念，从中华民族历史中汲取政治智慧、前进力量。另一方面还要引导他们结合时代和社会的发展需求，继承和弘扬中华优秀传统文化、中华民族传统美德和中国革命传统等。与此同时，铸牢在校大学生中华民族共同体意识还要体现时代性原则：一是要充分利用新时代中国特色社会主义建设的资源，立足“四个意识”、“四个自信”、“五个认同”、社会主义核心价值观、深化民族团结进步创建、各民族交往交流交融等理念开展教育实践。二是在培育内容上，要创造性地阐发中华优秀传统文化的时代内涵和价值，紧扣习近平新时代中国特色社会主义思想、文化样态和广泛实践。三是培育方式要充分体现时代性。当今社会是高速运转的数字时代，线上与线下的交融，虚拟与现实的重叠构成了现代人类的主要生活情境，各种网络“名词”“红词”，如 YYDS、emo、Z 时代等广泛流传。在校大学生也是翱翔在网络中的网民，因此，完善教育教学话语，“老话新说”，用更加贴合现代实际的话语拉近教育者和受教育者的距离尤为重要。在培育思维上，确立一种传统性与现代性互为融通、有机贯通的教育思维；在培育内容上，将中华民族认同、国家认同与新时代价值信仰紧密结合，深入阐释中华民族共同体意识的传统文化底蕴和时代表征；在培育手段、方式、途径等方面，努力克服一成不变的障碍，充分发挥教育的针对性和实效性，达到铸新淘旧的目标。

（五）整体性与分层性相统一

铸牢在校大学生中华民族共同体意识工作是一个从低到高的层级架构和层次鲜明的有机整体，而整体性突出与层次性凸显是其显著特征。因此，在该教育教学过程中必须把握好整体与分层的辩证统一关系，既要把握整体，厘清分层，又要注重整体与分层相结合，将铸牢中华民族共同体意识教育贯穿于在校大学生思想政治教育教学全过程。首先，大学生铸牢中华民族共同体意识包含于全社会的整个铸牢总系统之中，二者呈现出部分与整体的关系。同时，高校思政教育能从另一个视角映射家庭与社会的铸牢效果。部分不能脱离整体，必须与整体相互依存、相互作用和共同发展，因此，铸牢在校大学生中华民族共同体意识，必须坚持与国家或社会层面的铸牢中华民族共同体意识活动相结合。一方面，在铸牢中华民族共同体意识的大系统中，国家、社会与高校是辩证统一的关系，他们相辅相成、相互促进、相得益彰。另一方面，国家或社会层面的铸牢中华民族共同体意识能够为高等教育提供良好的外部环境，它是整个铸牢生态系统中的“外循环”体系。当外部环境呈现健康、有序的状态时，能更好地促进文明校园的构建和教育对象正确价值观念的形成。反之，外部环境呈现病态或杂乱无序的状态时，就会阻碍甚至打断高校铸牢中华民族共同体意识教育的正常开展。其次，大学生铸牢中华民族共同体意识，其在内部要素构成和运行结构上具有整体性和层次性，是多个要素构成的有机整体，需要教育教学内容实现整体性和层次性的有机统一。这就意味着铸牢在校大学生中华民族共同体意识既要把握整体意涵，又要讲清楚其中各主体所处的地位、与整体之间所呈现的层次关系，以及它们的科学内涵、功能、特性和价值等。与此同时，还要厘清不同层次之间的关系，找准结合点，认清不同层次的价值要求，从整体上进行全面把握、分层次推进才能将大学生铸牢中华民族共同体意识落细落正落实、见思想见行动见实效。从培育导向来看，就是从全局意识、大局意识上精准把握铸牢中华民族共同体意识的重要性，要充分认识大学生铸牢中华民族共同体意识的地位和作用，保障其教育教学活动的渗透力、统合力和影响力。从培育目标来看，大学生铸牢中华民族共同体意识是一个渐进的过程，历经从低到高的不同阶段性目标，最终实现“中华民族一家亲，同心共筑中国梦”的总体目标，体现了培育目标的整体性与层次性的有机统一。从培育对象来看，在校大学生在认知能力、理论知识储备、思想觉悟、理性思维、心理意识、社会实践等方面存在差异。从普通本科到“双一流”学校，从同一高校低年级到高年级大学生，同一高校同一年级或同班级的学生，均因个体差异呈现出群体层面或个体层面的显著层次性。这就决定了大学生铸牢中华民族共同体意识，必须切实实现整体性与层次性的紧密结合，根据不同层级的高校、不同层级的高校学生及同一层级的高校学生在整体层面、群体层面和个体层面上的层次性来调整教育内容、方法和实践方式。

（六）民族性与开放性相统一

大学生铸牢中华民族共同体意识必须根植于中华民族丰厚的历史土壤之中，融入当地的文化脉络之内，既有对固有民族性的诉求，又有面向世界对开放性的要求。改革开放以来，我国改革的力度、速度和对外开放程度不断加大，随着中国发展壮大，中华民族越来越接近世界舞台的中央。但近年来，国外敌对势力借助互联网加紧对我国意识形态领域的渗透，他们打着宗教问题、人权问题的幌子，力图把高校变成分裂渗透的突破口。因此，开展铸牢中华民族共同体意识教育，了解国情历史，具有文化自信，能推动教育对象形成正确的价值观，自觉抵御境内外反华势力和敌对势力的渗透与煽动，为中华民族培育新时代的青年人才。首先，铸牢在校大学生中华民族共同体意识在内容、根本诉求、资源、方式、途径、话语体系和价值意义等方面不可避免地具有民族性的特征。中华共同体意识是中华民族认识与改造世界的世界观、价值观、人生观和方法论的集中体现，其植根于中华民族历史文化，熔铸于当代中国社会实践之中，是中华民族独特精神世界和价值目标的标识，体现了中华民族的品性。因此，在培育方式上，必须梳理共同体的历史文化和思想体系，根据中华民族独特的发展状况和社会实践，采用契合在校大学生心理特点、思维模式和行为方式的培育形式和话语体系，彰显出大学生铸牢中华民族共同体意识的重要和特色。其次，大学生铸牢中华民族共同体意识教育教学，是一个开放包容的思想体系，它立足于中华民族的母体文化，吸收各民族合理进步的文化成分，通过对其他异质文化的精神交流、交锋和交融而获得充实、发展和创新的途径。相应地，铸牢在校大学生中华民族共同体意识，需要培育他们开放包容的心态。以开放的姿态推动族际关系的和谐稳定，以求同存异的心态借鉴他国优秀理论、经验和方法，在充实培育资源和内容的基础上，引导在校大学生从构建人类命运共同体的角度审视铸牢在校大学生中华民族共同体意识的意义和价值。总之，在铸牢在校大学生中华民族共同体意识的整个过程中，一方面要做到在坚守民族性的同时体现开放性，防止教育的文化自大和精神自闭；另一方面又要做到在体现开放性中坚守民族性，防止教育的盲目吸收和迷失自我，切实实现民族性和开放性的有机统一。

（七）主导性与主体性相统一

大学生铸牢中华民族共同体意识的教育者承担着调控整个过程、组织并实施教育活动的主导责任，处于主导地位。新时代教育者面临很多突如其来的问题和挑战，诸如如何应对教育背景变化带来的各种矛盾与问题，如何引导大学生正确认识植根于社会网络和社会关系中的价值利益选择，了解西方社会资本的阴暗面等都是高校当前面临的挑战。因此，发挥培育者在教育内容、教学方法选择上的主导作用，是培育过程中教育者必须坚持的主导性原则。此外，大学生铸牢中华民族共同体意识还应涉及他们的主体性地位。针对经济全球化和世界多元价值观的侵袭，通过相关思政教育教学的途径，使教育对象明确我国是拥有 56 个民族的有机集合体，基于培育、积蓄、保持所生成的共同价值理念是推动形成真正的共同体的物质和精神渊源；同时，还要引导教育对象立足于社会实践的不断拓展，正确看待中华民族共同体意识内涵和外延的挖掘、完善与发展。在坚持主导性教育的同时，尊重大学生的人格，积极调动其思政学习的主动性和积极性，充分发挥他们搜集、加工、编排、传递中华民族共同体意识信息的能动性，实现主导性和主体性的辩证统一。

（八）共同性与差异性相统一

大学生铸牢中华民族共同体意识，是当前我国主流意识形态的集中体现，也是实现“立德树人”要求的基本保证。从教育目标、教育内容来看，其共同性体现在对各民族在校大学生的总体要求是一致的，基础教育内容和通识教育内容是每个大学生必须掌握和了解的功课。在铸牢在校大学生中华民族共同体意识的培育过程和培育内容上，也需要把握教育目标和教育要求的一致性，包括对中华民族共同体意识相关知识掌握的基本要求、基本能力、考察基本依据等都应体现共同性原则。同时，高校少数民族在校大学生不乏其数，铸牢在校大学生中华民族共同体意识，迫切需要兼顾不同民族大学生的实际情况和他们的认知认同特点。在实际教育过程中，要充分掌握大学生的思想发展动态和行为倾向，知道他们的想法、做事的动机和行为的趋向，才能最大限度地发挥教育的针对性。对于教育者来说，只有更好地认识和了解受教育者才能拿捏“患处”，做到精准“开药”，发挥教育的实效性。与此同时，让受教育者深入认知国家、社会和个人的价值准则，促进其服务国家、奉献社会的信念和心态，使在校大学生深刻认识到各民族在根本利益上的一致性和共同性，从而自觉加入到共建美好家园和维护民族团结中来。同时，结合在校大学生学习基础多层次、需求多元化等现实问题，利用多样化教育资源，开发适合不同群体学生需求的教育载体和形式，针对大学生在思想特点、语言习惯、价值选择等方面的现实差异，开展共同性与差异性相统一的教育模式，实施分层次、分类别、分阶段的教学改革，推动中华民族共同体意识教育的创新性发展。

（九）显性教育与隐性教育相统一

马克思指出，“人的全部发展都取决于教育和外部环境”①。从人的出生到死亡，人的一生都处于一定的环境之中。纵向来看，涉及国家环境、社会环境、家庭环境，从横向看，关涉政治环境、经济环境、人文环境、自然环境等，这些与每个人都息息相关的环境不断影响、改变着我们的思想和行为，最终以性格的方式决定着我们的命运。基于此，在“结构—功能”的模式中，熏陶、渗透的教育方式更能发挥价值效用。因此，显性和隐性教育同步，是课堂教育教学和外部环境相结合的有效培育手段。显性教育，顾名思义是外在的、可见的教育模式，是传统意义上的主体教育方式，其最大的特点是客观、直接，针对性强，体现出绝对话语权，从而使受教育者受到影响、得到启发、形成共识。隐性教育是协同教育方式，具有无痕性、内隐性和渐进性的特点，是一种潜移默化地将教育内容融入生活、文化信仰之中，从而调整或改变受教育者态度和行为的过程。显性教育与隐性教育相互补充，体现了“教育即生活”“教育即生长”的思维价值，通过情感浸透的滋养助力大学生铸牢中华民族共同体意识教育。

三、大学生铸牢中华民族共同体意识的内容

大学生铸牢中华民族共同体意识的内容是目标具体化的构成要素。基于培育目标、培育原则的生成发展逻辑以及在校大学生思想动态和学习生活实际，笔者认为：第一，强化国家意识教育、牢固树立“三个离不开”思想、学好用好国家通用语言是培养对

---

① 《马克思恩格斯文集》第一卷，北京：人民出版社，2009年，第333页。

国家和中华民族归属感、认同感的心理基础，是铸牢在校大学生中华民族共同体意识的基础内容。第二，马克思主义决定着我国主流意识形态的性质与方向，是党和国家处理民族与国家关系的基石，是中华民族共同体意识重要的思想根基之一，因此，马克思主义理论教育是先导内容。第三，增强“四个自信”教育、“五个认同”教育、社会主义核心价值观培育、爱国主义教育和中华优秀传统文化教育是夯实中华民族文化心理的核心内容，处于铸牢在校大学生中华民族共同体意识的核心地位。第四，重点内容关涉到共同体意识本体理论教育、民族团结进步教育、中国特色社会主义理论体系教育等方面，以培育在校大学生的坚定信念，增进其情感认同，养成自觉践行的良好品质。第五，大学生铸牢中华民族共同体意识需要放眼世界，通过对比分析，拓展培育的内容，夯实教育对象的认知和认同。基于上述分析，大学生铸牢中华民族共同体意识可以分为基础内容、先导内容、核心内容、重点内容和拓展内容五个部分。

（一）基础内容是大学生铸牢中华民族共同体意识的思想保障

1. 国家意识教育。国家意识是公民对国家的认同、认知意识，是社会个体通过对自己祖国的历史、文化、国情、地理、政治经济制度、生产力发展水平、国际关系等方面认识和理解的基础上而逐渐积淀形成的对国家的态度、情感、认知、信念、习俗和价值认同，是一种国家主人翁感、责任感、归属感、荣誉感和使命感。它是一种政治意识，同时也是一种文化意识和民族心理意识，它能在很大程度上激发公民的责任心和使命感，其“承载着国家信念与民族大义，是反对国家分裂主义思想和行为的锐利武器”[①]，是一个国家永续传递且昌盛统一、民族团结的重要思想基础和实现国家长治久安的思想保障。大学生铸牢中华民族共同体意识系统下的国家意识教育，以国家属性、地理环境、人文历史、民族传统、个人与国家的关系认知和国家政治制度、现实情况认知、时代发展等为主要内容，旨在引导教育对象牢固树立维护国家核心利益的意识，并认知自身与祖国、各民族和中华民族命运与共的意识。中华民族共同体是建构的，是个体利益与共同利益相统一后的“真正共同体”。基于此，对中华民族认同感、民族自尊心、民族自豪感、民族自信心的培育内容以及为国家建设和中华民族复兴做出应有贡献的思想意识教育内容也是其内容之一。

具体来说，包含以下四个方面：一是中国历史教育。习近平总书记指出：“走得再远、走到再光辉的未来，也不能忘记走过的过去。”[②]中华民族作为民族实体，历经了中国古代“天下观”“华夷之辨”，西方化的“五族共和”“国族主义”，新时代的“中华民族共同体”，起源于中国古代哲学思想，形成于中国历代朝廷更迭，觉醒于近代民族危殆、国家危亡时，再造于革命斗争、国家建设中，谱写出一曲“自在—自觉”的中华民族千年文明进程史。中华民族共同体是对存在几千年的民族实体进行深层次的凝练，是丰厚的历史遗产和宝贵的中华精神文化财富。历史源远流长的中华民族自秦汉以来就是一个统一的多民族国家，新中国的成立，平等、团结、互助、和谐的社会主义民族关系的形成，是对大一

① 郭建锋，刘海英：《论大学生国家意识的培育》，载《思想教育研究》第12期，2009年12月。

② 习近平：《总书记系列重要讲话读本》，北京：人民出版社，2014年，第17页。

统为主流的中华民族历史的创新性继承和创造性延续。中华民族的璀璨历史是各民族的宝贵财富，中华民族的屈辱史亦需要各民族深切体认。对在校大学生要进行中国国家古代史、中国近现代史、中华民族发展史、中华民族文明史的教育。厘清中国自古以来就是多民族聚居地区，是和平、统一、繁荣、富足的文明古国，各民族都是“共同体”不可缺少的重要成员，都为祖国的建设发展和繁荣昌盛付出过艰辛的努力。同时，也要引导教育对象牢固树立中国是统一的多民族国家的思想意识，各民族是共同体血脉相连的家庭成员的思想观念，以增强在校大学生对中华民族的自豪感、自尊心和自信心。

二是中国公民意识教育。这是中国每一个公民都必须接受的教育，也是每个自然人向社会人转变的必由之路。中国特色社会主义公民意识包含四个层面，即世界公民、国家公民、社会公民和个体公民。铸牢在校大学生中华民族共同体意识需要以世界公民意识教育培养大学生的全球视野、人类命运共同体意识，以国家公民意识教育增进在校大学生对国家的体认，以个体公民和社会公民意识教育来培养在校大学生的共存、共享、共建、共进意识。

三是中华民族多元一体格局教育。强化在校大学生对中国是统一多民族国家的认知，在了解我国基本国情的背景下，自觉认同共同体及共同体意识的发展规律，维护新时代的新型民族关系，自觉认知认同民族区域自治制度、自觉认知民族团结是我国各族人民的生命线等。

四是新时代中国特色社会主义国情教育。通过对新时代中国社会的主要矛盾和中国特色社会主义事业的总目标、战略布局的了解，使其充分了解人类命运共同体与合作共赢新型国际关系构建的发展趋势。同时，让其明确我国经济社会全面深化改革所取得的辉煌成就，将加快建设创新型国家、实施协调发展战略、推动经济高质量发展、深化供给侧结构性改革、加快完善社会主义市场经济体制、推进国家治理体系和治理能力现代化、完善和发展中国特色社会主义制度、保障和改善民生水平、推进生态文明建设、全面建设社会主义文化强国、实现中华民族伟大复兴的思想理念和制度措施等内容纳入中国特色社会主义国情教育体系之中，铸牢在校大学生的国家主人翁意识，以积累、储存和巩固的方式引导他们正确意志的储存和理性观念的厚积薄发。

2.“三个离不开”教育。1981 年，中共中央在转发《中央书记处讨论新疆工作问题的纪要的通知》中指出：在我国建设社会主义的事业中，汉族离不开少数民族，少数民族离不开汉族。1990 年江泽民同志视察新疆时进一步指出“三个离不开”，即汉族离不开少数民族，少数民族离不开汉族，少数民族之间也相互离不开。我国长期以来就是一个统一的多民族国家，这是中国历史也是中国的现状和事实。共同体成员在中华大地上长期发展，逐步拥有了共同历史叙事和集体记忆，获得了高度一致的集体身份认同。五千年的历史发展使中华民族形成团结统一、相互依赖的局面。自鸦片战争以来，共同体经历了失败、抗争、重生与辉煌，在屈辱与压迫的岁月中共同命运牵系着各民族，中国人民越来越清晰地认识到只有交流互鉴、互相吸收、抱成一团、拧成一股绳，各民族才能摆脱被欺压、被奴役的泥沼。新中国成立后，在党和国家的积极筹建下民族识别工作深刻且火热地开展，为各民族实现当家作主奠定了坚实基础，也为“三个离不开”思想的提出提供了现实参考。“三个离不开”这一重要思想从其内涵上看，既特指汉族和少数民族，又强调少数民族之间相互依存、相互帮助、谁也离不开谁的决心和意志。“三个离不开”思想启迪着当下，昭示着未来，映射出中华民族共同体的共同命运、共同任务、共同目标、共同利益，是五千年来共同体成员“大一统”理念和实践的继承与发展，是新时代宝贵的精神食粮。牢固树立“三个离不开”思想，引导教育对象深入学习其知识谱系和发展脉络，把传统发扬好、把基因传承好，让在校大学生在互相学习、互相合作、互相帮助下深刻感知和践行“三个离不开”思想。同时，通过夯实新时代在校大学生对社会主义新型族际关系的认知，塑造其维护民族大团结的主观能动意识，为铸牢其中华民族共同体意识夯实思想基础。

3. 国家通用语言文字认同教育。国家通用语言文字教育是一个国家的基础教育政策。语言、文字是最基本的交流符号，是信息传递的介质。对国家通用语言文字的认同是国家认同、共同体认同的关键环节。民族成员对本民族语言文字与国家通用语言文字的认识、理解和认同是铸牢在校大学生中华民族共同体意识的一条有效途径。有鉴于此，学好用好国家通用语言文字，推广语言文字共生的思想，是大学生掌握先进科学技术知识，为个人利益和共同体利益服务的第一步。加强国家通用语言文字的学习及使用，就要调整和纠正教育对象在双语文方面认知的偏差，加强他们语言文字共生、共享的思想意识，促使其在学好国家通用语言文字的基础上，建立双语文的和谐共生模式，发挥语言文字教育效用。同时，在普及和推广国家通用语言文字的过程中，积极营造大学生铸牢中华民族共同体意识的语言文字环境，把语言文字教育和国家意识、公民意识教育相联系，以强化思想认知的方式引导教育对象对国家通用语言文字的认知认同。

（二）先导内容是大学生铸牢中华民族共同体意识的思想本源

1. 马克思主义理论教育。马克思主义是关于全世界无产阶级和全人类彻底解放的学说。它由马克思主义哲学、马克思主义政治经济学和科学社会主义三大部分组成。马克思主义的诞生是人类思想史上的伟大革命，第一次确立科学的世界观和方法论，不仅为全世界无产阶级和全人类的解放指明正确的道路，而且为各门科学的发展提供了锐利的思想武器。马克思主义不是教条，而是行动的指南。一百多年来，马克思主义随着社会实践和科学技术的发展而不断发展，在马克思主义不断中国化的过程中，决定着中华民族共同体的发展性质与前进方向。“理论的背景决定着人的精神状态，规范着人对生活的理解。”[①] 马克思主义赋予了中华民族共同体先进的世界观和方法论，在中国共产党的正确领导下，中华民族实现了由“站起来”到“富起来”到“强起来”的历史性飞跃与突变，使得中华民族在共同命运的洗礼下，掌握了政治信仰的主动权。用马克思主义理论武装新时代在校大学生的“头脑”，能够使其坚定对中华民族共同体意识的价值追求，形成“为人民谋幸福”“实现全人类的解放”“人的自由全面发展”的最高政治信仰。

毛泽东思想和中国特色社会主义理论体系是马克思主义中国化的理论成果，是对中国特色社会主义建设和发展规律的深刻认识和思想指导。在校大学生学习和掌握毛泽东思想和中国特色社

---

① 孙正聿:《理想信念的理论支撑》，长春：吉林人民出版社，2014 年，第 3 页。

会主义理论体系的知识，可以通过对中国道路的基本路线、基本纲领、基本经验的系统学习，牢固树立马克思主义世界观、人生观、价值观、国家观、民族观、文化观和宗教观，并深刻领悟中华民族共同体意识。习近平新时代中国特色社会主义思想，是马克思主义中国化的最新理论成果，为中华民族共同体的复兴指明了前进方向、奋斗方向和基本路径，从理论和实践方面系统回答了“新时代坚持和发展什么样的中国特色社会主义”“怎样坚持和发展中国特色社会主义”等重要理论问题。全面学习和深刻理解习近平新时代中国特色社会主义思想，有助于在校大学生把思想统一到全面深化改革、推进科技创新、发展共享经济、建设美丽中国、“一带一路”建设等新时代中国特色社会主义事业上来，增进大学生对中国特色社会主义制度和体制、机制的政治认同，准确认识和把握新时代中国特色社会主义事业建设的发展目标、主要矛盾、战略布局、基本要求等；同时，也能帮助他们弘扬热爱祖国、热爱集体、锐意进取、勤奋劳动、扎根人民、乐于奉献、勇于创新、共享共建的中华民族精神，按照新时代中华民族共同体的现实发展和未来趋向规划自己的人生，为实现中华民族伟大复兴中国梦而不懈奋斗。

2. 马克思主义“七观”教育。马克思主义教育是指马克思主义的世界观、人生观、价值观、国家观、民族观、文化观和宗教观教育，统称马克思主义“七观”教育。马克思主义“七观”教育是高校深化马克思主义理论教育，夯实在校大学生对马克思主义信仰，用正确的价值观念指导实践行为的重要培育内容。马克思主义世界观、人生观、价值观是站在唯物主义和辩证法、唯物主义自然观和唯物主义历史观的基础上，正确揭示自然、社会、个人和思维发展的普遍规律，是有史以来最科学、最进步、最强大的认识世界改造世界的思想武器。马克思主义国家观、民族观、文化观和宗教观是用马克思主义的立场、观点、方法正确看待及科学分析国家、民族、文化和宗教等问题，是中国共产党解决国家、社会、民族宗教和文化交融等问题的思想纲领和行动指南。马克思主义"七观"教育是大学生铸牢中华民族共同体意识的先导内容，为其对中华民族共同体意识的理解和把握提供了价值动力和理论基础，是强化他们马克思主义信仰，树立正确思想价值取向的导入环节。因此，铸牢在校大学生中华民族共同体意识必须以马克思主义"七观"教育为先导内容。

（三）核心内容是大学生铸牢中华民族共同体意识的焦点主旨

1."四个自信"教育。在庆祝中国共产党成立95周年大会上，习近平总书记首次明确提出，"全党要坚定道路自信、理论自信、制度自信、文化自信"。[①]"四个自信"的重要论述，创造性地拓展了党的十八大提出的中国特色社会主义"三个自信"，凸显了中国特色社会主义的文化根基、文化本质和文化理想，标志着我们党对中国特色社会主义有了更加明确的文化建构。道路自信是对发展方向和未来命运的自信，坚持道路自信，就是要求全党和全国各族人民坚定"中国特色社会主义道路是实现社会主义现代化的必由之路，是创造人民美好生活的必由之路"的信念；理论自信是对中国特色社会主义理论体系的科学性、真理性、正确性的自信，坚持理论自信就是要求全党和全国各族人民坚定对马克思

① 习近平:《在庆祝中国共产党成立95周年大会上的讲话》，北京：人民出版社，2016年，第12页。

主义基本理论、中国特色社会主义理论体系的正确性、真理性的信念；制度自信是对中国特色社会主义制度具有制度优势的自信，近代以来的历史反复证明，中国特色社会主义制度是最适合中国现代化建设需要、保证各项事业顺利开展的制度体系；文化自信是对中国特色社会主义文化先进性的自信，坚持文化自信就是要激发全党和全国各族人民对中华优秀传统文化、中国革命文化、中国特色社会主义先进文化的自豪感、自强志、自尊心，也是对上述文化的认同与尊崇，通过创造性转化和创新性发展，以坚定对党领导人民建设社会主义文化强国的自信心。“四个自信”凝练于中国革命、建设和中国特色社会改革的全过程，内容体系完整且紧密，是既相对独立，又相辅相成的有机统一体。“四个自信”教育与铸牢在校大学生中华民族共同体意识具有高度一致的目标性和契合性，是促进他们牢固树立中国特色社会主义主流意识形态的核心内容。因此，对其开展“四个自信”教育，提升他们以历史文化记忆为源点的政治认同能力、以国史国情认同为核心的意识形态主阵地掌控能力，以充实铸牢在校大学生中华民族共同体意识的内涵质量。与此同时，帮助他们找准人生的判定标准和奋斗方向，树立起其对中华民族共同体的崇高理想和信念，增强他们的历史使命感和社会责任感，努力形成其抵御错误思潮侵袭的能力。在全方位铸牢在校大学生中华民族共同体意识的过程中，营造充满正向能量的人才培养环境，提升他们的国家认同、民族认同和社会认同的程度，为社会稳定与发展注入全面智力支撑和核心思想保障。

2.“五个认同”教育。回顾中国近现代史，可以总结出两个决定命运前途的真理：其一，“历史已经并将继续证明，没有中国共产党的领导，民族复兴必然是空想”。[①]其二，“只有社会主义才能救中国，只有中国特色社会主义才能发展中国”。[②]换言之，中华民族共同体只有在中国共产党的领导下，坚持走中国特色社会主义道路，才能实现中华民族的伟大复兴，这是历史发展的必然。习近平总书记在第六次中央西藏工作座谈会上指出：“不断增进各族群众对伟大祖国、中华民族、中华文化、中国共产党、中国特色社会主义的认同。”[③]铸牢中华民族共同体意识是实现中华民族伟大复兴的必要条件，“五个认同”准确和完整地概括出中华民族共同体意识应具备的政治认同和政治意识，其理论内涵构成中华民族共同体意识的基本要素。中华民族共同体意识与“五个认同”构成辩证统一关系。对伟大祖国、中华民族、中华文化、中国共产党、中国特色社会主义的认同，是共同体成员对统一的前途和一致命运的自觉自知性意识，是共同体经历长期的社会实践而形成的集体认同，是迄今为止最深刻的中华民族共同体自觉自知意识的内核表述。因此，只有厘清“五个认同”的理论内涵，把“五个认同”教育作为铸牢在校大学生中华民族共同体意识的核心内容，中华民族共同体意识的理论内容才能转化为一般性、普遍性的知识，被他们理解、接受和认可，能够激起其实现国家富强、民族振兴、文化繁盛的中华民族意识。同时“五个认同”教育为他们提供了现实的团结奋斗目标，使其自觉担负起个人对中华民

① 习近平：《决胜全面建成小康社会　夺取新时代中国特色社会主义伟大胜利》，载《十九大报告辅导读本》，北京：人民出版社，2017年，第16页。

② 习近平：《紧紧围绕坚持和发展中国特色社会主义　学习宣传贯彻党的十八大精神》，载《十八大报告辅导读本》，北京：人民出版社，2012年，第44页。

③ 习近平：《习近平关于全面建成小康社会论述摘编》，北京：中央文献出版社，2016年，第99页。

族共同体所应承担的政治责任和政治义务，使他们把祖国的尊严、中华民族的根本利益视为最崇高的价值认同。

3. 社会主义核心价值观教育。党的十九大报告强调“要以培养担当民族复兴大任的时代新人为着眼点，强化教育引导、实践养成、制度保障，发挥社会主义核心价值观对国民教育、精神文明创建、精神文化产品创作生产传播的引领作用，把社会主义核心价值观融入社会发展各方面，转化为人们的情感认同和行为习惯”。[①] 社会主义核心价值观反映了社会主义核心价值体系的丰富内涵和实践要求，是构筑新时代中华民族共同体意识的重要基础，并引导和规范着国家建设、社会发展及个人活动的价值实践。因此，铸牢在校大学生中华民族共同体意识，凝聚教育对象的价值信念，为他们的行动与实践提供价值指引和思想支撑，必须进行规范化、体系化的理念信念教育，把社会主义核心价值观真正落在实处，为发展强国奠定坚实的人才基础。社会主义核心价值观包含三个层面，富强、民主、文明、和谐是国家层面的价值目标，自由、平等、公正、法治是社会层面的价值取向，爱国、敬业、诚信、友善是公民个人层面的价值准则。在对在校大学生社会主义核心价值观教育过程中，国家层面的价值目标是激起他们热爱祖国、热爱人民，把祖国和人民的荣辱看成个人的荣辱，把祖国和人民的强盛看作自己的强盛，切实与祖国的利益同在；社会层面的价值取向能够使他们自觉维护社会正义、遵守国家法律，形成正确的自由观、公正观、法治观和平等观；个人层面的价值准则能够使他们在社会生活中爱岗敬业、勤恳劳动、诚实守信、友

① 习近平：《决胜全面建成小康社会　夺取新时代中国特色社会主义伟大胜利——在中国共产党第十九次全国代表大会上的报告》，北京：人民出版社，2017年，第42页。

善待人，自觉担负起个人对国家所应承担的政治责任和法定义务。同时，尊老爱幼、乐于奉献、团结互助、崇德尚义等基本道德价值观念，能引导他们摒弃个人主义、利己主义和功利主义的价值取向，自觉地把个人合法利益和中华民族共同体利益协调统一起来。通过对在校大学生阐释社会主义核心价值观的价值追求，能够促进其更深刻地认知中国共产党实现最广大人民群众根本利益的政治立场、观点和全心全意为人民服务的宗旨，帮助他们形成中华民族共同体意识理念，树立为人民服务、团结互助、共建美丽家园的精神追求。

4. 爱国主义教育。爱国是民族精神的脊梁，是共同体成员在长期的日益频繁的交往交流交融中，在血与火的近代史历练中产生的心态与情怀。这种情绪是隐性的，潜藏于对国家认同的理论认知之下，通过危害国家和民族政治、经济、社会安全的事件爆发。爱国主义教育关乎国家和民族的安全稳定和发展繁荣，是铸牢中华民族共同体意识教育不可缺少的一环。爱国主义教育是指在学生中树立热爱祖国并为之献身的思想教育，是提高全民族整体政治素质的基础性工程，是引导各民族特别是广大青少年树立正确理想、信念、人生观、价值观，促进中华民族伟大复兴的重要工作。爱国主义教育是大学生铸牢中华民族共同体意识的核心内容，其特点是：艰苦奋斗、辛勤劳动，不断丰富和发展中华民族的物质与精神文化财富；反对民族分裂和国家分裂，维护各民族的联合、团结和国家的统一；在外敌入侵面前，团结对外，英勇抵抗，维护国家的主权和中华民族独立；同一切阻碍历史发展和社会进步的势力与制度进行斗争，推动祖国的繁荣和进步。在新时代，爱国主义的本质就是坚持爱国和爱党、爱社会主义高度统一。爱国主义始终围绕着实现国家强盛、民族富强、人民幸福的主题，与中华民族共同体的命运密切不可分割。在实现中华民族伟大复兴中国梦的进程中，爱国主义是共同体成员共同的思想基础，是引导共同体成员立志为建设新时代强国不懈奋斗的精神食粮。厚植爱国主义情怀和培养奋斗精神是高等教育提升质效的有效路径，它是鲜活的、真实的，是具有勃勃生机与旺盛活力的，这是新时代铸牢中华民族共同体意识教育最重要的体现。在实际教育教学过程中，要培育教育对象坚定理想信念，锻造过硬本领，关心祖国前途和命运的爱国主义教育，能够促进其坚定对中华民族伟大复兴的自信心。杜绝社会价值多元化带来的思想对立和认知混乱，化解教育对象思想上的困惑，消除他们对中华民族共同体意识的冷漠和焦虑情绪。引导教育对象把个人合法利益纳入中华民族共同体利益之中，树立远大的人生抱负，坚定理想信念，切实增强责任感。培育他们宽容大度和积极进取的心态，把个人理想融入共同体进步事业之中，树立为祖国、为中华民族勇于献身的精神，使大学生在个人合法利益的实现过程中，为实现中华民族共同体的共同利益，为社会发展贡献力量。

5. 中华优秀文化教育。党的十九大报告强调“推动中华优秀传统文化创造性转化、创新性发展，继承革命文化，发展社会主义先进文化”。[①] 中华优秀文化是各民族共有文化的有机统一体，其主体是以符合时代发展、民族复兴要求为主要内容的中华优秀传统文化、以中国共产党团结带领各族群众争取民族独立和国家解放中形成的革命文化以及新中国建设和改革开放中形成的社会

① 习近平：《决胜全面建成小康社会　夺取新时代中国特色社会主义伟大胜利——在中国共产党第十九次全国代表大会上的报告》，北京：人民出版社，2017 年，第 23 页。

主义先进文化。中华优秀文化延展于文化构成的多元一体性，是共同体成员明确生活体系的展现，作为共同体存在的内涵表征，揭示了各民族文化共生的相互影响和文化内核价值意蕴的涵养，是文化共同体形成的基础。中华优秀文化依托于中华民族不断繁荣发展的社会实践，是中华民族共同体稳定、智慧和力量的精神源泉。习近平总书记指出："加强中华民族大团结，长远和根本的是增强文化认同。"[①]在铸牢在校大学生中华民族共同体意识的长效机制中，传承和弘扬中华优秀文化有助于他们文化素质的培养和道德品质的提升，赋予其意义世界和价值世界。首先，在文化多元化、民族交融日益深入的时代背景下，中华优秀文化有着先天的民族文化认同功能。作为中华民族共同体意识的精神之源，其所蕴含的民族心理、民族品格、民族思维和民族气质能够促进在校大学生形成集体意识或共同意识，以相互贡献的文化共化唤醒他们心中对共同体的情感体验。其次，多元一体的民族结构和文化结构推动共同体成员在长期的发展过程中，形成了集文化和政治于一体的实体范畴认知。以"天人合一""天下一统""家国天下""以民为本""知行合一""经世致用"为主要内容的中国古代国家观、政治观、人生观、道德观、实践观等，体现了中华民族爱国如家、精忠报国、自强不息、勤俭耐劳、修齐治平、见贤思齐、仁者爱人、贵和持中、厚德载物的思维方式和认知意识。这既是近百年来中国和西方列强对抗中的价值诠释和层次连接，又是大学生铸牢中华民族共同体意识的重要思想道德资源。最后，红色革命文化和社会主义先进文化赋予了中华优秀文化不朽的生命力

---

① 习近平：《习近平关于社会主义政治建设论述摘编》，北京：中央文献出版社，2017年，第157页。

和不竭动力，拓展了中华优秀文化教育的内涵和资源，有助于解决部分在校大学生理想缺失、精神迷失、道德失范等问题。通过弘扬中华优秀传统文化，唤醒他们对中华民族文化的自信心和自豪感；通过弘扬红色革命文化，激发其对中华民族共同历史命运的体认；通过弘扬社会主义先进文化，塑造他们新时代的文化传承和创新理念。强化他们对中华优秀文化的认同，将文化认同融入其感性意识和感性行为中，激发出他们内心深处的共鸣感，提升他们对中华民族共同体意识的认知兴趣和认同共识，从而培养社会主义事业的合格建设者和可靠接班人。

（四）重点内容是大学生铸牢中华民族共同体意识的核心要点

1. 习近平新时代中国特色社会主义思想教育。在全球性问题加剧、局部冲突和动荡频发的环境下，中国特色社会主义在承前启后、守正创新中进入了新时代。基于时代变化和发展要求，以习近平同志为核心的党中央逆势而上，以鲜明的问题意识为导向，在继往开来中不断拓展和丰富着对全面建设社会主义现代化国家的实践和探索。党的十九大报告明确提出“推动新时代中国特色社会主义思想深入人心”的任务。习近平新时代中国特色社会主义思想从党的伟大使命和中华民族伟大复兴的高度，阐述了实现中华民族伟大复兴与坚持和发展中国特色社会主义一体性的战略布局，它服务于中华民族伟大复兴的战略全局，根植于中国大地，又在系统性、整体性和协同性中深化改革和继续推进，是科学社会主义和中国具体实际相结合的伟大实践，是反映中国人民意愿的中国模式，是实现中华民族伟大复兴的必由之路。习近平同志将坚持和发展中国特色社会主义与中国梦思想相贯通，精准研判，科学分析，从世情、国情、党情的总体视域，赋予了中国共产党伟大的历史使命，为中国特色社会主义理论创新、实践创新和制度创新注入了新的科学内涵。习近平新时代中国特色社会主义思想是马克思主义中国化的最新成果，“铸牢中华民族共同体意识”是新时代中国民族研究与民族工作的新要求、新任务、新思路，是习近平新时代中国特色社会主义思想的重要内容之一。当前，新时代的高校思想政治教育工作需要以习近平新时代中国特色社会主义思想为根本指导，确保在校大学生不走“歪路”，不走“错路”，不走“邪路”，不走“歧路”，以历史发展和现实基础为参照，夯实教育对象实现中华民族伟大复兴的决心和信心，真正贯彻落实党和国家教育兴国、教育强国的大政方针，做好新时代的立德树人工作。因此，大学生铸牢中华民族共同体意识，需要以习近平新时代中国特色社会主义思想为思想指南和重点内容，这是保持和发扬中华民族共同体与时俱进的理论品格和勇于推进教育教学实践创新的本质要求。新时代条件下推动习近平新时代中国特色社会主义思想这一主流意识形态的情感共通、价值共意，就要学习和领会其思想精义，把握和理解其时代特征，帮助他们顺利实现观念内化、行为外化与实践转化，用习近平新时代中国特色社会主义思想实现在校大学生的新期待，使其深刻认识中国特色社会主义道路的历史必然性，帮助他们养成理论思考习惯，增强他们分析和解决各种现实问题的能力，真正做到学思结合、研用融合、知行合一。铸牢在校大学生中华民族共同体意识，激发大学生内生动力，更应增强时代感，在他们中具体落实学习任务，统筹和整合教育教学资源以凝聚大学生、组织大学生、吸引大学生和服务大学生，为铸牢中华民族共同体意识提供思想活力和发展动力。

2. 理想信念教育。习近平总书记指出，理想信念是精神上的“钙”。理想信念对人的精神世界的形成具有引领和支撑作用，没有理想信念或理想信念不坚定，精神上就会得“软骨病”。坚定在校大学生对马克思主义的政治信仰，铸牢在校大学生中华民族共同体意识，必须对大学生进行理想信念教育。当今世界正处于深刻变化之中，同时也处于一个高度开放和流动进程之中。西方世界形形色色的意识形态价值观充斥在社会生活的各个领域，严重干扰了大学生主流意识形态教育，制约中华民族共同体意识培育工作的顺利开展，给祖国统一、民族团结的局面带来安全隐患。“为谁培养人”是高校党委在价值多元背景下，强化正确的政治信仰必须面对的问题。生活决定意识，在日常的教育教学中需要培育教育对象拥有坚定理想、加强自我修养的信念，只有理想远大、信念坚定，珍惜时代机遇，勇于攻坚克难，把个人理想追求融入国家发展之中，自觉抵制极端享乐、拜金等错误思想，才能在价值多元的“百花丛”中坚持马克思主义政治信仰，坚守中华民族共同体的价值本位，才能确保在校大学生在思想观念方面始终树立共产主义的远大理想，使其成为新时代中国特色社会主义的合格新人。习近平总书记指出：“中国梦是全国各族人民的共同理想，也是青年一代应该牢固树立的远大理想。中国特色社会主义是我们党带领人民历经千辛万苦找到的实现中国梦的正确道路，也是广大青年应该牢固确立的人生信念。”[①]因此，大学生需要以加强理想信念教育为重点内容。首先，需要开展对中国共产党的信念教

① 习近平：《习近平谈治国理政》，北京：外文出版社，2014年，第50页。

育。历史和事实无数次地印证，只有共产党才能救中国。要使其认同中国共产党的领导，就要使其深刻明晰中国共产党何以成为中国历史和中国人民的正确选择、何以成为中华民族优秀传统的继承者和时代精神的创造者。同时，让他们准确把握中国共产党的历史和现实的基本情况，坚定他们对中国共产党领导、执政能力的信念，使其心悦诚服地践行党的方针政策，不断为实现中华民族伟大复兴贡献力量。其次，需要开展中国梦教育。党的十八大以来，以习近平同志为核心的党中央重新认识中国与世界关系的新变化，站在新时代人类发展的高度，把握人类历史发展大势，提出中国梦的伟大构想。对在校大学生进行中国梦教育，旨在使其认识到走中国道路，是共同体成员利益最大化的正确选择，是中华民族实现伟大复兴中国梦的唯一正确选择。总之，开展理想信念教育能激发在校大学生的爱国主义热情，同时扭转其理想价值取向的私人化倾向，培养他们团结奋进的思想意志和崇高的历史使命感，从而铸牢在校大学生中华民族共同体意识。

3. 中华民族共同体意识本体理论教育。中华民族共同体意识本体理论教育是重点内容，是可以被称为集体意识或共同意识的内核价值意蕴。只有对中华民族共同体意识形成全面深刻的认识和理解，才能够将其理论认知、个人意志信念、情感认同与日常实践统一起来，才能符合他们“认知—认同—践行”的思维逻辑轨迹和认识发展规律，最终铸牢中华民族共同体意识。

对在校大学生进行中华民族共同体意识本体理论教育主要包含四个方面：

第一，中华民族共同体发展史教育。共同体是由价值观联结的持久组织。中国拥有五千多年的辉煌历史，漫长的历史岁月，催生出各民族共同的价值取向和利益诉求，并以相互影响、相互贡献的形式凝结为稳定的、真正意义上的共同体。中华民族共同体是建构的民族，其起源于共同体成员对共同的族性族体认知，形成发展于共同体成员兼收并蓄、美美与共的价值共识中，凝聚着多元族群的价值共享，在中国近代被奴役、被压迫的锻造下迸发出光芒。长期以来，中华民族以一种自在状态存在于中国社会历史和文化当中，并在近现代反对西方列强侵略奴役过程中逐渐自觉和发展。中华民族共同体意识是共同体的共同价值体认，积淀于共同体数千年的文明进程，自觉于近代中华民族抗击资本—帝国主义入侵的过程中，锤炼于中国共产党领导中华民族的革命和现代化建设实践中，强化于新时代中国特色社会主义道路上。新时代赋予了中华民族共同体意识更深刻、更深远、更全面、更深厚和更强烈的群体一致性。对在校大学生进行中华民族共同体发展史教育，使他们在了解中华民族共同体“生成—自在—自觉—发展—勃兴”的过程中追本溯源，古为今用，从而产生对中华民族共同体意识的意志信念和情感认同，升华其精神世界，点亮其思想世界。

第二，中华民族共同体意识的内涵属性教育。在推翻“三座大山”压迫时期、新中国成立初期、改革开放期和中国特色社会主义新时代，中华民族共同体意识的内涵属性在不同的时代不断发展。就多民族社会而言，在历史与现实的连接中，中华民族形塑的精神，凝聚着多元族群的价值共享，并以文化传承的形式引领民族国家价值诉求的社会表达。审视民族的价值关系，共同体成员价值行为的认知和选择不仅反映共同体成员需求发展状况，还包括对社会化进程评价的判别，延展于共同体成员的社会关系中。中华民族共同体意识是兼具稳定性、持久性的价值系统，借助言语、仪式、习俗等传统教化激发民族成员在价值系统释义的践行中，通过生活目标与行为模式的彰显刻写一种群体的推崇。

第三，铸牢中华民族共同体意识的结构功能教育。民族群体共同思想特质的价值体系符合客观法则的决策系统，即生活目标、行为模式等信念群内蕴历史性、选择性与主观性，既包含客观事物对共同体的投射，也反映共同体成员行为导向的释义，构成了民族共同体的关系论域。对铸牢体系各主体之间关系与关联的把握，使在校大学生充分了解中华民族共同体意识的核心内涵、理论价值、思维方式和道德理念。同时在全面认识铸牢中华民族共同体意识的整体性和层次性结构的基础上，积极引导他们认知中华民族共同体意识的导向、激励、凝心、聚力等功能。

第四，铸牢中华民族共同体意识的现实价值和实践路径教育。应通过学习和教育，使在校大学生充分理解铸牢中华民族共同体意识对中国社会发展和实现自我价值的意义，使其自觉探索实现中华民族伟大复兴的实践路径。该实践教育需要以校园活动、社会实践为载体，运用各学科、各专业、各课程的思政化教育教学机制，开展课堂实践教学、校园实践活动和社会实践教育等。在具体操作环节方面，可以直接以实践活动为基础，以学生亲身体验为特征，旨在帮助他们将中华民族共同体意识的思想观念、价值观念、道德标准、思维方式等外化为实际行动。一方面使实践教育的情理结构符合其心理结构特点，充分遵循情感体验和精神体悟的规律；另一方面让他们充分体验到铸牢中华民族共同体意识之于其个人成长成才的效用。

4. 马克思主义民族理论和党的民族政策教育。铸牢中华民族共同体意识，开辟了中国特色解决民族问题的正确道路，是新时代民族工作领域的重大理论创新。从根本上说，铸牢中华民族共同体意识，推进多元族群频繁密切的交往互动，形塑着民族关系的发展态势。“历史—现实—未来”的衔接，关键在于用中华民族团结进步的优势与特征，揭示铸牢中华民族共同体意识的重要性、迫切性、必然性和时代性，强化其吸引力、感召力和说服力。马克思曾经指出：“理论只要说服人，就能掌握群众；而理论只要彻底，就能说服人。所谓彻底，就是抓住事物的根本。”[①] 在新时代，铸牢中华民族共同体意识与马克思主义的民族理论和党的民族政策目标契合、联系紧密、培育向度一致，实现了价值共生。马克思主义民族理论和党的民族政策不断创新发展，关涉民族生存的范式和奋斗目标，指向共同体存在的价值诠释，是逻辑清晰、系统完整、结构严密的科学理论体系。在具体实践中，马克思主义民族理论和党的民族政策与铸牢中华民族共同体意识在相互循环建构的场域内，共同引导在校大学生树立正确的民族观，并拓展了相关教育教学与共同体认同归属的共鸣。马克思主义民族理论和党的民族政策与铸牢中华民族共同体意识教育相结合，更强化了实现中华民族复兴的旨归和责任担当。因此，以马克思主义民族理论和党的民族政策教育为重点内容，使他们了解中国共产党的民族工作成就，掌握马克思主义民族理论与党的民族政策，进而增强其对实现中华民族伟大复兴的切身感受和坚定信心。

5. 民族团结进步教育。对于正在走向民族复兴的中华民族共同体而言，民族团结进步既是族际关系的理想状态，又是民族工

① 《马克思恩格斯选集》第一卷，北京：人民出版社，1972 年，第 9 页。

作追求的目标，决定着国家稳定和发展。习近平总书记在党的十九大报告中指出："全面贯彻党的民族政策，深化民族团结进步教育，铸牢中华民族共同体意识，加强各民族交往交流交融，促进各民族像石榴籽一样紧紧抱在一起，共同团结奋斗、共同繁荣发展。"[①] 上述观点与铸牢中华民族共同体意识一脉相承，也源于现实环境的客观需求，并与复杂多变的国际形势、社会时代变革和民族工作实际息息相关。我国是中国共产党领导下的统一的多民族国家，维护国家统一和民族团结，保障人民安居乐业，离不开高度珍视团结统一的民族精神和价值追求。把握历史和现实交互的双重维度，从内在逻辑厘清民族团结的内涵，演绎族际互动的实践图景，是铸牢在校大学生中华民族共同体意识最有效的方式。因此，需要通盘谋划，精准发力，形塑各民族对共同体价值的认识。首先，通过民族团结进步教育纠偏导正，正本清源，解除他们的思想困惑，进而围绕存续立意、发展向度、理想愿景、奋斗目标等统一其思想，助力于铸牢中华民族共同体意识。在强化马克思主义主流意识形态教育的同时，抵御境内外反华势力的渗透和错误思想侵蚀，并引领民族团结进步事业的纵向深化和横向发展。其次，学习研究新时代民族团结进步思想，有助于进一步巩固和深化在校大学生对中华民族共同体的认同，切实增强其对中华民族共同体意识的认知，在凝聚人心、汇聚力量的基础上，全面推进在校大学生的交往交流交融。

6. 各民族交往交流交融教育。各民族交往交流交融教育是重点内容，也是党和国家的政策导向、行动导向。而大学生铸牢中

---

① 习近平:《决胜全面建成小康社会 夺取新时代中国特色社会主义伟大胜利——在中国共产党第十九次全国代表大会上的报告》，载《人民日报》2017 年 10 月 18 日，第 1 版。

华民族共同体意识离不开此项培育。尽管二者各有侧重，但在整个逻辑链条中，前者是后者的一种外在状态，而后者则是前者的内在支撑，它们有着紧密的逻辑关联，并非彼此孤立的状态。

具体而言，主要包含三个方面：

第一，中华民族多元一体格局教育。让在校大学生了解“共建—共担—共享”的价值诠释，借助文化统摄对共同体意识内涵的确认。通过对“我国是统一的多民族国家”这一基本国情的把握，让他们明晰民族交往交流交融的根本目标，并在遵循历史发展规律的基础上，使其全面认同多元凝聚一体的格局，为巩固和发展社会主义族际关系奠定思想认知基础。

第二，中华民族整体性的功能定位教育。通过强化整体性的功能定位教育，连接价值共意系统中的整体之轴。一方面有助于构建民族交融团结的良好校园氛围，使在校大学生将各民族学生交往互动、相互学习借鉴视为常态；另一方面有助于驳斥各民族大学生之间片面强调“分”而排斥“合”的错误观点、改变强调民族个性和特性而否定一体性和整体性的错误认知心态。

第三，中华民族复兴路径选择的教育。在新时代，广泛的人口频繁流动和“面对面”式民族交往交流交融已经成为一种社会普遍现象。对在校大学生进行中华民族复兴路径选择的教育，可以让他们充分了解民族间交往交流交融是各民族共同团结奋斗、共同繁荣发展的时代需求，其超越了一般民族间的界限，是中华民族伟大复兴必然选择的路径。

总之，多元族群频繁密切的交往互动教育是铸牢中华民族共同体意识最现实的途径。让其通过交往缩短心理距离，通过交往化解隔阂矛盾，通过交流破除猜忌埋怨，用交流赢得欣赏，最终达到全方位的交融，铸牢在校大学生中华民族共同体意识，为民族关系的发展态势规划路线、规范着力点。

（五）拓展内容是大学生铸牢中华民族共同体意识的比较教育

中华民族共同体意识在其形成和发展的历史进程中，不断与世界民族文化元素交织，体现出独特的中国气韵。因此，铸牢在校大学生中华民族共同体意识，离不开与世界其他国家的意识形态体系进行对比与参照、借鉴与吸收。首先，教育在校大学生树立一种尊重开放、兼容并蓄的正确文化态度，明确作为中华民族成员应有的独特精神世界，坚守自身的国家公民、民族成员身份。其次，使在校大学生了解其他国家的意识形态体系在历史渊源、本质内涵等方面的异同，在取其精华去其糟粕的基础上，洋为中用。同时，通过彼此对比，明晰中华民族共同体意识的突出优势和适用性、发展性及完整性。最后，不断增强在校大学生的自豪感和自信心，使他们明白中华民族共同体正在以前所未有的姿态昂扬前行，屹立于世界民族之林。

第三节 大学生铸牢中华民族共同体意识的环境氛围

古代思想家荀子说："蓬生麻中，不扶自直，白沙在涅，与之俱黑。……故君子居必择乡，游必就士，所以防邪僻而求中正也。"[①]这段意思是说蓬草长在麻地里，不用扶持也能挺立住，白沙混进了黑土里，就再不能变白了。兰槐的根叫香艾，一但浸入臭

① 《四部丛刊 / 初编 / 经部 / 孟子》卷第六，（汉）赵岐注，景清内府藏宋刊大字本，第18页。

水里，君子下人都会避之不及，不是艾本身不香，而是被浸泡臭了。……所以君子居住要选择好的环境，交友要选择有道德的人，才能够防微杜渐保其言行中庸正直。这说明外部效应越良性和积极，自身优秀品格就越容易培育，反之外部效应越恶性和消极，就会对个人发展形成阻碍。由此可见，教育环境对教育的有效性意义非凡。大学生铸牢中华民族共同体意识的生态环境，是在校大学生对中华民族共同体意识认知认同及其践行的环境氛围状态，体现在人与社会以及自身的相互关系和相互作用之中，并构成环境功能影响方式的有机体系。铸牢在校大学生中华民族共同体意识是一个渐进式的发展过程，学校、社会、家庭等是必要因素。良好的教育环境应该是各环境系统的有机整合，并发挥强化、导向、感染等正向功能。而思想混乱嘈杂、负面信息泛滥的教育环境，会对在校大学生造成一定程度的干扰和冲击，对中华民族共同体意识的认知认同带来负面影响。因此，铸牢在校大学生中华民族共同体意识，需要抵制负面环境的滋扰，营造良好的育人环境和氛围。高校是铸牢在校大学生中华民族共同体意识的主阵地，是大学生从“自然人”向“社会人”转变的练习场。社会是铸牢在校大学生中华民族共同体意识的实践场，是体悟“思想”与“命运”交融的辐射圈。家庭反映着社会，同时又联系着高校，是伴随大学生一路成长的潜移默化的启蒙者。铸牢在校大学生中华民族共同体意识是社会主义现代化强国奠定的基础，需要组织和协调各方面的力量。关注、探究、分析高校、社会和家庭等环境因素的不同影响，促进多方支持、通力合作，并形成整体合力，构建一个潜移默化、润物无声、因时而进的引导辐射群就显得极为重要。这有利于高校、社会、家庭共同关注，从而形成高校充满浓厚的主流意识形态教育氛围，社会呈现和谐互助、共同繁荣的民族和睦气象，家庭体现热爱祖国、拥护中国共产党的家风情操的大好局面，为铸牢中华民族共同体意识打造积极的正向支撑和比较理想的环境。

一、高校的环境育人功能

高校育人环境在大学生铸牢中华民族共同体意识过程中地位显著。高校具有社会所具有的一般特征，是一个小型社会，是铸牢在校大学生中华民族共同体意识育人环境系统中重要的组成部分。该育人环境系统由教书育人的课堂和潜移默化的校园氛围两个方面构成，囊括教师、学生、管理者、后勤服务人员、校园秩序维护人员和基础设施、校园环境、文化氛围、校园网络媒体平台等各种因素。铸牢在校大学生中华民族共同体意识的育人环境系统是一个有机的整体，通过各个因素的共同作用，做到以高校教师为主导，以巩固他们对中华民族共同体意识的理论认知，使其“内化于心”；以学校管理者、后勤服务人员、校园秩序维护人员为辅助，创造良好的民族团结进步、各民族交往交流交融的互嵌式校园学习生活格局，帮助他们夯实中华民族共同体意识的意志信念和情感认同；以提升基础设施、优化校园环境和强化校园网络媒体平台的功能性、人文性、创新性、亲和性为重点，激发他们对中华民族共同体意识的“外化于行”；以在校大学生为主体，全员全过程全方位铸牢在校大学生中华民族共同体意识，达到环境与人的高度协调，提升主流意识形态教育的吸引力，以增强大学生的思政学习兴趣。

（一）优化大学生铸牢中华民族共同体意识的模式

生物学生态系统的结构可分为形态结构和营养结构，大学生铸牢中华民族共同体意识系统中的育人环境建设可以参照生物学生态系统，依形态结构和营养结构划分育人环境的结构形式，建构适用于高校的思政教育模式。通过对育人环境和受教育者的心理变化等形态结构的关注，综合研判在校大学生的思想特点与行为倾向，建构适合高校特点的思政教育模式。通过对铸牢在校大学生中华民族共同体意识整个系统的垂直机构与水平结构的分解，视教育者为生产者，教育内容为“营养结构”，生产者生产并传递“营养”，受教育者消费、分解“营养”，知识理念的传递如同生态系统中密切的物质循环和能量流动。生产者—营养结构—消费者彼此之间紧密结合，既互相联系又互相影响，从而将外界灌输的思想（营养）转化为受教育者的内心认知，引发思想与行动的“知行合一”，促进其有效践行，同时结合形态结构的数据传递，形成更加优化的铸牢中华民族共同体意识的思政教育模式。

另外，潜移默化的校园氛围也是优化铸牢在校大学生中华民族共同体意识教育重要的部分。从高校环境功能的载体来看，可以分为硬环境与软环境等两类。党的教育原则、教育方针、民族政策、教育改革创新和高校的校风校纪、制度规则等属于高校的硬环境，为全面有效领导大学生铸牢中华民族共同体意识工作提供了政治和制度保障。高校的宣传路径、倡导模式等传播机制是引导在校大学生产生正确思想认同和政治信仰的文化软环境。其通过完善宣传模式和宣传方式，有效优化线上线下、多维度、全方位的育人环境，促进在校大学生树立牢固的马克思主义信仰，以营造积极的、正向的、富有活力的、更富吸引力和渲染性的校园氛围。

（二）促进教育者与受教育者之间的能量传递与能量守恒

铸牢在校大学生中华民族共同体意识，犹如一个生态环境系统。在生态系统中，“分解”是生态系统中的一种必经过程，是指有机物质的逐步降解过程。一切生命的存在都离不开能量的流动与转化，“能量流动”是生态系统的基础和重要功能。“分解”和“能量流动”是生物圈得以循环和食物链周而复始的必要环节。同理，铸牢在校大学生中华民族共同体意识也需要教育者—受教育者之间产生教学反应，将教育者施教看作放能，受教育者受教看作贮能，从而引发知识的“能量流动与传递”，在进一步了解和掌握在校大学生思想动态的基础上，有效约束和管理其不良行为。与此同时，结合新时代在校大学生的思想内化特点，通过理论教育、实践教育等“知识传递与分解”过程，加强对受教育者的思想熏陶，形成“教”与“受”的情感共鸣，使双方在铸牢在校大学生中华民族共同体意识系统中得到收获，完成使命。同时，教育者通过相关媒介与方法，将理念与知识传授给受教育者，教育者对受教育者进行的思想熏陶是一种知识能量守恒与知识能量流动，带有双向性。表现为：受教育者接受信息并通过行为倾向呈现对这种信息能量的接受程度，教育者通过了解和掌握受教育者的实际行动，继而再调整能量的传输方式、手段和模式，并加以优化以达到最佳状态。这种知识能量流动的过程也可以被视为一种“知识食物链”，如果缺少这一流动过程，就会对整个系统带来影响，因为一个要素、一个环节的不达标，铸牢在校大学生中华民族共同体意识的整个育人系统都会无法正常运转。因此，需要对教育者和受教育者进行双向约束和管理，以提升教育者的有效教育能力，使其成为学习理论知识的先行者、先进思想的倡导者和中华民族共同体意识的传播者和践行者；同时强化受教育者的正确认知能力、接受能力和自我教育能力，使其成为铸牢中华民族共同体意识的自觉履行者。

（三）提升大学生铸牢中华民族共同体意识的教育效果

提升大学生铸牢中华民族共同体意识的教育效果，发挥高校育人的环境最大功效，就是科学合理地设计和使用教育素材、优化校园育人环境，是其在浓郁的铸牢中华民族共同体意识的环境氛围中塑造政治信仰、凝聚奋斗决心、达成知行合一境界的有效路径。教育者传播的思想观念源自社会需求，对于思维活跃、追逐潮流、崇尚个性的在校大学生来说，汲取大学生铸牢中华民族共同体意识的各类知识营养，主张真理的客观性和行为的能动性，设定外显的内涵、表达的形式，认真挑选提炼出既包括人文景观，也包括特定氛围的教育素材以用于相关思政教育，可以通过建设校园文化基地、红色革命文化传承基地与树立知行合一典型等相结合方式，来提高他们对中华民族共同体意识的理解和认知。同时，借助“谁也离不开谁”的情感共鸣开展教育活动，丰富高校育人环境，营造团结和谐的校园氛围，使受教育者在此环境中将认知内化为自身思想和道德素质，按照教育目标的要求，最大限度提升铸牢在校大学生中华民族共同体意识的教育效果。

总之，新时代赋予高校新变化、新使命和新要求，如何铸牢在校大学生中华民族共同体意识，以新的研究方式构建新的思政教育教学理念，在继承成功教育经验的同时提供创新思路。高校在铸牢在校大学生中华民族共同体意识的系统中承担着非常重要的角色，决定着大学生铸牢中华民族共同体意识工作的成败，我们只有充分掌握高校育人环境的特征及价值功能，拓宽思路，找准抓手，才能在高校良好的育人环境中构建切实可行的大学生铸牢中华民族共同体意识的长效机制。

二、社会的环境功能

社会环境、社会风气、社会价值取向等因素深深影响着在校大学生社会实践积极性、社会管理参与度、社会制度服从性等，对大学生思想品德的形成和发展具有独特的熏陶作用。

1. 社会环境的导向功能。马克思指出："人创造环境，同样，环境也创造人。"[①] 社会环境的导向功能用以维持正常的社会秩序，调整个体之间、个体与群体之间的关系，规定和指导个体或者群体的思想和行为的方向。铸牢在校大学生中华民族共同体意识需要良好的社会环境，以深化他们对中华民族共同体意识的情感认同。同时，发挥好社会环境导向功能对铸牢在校大学生中华民族共同体意识渗透融入具有重要作用。长期以来，西方反华势力和敌对势力从没有放松对我国意识形态领域的渗透。我国在稳定与发展的同时，必须提高警惕，从国家层面、民族层面和个体层面进行民族实存发展向度中的教育，既要推动共同体意识升华至思想的共同追求，又要在全社会积极营造铸牢中华民族共同体意识的良好氛围，还要在与不同思想舆论的较量中争夺话语权，为大学生铸牢中华民族共同体意识提供一个健康和谐的社会环境。

2. 社会环境的整合功能。铸牢中华民族共同体意识的社会环

① 《马克思恩格斯选集》第一卷，北京：人民出版社，1995 年，第 92 页。

境整合就是充分发挥社会环境的整体育人的优势，将社会各方面分散的育人资源整合起来，达到 1+1>2 的目的。马克思强调人们追求自己的利益必须在社会关系中得以实现，因为人的本质是一切社会关系的总和。[①] 因此，大学生铸牢中华民族共同体意识需要充分发挥社会环境的“黏合剂”功能，引导整体社会环境助力于大学生共同体意识认知的提升。在共同体建设的文化阐析中，阐释民族情感、民族规范、民族目标与维护中华民族共同体的共同利益的一致性。同时，通过全面深化民族团结进步创建工作、构建各民族相互嵌入式的社会结构和社区环境，积极营造各民族共居共学共事共乐的社会条件，使铸牢在校大学生中华民族共同体意识有良好的社会环境基础。

3. 社会环境的调节功能。社会环境包含政治环境、经济环境和文化环境三个方面，是一个庞大的体系。政治环境、经济环境和文化环境的调节功能是影响铸牢在校大学生中华民族共同体意识的外部积极因素。首先，狭义的政治环境是指外部的政治形势和国家的方针政策。在特定的社会环境中，政治形势具有一定的政治倾向性，代表着一定政治阶层或阶级的政治利益诉求和政治立场，具有相应的理论形态，并在一定范围内产生社会影响。政治形势是社会政治生活的“晴雨表”，具有隐性调节社会价值趋向的功用。目前，随着中国改革开放进程的深入，政治形势随之发展变化，社会的多样性和价值趋向的多元性直面大学生群体。铸牢在校大学生中华民族共同体意识是一个政治导向突出的系统工程，因此，铸牢在校大学生中华民族共同体意识要帮助他们确

① 《马克思恩格斯文集》第一卷，北京：人民出版社，2009 年，第 885 页。

立对族际互动与多民族国家建构的坚定认同，将政治形势与铸牢中华民族共同体意识教育深入融合，最终塑造出自觉为中华民族共同团结奋斗、共同繁荣发展作贡献的社会主义建设者和接班人。同时，国家的方针政策是政治环境中的显性因子，具有确立、发展和保障主流意识形态的功用。铸牢在校大学生中华民族共同体意识是对国家的方针政策的贯彻施行。其次，对于在校大学生而言，经济环境是直接影响其家庭收入、家庭背景的元素。其实经济环境是一个相对复杂、涵盖较多范畴的名词，社会生产方式是其中最简单、最直接的内容。所谓经济基础决定上层建筑，社会生产方式是把人们联系起来的最初级、最持久的方式。社会生产方式的正常运行也对铸牢中华民族共同体意识产生影响。因此，在民族社会现代转型境遇中，调适并整合共同体成员的利益诉求，给予欠发达地区的民族成员适当合理倾斜，为实现共同富裕创造良好的社会环境。最后，狭义的文化环境包括基本价值、观念、行为和风俗习惯等。铸牢在校大学生中华民族共同体意识系统中的文化环境是重要的育人环境之一。随着科技的日新月异，特别是自媒体和线上交流等方式的出现，信息沟通和人际互动实现了零距离的传播效果。网络成为一个新的文化实践平台，拓宽了在校大学生接受和吸收主流意识形态教育的渠道和方式，既为中华民族共同体意识的传播提供了便利条件，又给西方反华势力和敌对势力的分裂渗透活动带来可乘之机。但网络文化风格迥异，有着自成一体、独具一格、瞬时变换的话语体系，对于懵懂、稚嫩的在校大学生来说，它就是一个色彩斑斓的大染缸。因此，将网络环境转变成主流意识形态教育的新阵地是当务之急。了解在校大学生的网络文化语言，完善大学生铸牢中华民族共同体意识的网络平台，以便于在网络文化中把握他们的思想和行为特点。同时，用人文化、实体化、大众化的表达形式进行网络展示，切实增强网络文化环境的育人功用，让马克思主义在网络阵地中占据主导地位，为大学生铸牢中华民族共同体意识带来理论正能量。

三、家庭的环境育人功能

铸牢在校大学生中华民族共同体意识，离不开与大学生成长、成才息息相关的家庭环境。家庭力量的教育功能是最基本也是最便利的教育方式。家庭的环境教育功能是指家庭在子女教育方面所发挥的作用。其内容受社会性质的制约，不同的社会形态，家庭的功能也不尽相同。在大学生铸牢中华民族共同体意识的整个教育系统中，家庭环境教育功能主要表现为父母以及家庭成员的思想品德、言谈举止、作风习惯对大学生的深刻影响。铸牢在校大学生中华民族共同体意识，作为一种社会活动，必须在一定的社会环境下进行，而家庭环境是直接促进或阻碍在校大学生中华民族共同体意识形成发展的重要因素，对大学生道德品质和行为习惯的培养也具有重要作用。人类是具有高度社会性的群居动物，数字时代加速了人与人之间的信息交流频率，促进人们在基础社会动机系统中建立互动关系。父母以及家庭成员正确的言传身教、正确的以身作则对大学生铸牢中华民族共同体意识能发挥很好的榜样模范作用，是学校思政教育的补充。因此，铸牢在校大学生中华民族共同体意识需要时时开启高校教育与家庭教育互通之门，通过高校教师、班主任、辅导员、思政工作者、心理辅导教师、就业指导教师、宿舍管理员的联动配合，与大学生家长及家庭建立交流交往联系长效机制，全方位全过程掌握在校大学生的思想动态和行为倾向，以增强大学生铸牢中华民族共同体意识教育成效。

第四章

铸牢中华民族共同体意识的内涵、本质、特征和功能

准确把握铸牢中华民族共同体意识的内涵、本质、特征及功能，有利于进一步深刻认识其主客体构成、内容、目标、原则以及必要性等，进而提高教育教学的可行性、针对性和适用性，为长效机制构建做充分准备。

第一节　中华民族共同体意识的内涵

2014年5月第二次中央新疆工作座谈会上，习近平总书记首次提出中华民族共同体意识。[①] 2014年9月在中央民族工作会议上，习近平总书记再次提出，“积极培养中华民族共同体意识”。[②]

---

① 习近平:《坚持依法治疆团结稳疆长期建疆　团结各族人民建设社会主义新疆》，2014年5月30日，http ://jhsjk.people.cn/article/25083518（上网时间：2022年6月4日）。

② 习近平:《中央民族工作会议暨国务院第六次全国民族团结进步表彰大会在北京举行》，2014年9月30日，http : //jhsjk.people.cn/article/25763749 （上网时间：2022年5月24日）。

在第六次中央西藏工作会议中又指出“大力培育中华民族共同体意识”。[①]2017年党的十九大报告明确指出“铸牢中华民族共同体意识”。[②]习近平总书记关于中华民族共同体的论述，凸显了民族与国家的内在关联，中华民族的政治社会依托被定格，由此注定了政治塑造与学理探究已经成为新时代民族研究重要理论指导与民族工作的主线。铸牢中华民族共同体意识亦成为新时代社会与政治两个结构面的良性互动。

在英、法、德文里出现的nation一词，既可以指向国家也可以指代民族，其词根是来源于拉丁文的nationem，意译为人种、种族。民族作为构成国家的重要元素，其价值维度上呈现出的意识形态性，造就了在日常生活中既不可避免又无处不在的“民族思维选择”和“民族情感认同”，所以民族观的形成和发展是民族演进史中不容小觑的核心理念问题。纵观近代以来世界范围内所发生的国家、地区的各种冲突，都很难抹去错误的民族观所引发的社会畸形病态及国家与民族灾难的魅影。中华民族共同体意识正是理性民族精神和正确民族观的典范，其“民族共同体意识”是中华民族共同体自觉情况下的国家所有国民的一体性思维方式。在国内外反华势力千方百计、不择手段、不顾公理企图分化中国的今天，在恶邻环伺共同遏制中国发展进步的今天，只有在全体国民中铸牢中华民族共同体意识，才能有效维护祖国统一和民族团结，为国家健康发展奠定坚实基础。

---

① 习近平：《依法治藏富民兴藏长期建藏》，2015年8月25日，http://jhsjk.people.cn/article/27515886（上网时间：2022年5月24日）。

② 习近平：《决胜全面建成小康社会　夺取新时代中国特色社会主义的伟大胜利——在中国共产党第十九次全国代表大会上的报告》，北京：人民出版社，2017年，第40页。

习近平总书记明确提出："全面贯彻党的民族政策，深化民族团结进步教育，铸牢中华民族共同体意识，加强各民族交往交流交融，促进各民族像石榴籽一样紧紧抱在一起，共同团结奋斗、共同繁荣发展。"[①]铸牢中华民族共同体意识是新时代中国民族工作的主线，也是新时代中国民族研究工作的任务。铸牢中华民族共同体意识，具体包括对中华民族共同体建构的政治认同、身份认同与社会认同，是对中华民族共同体的充分自觉。

马克思认为："意识在任何时候都只能是被意识到了的存在，而人们的存在就是他们的现实生活过程。"[②]"意识"是人类特有的对客观世界的主观反映。民族"意识"也是如此，是民族成员在对客观存在的民族族体属性认知的基础上所呈现的自身察觉与关注程度的总和。在一定历史时期民族"意识"呈现出较为稳定的"时代特征"，往往会打上"时代"的印记。"铸牢中华民族共同体意识"是新时代背景下个体成员与群体成员打开政治民族与政治社会的互动性，依赖于精神共同体的形式结构，敞开政治民族建构的广阔空间以保证国家的存续与发展。

因此，廓清基本内涵及其特质与来龙去脉，全面认知中华民族共同体意识的逻辑前提，以便从理论与实践相互塑造的维度把握现代国家建构的合理性，为铸牢中华民族共同体意识提供必要的学理支撑。

---

① 习近平：《决胜全面建成小康社会　夺取新时代中国特色社会主义的伟大胜利——在中国共产党第十九次全国代表大会上的报告》，北京：人民出版社，2017 年，第 40 页。

② 马克思，恩格斯：《德意志意识形态（节选本）》，北京：人民出版社，2018 年，第 5 页。

一、中华民族共同体的内涵

中华民族共同体是中国历史上多民族在共同条件下通过聚合而形成的群体，具有多元一体的基本特征。多民族共同体形成的过程十分漫长。在长期历史发展中，中华大地疆域范围内的古今各民族经过不断接触、混杂、联结和融合，互相同化，互相影响，逐渐形成事实上的命运共同体。存在决定意识，从民族形成与发展规律来看，先形成民族族体，后形成族称，族称的形成与民族形成相比较具有明显的滞后性。

中华民族共同体是一个复合概念，由“中华民族”和“共同体”两个概念组成。中华民族在中华人民共和国的官方定义是：中华人民共和国境内获得认定的56个民族的统称，也是海外华人的统称。[①]1902年梁启超开创性地将历史悠久的“中华”一词赋予西方传入之义的“民族”，合称“中华民族”，并在《中国学术思想之变迁之大势》一文中加以阐述，“中华民族”一词由此逐渐被中国社会各界广泛接纳并采用。“共同体”是西方学界提出的一个分析性概念，往往指任何形式的聚合群体。德国社会学家斐迪南·滕尼斯指出“共同体本身应该被理解为一种生机勃勃的有机体”[②]，在内部各部分联系密切，相互融通，在外部形成不可分割的整体，从而把共同体与社会相区别。齐格蒙特·鲍曼认为，民族共同体属于高层次的政治组织，是社会中因种族、身份、地位、观念、任务等方面具有共同或相似特征的人群所结成的政治

---

① 百科.https：//baike.so.com/doc/5405274-5643048.html（上网时间：2022年5月26日）。

② 〔德〕斐迪南·滕尼斯：《共同体与社会：纯粹社会学的基本概念》，林荣远译，北京：商务印书馆，1999年，第3–4页。

组织。[①] 随着全球化背景下现代国家建设发展的需要，“共同体”在政治学、民族学、社会学、哲学等学科领域被广泛使用，成为联结国家稳定发展和世界各国合作共赢的重要纽带。在民族共同体框架内，中华民族语境下的共同体，强调族际频繁密切的交往互动和多民族多元一体交融，其突出共同体成员的共同性、一体性、共进性、共荣性，强调中华民族是一个多维度的共同体，各民族处于不可分离的紧密联系和凝聚状态。从这个意义上说，“共同体”是中华民族共同体的中心概念，“中华民族共同体”可理解为以共同体形式生存发展的中华民族，即当前中国 56 个民族形成共同体并依赖共同体而生存发展的基本状态。但中华民族共同体的内涵在新时代具有特定含义和意义，涵盖了包括港澳台同胞在内的中华儿女命运与共的特殊关系，包括政治共同体、经济共同体、文化共同体、心理共同体、利益共同体等不同类型和多种维度。这既表明了构成中华民族的56个民族元素的存在方式和状态，又强调了民族共同体的共同繁荣进步和共同繁荣发展。中华民族共同体突出了共同性和整体性特征。中华民族共同体是对中华民族的发展和深化，共同体成员的历史演进事实却始终围绕着多元族群之间的交往互动。“中华民族共同体”并不是“中华民族 + 共同体”而生成的单纯概念性文字叠加，也不是“中华民族”的重复无意义表达。从概念功能上讲，“中华民族共同体”类似一种函数，具有函数意义上的统一性、综合性特征，是具备多维度、立体化、上下位特征的层次化民族群体，是中华民族最广泛利益和最优化生存发展功能集合后形成的“共同体”。中华民族不是中国

① 〔英〕齐格蒙特·鲍曼:《共同体：在一个不确定的世界中寻找安全》，欧阳景根译，南京：江苏人民出版社，2003 年。

各民族的无序机械叠加，而是内部各民族交融互嵌，外部统一团结的民族群体。“中华民族共同体”全面包容了共同体成员的差异性和共同性，以“有机体”的形式塑造出共同体的整体构架，促进共同文化和意识的发展，丰富了民族共同体的内容，映射出共同体成员的共同历史命运、共同政治诉求、共同经济利益、共同文化基础、共同未来憧憬的诸多“共同性”。

中华民族共同体的内涵具有四重维度，由共同体成员客观存在的共同历史记忆、共同政治认同、共同文化底蕴及共同情感意识构成。中华民族共同体的外延则指向中华民族是建立在共同历史溯源、共同价值需求、共同未来憧憬之上的民族亲缘体和有机体，并以不同的“共同体”形式，诸如政治共同体、命运共同体、文化共同体、利益共同体等呈现出的民族群体。

二、中华民族共同体意识的内涵

意识是客观事物投射到人的大脑后所形成的主观映像，人脑的反映形式即意识。意识是自然界长期发展的产物，是社会存在的产物。意识在广义上是指赋予现实的总体在个人主观心理因素的作用下表现为知、情、意三者统一的现象。[①] 中华民族共同体意识是共同体成员对客观存在的中华民族“共同体”的既有感知、认识在头脑中的系统反映，从而转化形成共同体成员共有的“共同体思维”“共同体共识”“共同体情感”，最终表现为对该“共同体”的认同、归属及依存的现象。

“中华民族”这个概念的提出，是中国知识分子在自我意识的

① 百科 . https：//baike.so.com/doc/5399166-5636652.html （上网时间：2022 年 5 月 26 日）。

觉醒与反思过程中，在1840年鸦片战争以来的屡次民族危亡中，重新审视中国人作为群体的基本特征而提出的，实际上是以中国人的团结一致来战胜帝国主义船坚炮利，通过民族救亡来彻底改变中国被侵略、中国人被奴役的状态。中华民族自始即是多元的结合，中华民族沿着“多元结合”“诸夏一体”的途径，经几千年的发展，融合成为坚强稳固的世界第一大民族。[①] 这一概念既立足于统一多民族国家的基本现实，又体现了民族“意识”对客观实际和客观规律的反映。此后，在反帝反封建挽救民族危亡的历史阶段中，“五族合一”“五族共和”“民族熔炉论”等思考探索和思想论战相继出现。直到费孝通先生提出“中华民族”作为一个民族整体经历了从“自在”到“自觉”的认识过程，“中华民族多元一体格局”[②] 等论述，将中华民族的整体性与各民族的差异性统一于一整体后，才基本形成了一个全面如实反映历史与现实的“中华民族观”。习近平总书记首次提出“中华民族是一个命运共同体，一荣俱荣，一损俱损”[③] 的观点。于是，在漫长的历史形塑中，共同体成员在语言、文化、心理认同的“立约”，凝聚为民族之人民当家做主的集群。“中华民族共同体”是对中国近现代和当代历史的高度概括，是多民族互嵌型格局和族际文化交流所引发的情感命运融合。民族共同体的调节和驱动行为的意向系统指谓了“存在的最终状态”，在安德森那里被论证为：借助言语、仪式、习俗等传统教化，自觉联合成不可分割的整体。

中华民族共同体意识与近代中国历史发展密切相关，战争塑

① 费孝通：《中华民族多元一体格局》，北京：中央民族学院出版社，1989年。
② 费孝通：《中华民族多元一体格局》，北京：中央民族学院出版社，1989年，第1页。
③ 习近平：《习近平谈治国理政》，北京：外文出版社，2014年，第336页。

造了共同体构建国家的功能，中华民族经历了由“自在”到“自觉”的异常痛苦过程，中华民族共同体意识凝聚着多元族群的价值共享，形塑着民族关系的发展态势，是在中华民族救亡图存过程中和中华民族伟大复兴的实践中出现的，是中华民族成员对共同前途命运的深刻认同。从“共同体”的视域来看，实现民族复兴离不开社会成员对国家认同抑或民族认同。霍布斯的现代拟制认为：社会民族生成于长期的共同生活，原有民族建制不是政治立约的产物，当国家同构的机制被战争手段终结，基于和平与安定生活的共同诉求，社会成员会成为现代国家建构的集群基础，承载着民族国家的成员身份属性。马克思的共同体范式，从现实人的角度出发，根据个体与共同体之间的关系提出：共同体是人类生存生活的类型和方式，随着人类社会形态演进而持续发展；共同体意识是客观存在于其成员头脑中的反映，是个体利益与整体利益的统一和谐。中华民族共同体意识是依托于中华民族共同文化之上的共同心理素质和特定的历史文化联系，是对中华民族几千年来发展过程和趋势的承袭与顺应，是共同体成员交往交流交融的共同历史文化记忆、感知与期许，它渗透着共同体成员走向共同繁荣的基本信念。

当前学者们关于中华民族共同体意识的内涵存在三种不同的理解。

（一）中华民族共同体意识是一种心理过程及意识

意识是个人对客观现实的感知、认识、思维、心理和情感的综合表达。巴特尔强调，中华民族共同体意识是凝结各民族共同团结奋斗的强大精神纽带，是凝聚各民族共同繁荣富强的强大精神动力。[①] 沈桂萍认为，中华民族共同体意识是全体社会成员共同遵循的价值共识，是各民族共享的历史文化记忆和现实文化形式在人头脑中的反映。[②] 李秀敏指出，中华民族共同体意识是一种精神纽带，能有效增进民族团结、汇聚民族力量、促进民族交往交流交融，具有强大凝聚力和强烈民族归属感。[③] 郎维伟强调中华民族共同体意识是中华各民族在历史进程中形成的统一前途和命运共同体的自觉、自知性意识。[④]

（二）中华民族共同体意识是一种民族观

民族观是人们对民族、民族关系和民族问题的根本看法。习近平总书记指出："中华民族和各民族的关系，是一个大家庭和家庭成员的关系，各民族之间的关系是一个大家庭里不同成员的关系。处理好民族问题、做好民族工作，是关系祖国统一和边疆巩固的大事，是关系民族团结和社会稳定的大事，是关系国家长治久安和中华民族繁荣昌盛的大事。"[⑤] 陆卫明等人认为，中华民族共同体意识是一种正确的、理想的民族观，其体现了各民族繁荣发

---

① 巴特尔：《铸牢中华民族共同体意识 奋力实现伟大复兴中国梦》，载《中国民族》第7期，2018年7月。

② 沈桂萍：《培育中华民族共同体意识构建国家认同的文化纽带》，载《西北民族大学学报》（哲学社会科学版）第3期，2015年5月。

③ 李秀敏，刘春延：《中华民族共同体意识的形成与培育》，载《江苏大学学报》（社会科学版）第20卷第2期，2018年3月。

④ 郎维伟，陈瑛，张宁：《中华民族共同体意识与"五个认同"关系研究》，载《北方民族大学学报》（哲学社会科学版）第3期，2018年5月。

⑤ 习近平：《习近平总书记系列重要讲话读本》，北京：人民出版社，2016年，第179页。

展的根本诉求，代表着全民族伟大复兴的整体利益。[①] 范君运用“石榴籽”效应比喻中华民族“多元一体”的特征，从表述维度、价值指度、培育向度三个方面分析了“百籽合一”的命运共同体，“百籽共生”的精神契合共同体，“千籽如一”的心理认同共同体，“千房同膜”的团结合作共同体。[②]

（三）中华民族共同体意识是一种国家（集体）认同

国家认同是一个国家的公民对自己归属哪个国家的认知以及对这个国家的政治、文化、民族等要素的评价和情感。国家认同是民族认同和文化认同的升华。王希恩认为，多民族国家建构离不开政治建设、经济建设、制度建设、文化建设、情感建设，中华民族共同体意识是中国多民族国家建构的思想根基。[③] 哈正利等人指出，中华各民族在共同的历史进程中形成了一致性或共识性的集体身份认同——中华民族共同体意识，其通常在政治、社会、制度、文化、心理等层面凸显。[④] 虎有泽等人强调，从国家认同的层面来看，中华民族共同体意识具有丰富内涵，它是一种国家认同形式的表现，有助于各民族不断增强国家认同，自觉维护国家

---

① 陆卫明，张敏娜：《铸牢中华民族共同体意识论略》，载《贵州民族研究》第 39 卷，第 3 期，2018 年 3 月。

② 范君，张前：《“石榴籽”效应：铸牢中华民族共同体意识的应然视角》，载《青海社会科学》第 3 期，2018 年 5 月。

③ 王希恩：《中华民族建设中的认同问题》，载《西南民族大学学报》（人文社科版）第 40 卷第 5 期，2019 年 5 月。

④ 哈正利，张福强：《抗战时期回族精英的中华民族共同体意识——以中国回教救国协会会刊为中心的分析》，载《北方民族大学学报》（哲学社会科学版）第 6 期，2018 年 11 月。

统一。①

以上是当前研究者对中华民族共同体意识的内涵理解，对于我们探究“中华民族共同体意识”的基本内涵，厘清“中华民族共同体意识”与“中华民族共同体”之间的区别和联系，均具有重要的理论价值和现实意义。

笔者认为，中华民族共同体意识是各民族对民族国家精神意涵的符号化表达，在政治、经济、社会、文化、制度、心理等层面形成的“共同认知”“共同情感”“共同意志”，从而表现为“中华民族共同体”的集体性身份认同和整体性归属认知。“中华民族共同体意识”是共同体成员对生活方式、群体心理、行为准则的共识，其伦理意义和社会价值被组织在价值之轴和目标契合的逻辑向度中，是基于中华民族命运共同体、利益共同体、政治共同体、文化共同体、经济共同体之上的意识形态体系，集中体现了中华民族在长期的历史发展过程中形成的政治上统一团结，文化上多元一体，经济上唇齿相依，情感上相濡以沫的民族共同体。这种你中有我、我中有你、谁也离不开谁的民族共同体，是“中华民族共同体意识”得以生存的客观基础，是建立在共同历史文化记忆、共同价值诉求、共同物质基础、共同公民身份、共有精神家园基础上的思想理念和价值共识。中华民族共同体意识的基本内涵至少应该包含以下六种意识，即国情家底意识、历史主流意识、政治法治意识、团结合作意识、共同发展意识和共建共享

---

① 虎有泽，云中：《国家认同视域下中华民族共同体意识》，载《贵州民族研究》第39卷第11期，2018年11月。

意识。[①]

中华民族共同体意识是一个多层次、立体化、广视角的体系，以“中华民族多元一体格局”“统一多民族国家”的形成和发展为历史载体，融汇在中华民族的历史进程中，根植于共同体成员的主流意识形态认同中，伴随着中华民族共同体的自在—自觉过程，历经岁月的洗礼、多元文明的碰撞、主流文化的凝聚成为具有顽强生命力的、完整的、统一的新时代意识形态体系。

第二节　铸牢中华民族共同体意识的本质

本质是“事物所固有的普遍的、相对稳定的内部联系”[②]。大学生铸牢中华民族共同体意识，需要从多维视角对其予以考察，在坚持政治性与科学性、理论与实践有机统一的基础上，准确把握其本质为铸牢中华民族共同体意识教育提供学理支撑。

一、中华民族共同体意识的本质

“意识”是人类特有的对客观世界的主观反映。民族“意识”也是如此，是民族成员在对客观存在的民族族体认知的基础之上所呈现的自身察觉与关注程度。在一定历史时期，民族“意识”呈现出较为稳定的“时代特征”，往往会打上“时代”的印记。2017 年“铸牢中华民族共同体意识”正式被写入党章，成为新时

① 哈正利，张福强：《抗战时期回族精英的中华民族共同体意识——以中国回教救国协会会刊为中心的分析》，载《北方民族大学学报》（哲学社会科学版）第 6 期，2018 年 11 月。

② 《中共中央关于构建社会主义和谐社会若干重大问题的决定》，北京：人民出版社，2006 年，第 20 页。

代实现中华民族伟大复兴中国梦的一项战略举措。因此，梳理中华民族共同体意识的形成、理论渊源等纵向认知，厘清其本质、属性、内涵、基本特征及功能等横向认知，既是建构学科理据的基础，也是铸牢中华民族共同体意识的关键点，更是当前构建中国特色社会主义民族理论体系的一项迫切任务。换而言之，从历史的维度追本溯源，从整体性的视域考镜源流，理解中华民族共同体意识的线索，获取共同体精神价值，连接历史、现实和未来向度的统一，才能真正铸牢中华民族共同体意识。

作为组织化、系统化的统一体，共同体最初是以血缘共同体的形式存在，伴随着族际互动本质蕴含的实然演绎，多元族群之间的交往互动频繁，社会关系以高度的个人亲密性存在，个体以一种潜意识的方式顺应自然的活动，血缘共同体逐步分裂为地缘共同体，推动了频繁的政治经济文化交往，促进族际交流互动日益强化，最终情感共通、价值共意的深刻表达催生出精神共同体。“数千年来，各民族经过交往交流交融，形成了集‘血缘共同体’‘地缘共同体’‘精神共同体’于一体的中华民族共同体这一中国‘最高形式的共同体’。”[①]同时，中华民族共同体意识也随之形成与发展。

（一）中华民族共同体意识的孕育与发展

1. 中华民族共同体意识的缘起。《礼记 · 王制》记载，“中国戎夷，五方之民，皆有性也，不可推移。东方曰夷，被发文身，有不火食者矣；南方曰蛮，雕题交趾，有不火食者矣；西方

---

① 于衍学 .：《基于三个认知维度的中华民族共同体意识理论体系建构》，载《西南民族大学学报》（人文社科版）第 40 卷第 12 期，2019 年 12 月。

曰戎，被发衣皮，有不粒食者矣；北方曰狄，衣羽毛穴居，有不粒食者矣。中国、夷、蛮、戎、狄，皆有安居、和味、宜服、利用、备器。五方之民，言语不通，嗜欲不同”。[①]这表明中国自古以来就是多民族国家，“华夷”是多民族中国的民族共同体。这里的“中国”实际上就是“华”，而夷则是指华夏部族周边的其他部族。正是“华”和“夷”在历史的过程中，推动着多民族中国的形成与发展，使源于商周时期的“华夷一统”思想不断地形塑与丰富，这就是最早的中华民族共同体意识产生的空间。春秋战国时期，统治者为突出王权至尊和国家统一，主张“普天之下，莫非王土；率土之滨，莫非王臣”[②]“四海之内皆兄弟”[③]的思想，强调普天之下，都是王的土地和管辖范围，而在这片土地上生活的人们都是王的臣民，臣民之间是兄弟手足关系。这一时期“虽然具有华夷同属一家的思想，但以‘华’为贵、以‘夷’为贱，强调华夏文化无可比拟的优越性和先进性的观念一直是主流价值取向”。[④]秦始皇建立秦王朝是中国形成统一多民族国家历史的开端，这时民族共同体意识开始形成雏形。《史记·秦始皇本纪》记载说：“六合之内，皇帝之土，西涉流沙，南尽北户，东有东海，北过大夏。人迹所至，无不臣者。功盖五帝，泽及牛马。莫不受德，各

---

① 《四部丛刊 / 初编 / 经部 / 纂图互注礼记》卷第四，（汉）郑玄注，（唐）陆德明音义，景上海涵芬楼藏宋刊本，第 19 页。

② 《四部丛刊 / 初编 / 经部 / 春秋经传集解》卷第二十一，（晋）杜预撰，（唐）陆德明音义，阙名撰附录，景玉田蒋氏藏宋刊巾箱本，第 33 页。

③ 《四部丛刊 / 初编 / 集部 / 集注分类东坡先生诗》卷第四，（宋）苏轼撰，（宋）王十朋注，（宋）傅藻撰纪年录，景南海潘氏藏宋务本堂刊本，第 14 页。

④ 乌小花：《中华民族共同体意识的演进与深化》，载《贵州省党校学报》第 6 期，2018 年 12 月。

安其宇。”[①]这从地理范围内规定了所有“华”“夷”都属于秦王朝的统辖，进而使“华夷一统”思想得到了现实发展。同时，秦王朝的“书同文”“车同轨”“度同制”“行同伦”等强有力的政治措施，塑造了相对整体化的民族共同体意识。之后，司马迁在《史记》中“明确记载了华夏和匈奴、越人都是黄帝后裔，甚至朝鲜、西南夷也与黄帝有千丝万缕的联系，明确体现出‘华夷共祖’的思想”。[②]他认为多民族汉王朝境内的民族拥有一个共同的祖先。这反映了司马迁朴素的民族平等意识，也是“华夷一统”思想的一个历史性进步，更是中华民族共同体意识最初的思想基础。“华夷共祖”的思想，是建设多民族国家的重要思想，是承袭几千年的中国封建社会“大一统”思想理念和政策制度构建的起点。正是在“华夷”的“大一统”思想理念的发展过程中，中华各民族不断交往、融合，使中国各民族在思想文化上有了共同的文化心理认同，并由此发展为中华民族凝聚力。这种“华夷”的“大一统”思想在中国历史发展进程中是“一以贯之”的，伴随着客观存在的共同体演进，推动了中华民族多元一体格局的形成与发展。到了魏晋南北朝时期，众多北方少数民族进入中原地区建立政权，为了使自身的统治更加正统，他们对“华夷共祖”思想进行了进一步的丰富和实践，于是华夷皆是正统的思想产生，这客观上为中华民族共同体意识的深化奠定了政治基础。隋唐时期，随着羁縻府州制的确立，中国境内的各民族关系良好，“华夷一统”思想

---

① （清）岳濬，监修：《清代史料文献 / 清代地理文选类 / 山东通志》卷三十五之十四，第 3 页。

② 王文光，翟国强：《“五帝”世系与秦汉时期“华夷共祖”思想》，载《中国边疆史地研究》第 3 期，2005 年 9 月。

在此得到了进一步的发展充实，于是在唐代有了“华夷一家”的观念。这种观念不仅汉族统治阶级执掌政权时乐于承纳，连少数民族统治阶级执掌政权时也完全吸取，以自命正统。辽、金时期统治者接受以儒家文化为中心的中华民族文化之后，主张天下一家的思想，使得华夷皆为正统的思想继续发展完善。元世祖忽必烈根据汉文经典《易经》中的“大哉乾元”，建国号“大元”，并提出了“蒙汉一体”的观念。明统治者在处理民族关系时也都坚持“华夷一家”。清朝时期，满族统治集团联合了蒙古族、汉族等其他民族的上层统治者或官僚知识分子组成了联合政府进行统治，在此基础上形成了统一的多民族国家。[①]此时期中华民族共同体意识已经十分清晰，呼之欲出。

2. 近代中华民族共同体意识的形成。1840 年鸦片战争后，深重的民族危机使得中国仁人志士们开始正视“华夷”的发展道路问题。面对外来的侵略，他们亟须寻求变革之路，这一时期中华民族开始从自在的民族发展为自觉的民族，中华民族自我意识终于觉醒。1902 年，梁启超第一次使用中华民族这个词语，他说：“上古时代，我中华民族之有海思想者厥惟齐。故于其间产出两种观念焉，一曰国家观，二曰世界观。”[②]中华民族的民族名称首次被提出，中国人民救亡图存的时代价值正式成为近代中华民族共同体意识的重要内涵。在中国近代资产阶级和知识分子的代理下，历史上的王朝国家开始向现代的民族国家转变，现代意义上的中华民族国家开始建构，至此中华民族共同体意识开始形成。

---

① 余梓东：《清代民族政策研究》，沈阳：辽宁民族出版社，2003 年。

② 梁启超：《论中国学术思想变迁之大势》，夏晓红导读，上海：上海古籍出版社，2019 年，第 31 页。

抗日战争爆发之后，日本帝国主义的侵略屠杀增强了国人命运相连的共同体观念，中华民族共同体意识被进一步激发。1937年7月15日中国共产党发表了《中共中央为公布国共合作宣言》，在文中多次出现“中华民族”“伟大的中华民族”“伟大的悠久的中华民族”的表述；[①]1939年12月毛泽东在《中国革命和中国共产党》一文中论述道：“中华民族不但以刻苦耐劳著称于世，同时又是酷爱自由、富于革命传统的民族。……中华民族的各族人民都反对外来民族的压迫，都要用反抗手段解除这种压迫。……在中华民族的几千年的历史中，产生了很多的民族英雄和革命领袖。所以，中华民族又是一个有光荣的革命传统和优秀的历史遗产的民族。”[②]这说明由中华各族人民组成的中华民族是命运相连的现实共同体的说法，已被国共两党和广大人民群众所认可，中华民族共同体意识已具雏形。同时，著名学者顾颉刚发表了《中华民族是一个》的文章，引发了政界、学界、文坛等学者的广泛探讨和论辩，推动和强化了中华民族共同体意识，中华民族一词亦成为能够凝聚全体国人、振奋民族精神的一个时代话语。这一时期“学者们以及社会各界对中华民族休戚与共的认识不断深化，中华民族的整体性也得以强调，中华民族共同体意识初步凸显”[③]，成为中国战胜日本帝国主义的强大精神力量。

3. 当代中华民族共同体意识的发展。1949年9月21日，中

① 中共中央统战部：《民族问题文献汇编》，北京：中共中央党校出版社，1991年，第548页。

② 《中国革命和中国共产党》，载《毛泽东选集》第2卷，北京：人民出版社，1991年，第622、623页。

③ 乌小花：《中华民族共同体意识的演进与深化》，载《贵州省党校学报》第6期，2018年12月。

国共产党在北京召开了中国人民政治协商会议，9月29日通过了《中国人民政治协商会议共同纲领》。确定了国家名称为中华人民共和国，代国歌为义勇军进行曲，国旗为五星红旗。并在政治、经济、文化、社会和国际交往中，把中国各民族称为中华民族，此时中华民族共同体已然屹立于世界民族之林，所有这些行为都象征着中华民族的大团结，表达着中华民族共同体意识。1949年10月1日中华人民共和国成立，为贯彻和落实民族平等原则，党和国家确立了民族区域自治的基本政治制度，并运用政府行为对中国境内民族个体开展民族识别工作。该项工作是中国历史上第一次对中国境内拥有的民族进行鉴别、判定和区分，并以国家法律法规的形式保障他们的权力，使他们和其他社会成员一样获得国家公民的身份，享有国家主人翁的地位和权力。经过近40年的努力，民族识别工作加强了共同体成员对中华民族共同体意识的认同。[①] 改革开放后，"三个离不开"的思想被社会各界广泛认同和采纳，成为中国社会解决民族问题、处理民族关系的重要理念。1988年，费孝通先生撰写了《中华民族的多元一体格局》一文，提出中华民族"多元一体"理论。费孝通先生认为，中华民族是由许许多多分散孤立存在的民族单位，经过接触、混杂、联结和融合，同时也有分裂和消亡，形成一个你来我去，我去你来，我中有你，你中有我，而又各具个性的多元同一体。[②] 这一理论把对中华民族的认识提升到了新的高度，被中国学术界积极讨论和接受，对铸牢中华民族共同体意识具有重要的学术价值和现实意

---

① 王文光，徐媛媛：《中华民族共同体意识形成与发展的历史过程研究论纲》，载《思想战线》第44卷第2期，2018年3月。

② 费孝通：《中华民族多元一体格局》，北京：中央民族大学出版社，2018年。

义。这一阶段中华民族共同体的凝聚力增强，中华民族共同体意识不断完善和充实。2014 年 5 月在第二次中央新疆工作座谈会议上习近平总书记强调，“要高举各民族大团结的旗帜，在各民族中牢固树立国家意识、公民意识、中华民族共同体意识”。[①]2014 年 9 月，习近平在中央民族工作会议上再次强调：“加强中华民族大团结，长远和根本的是增强文化认同，建设各民族共有精神家园，积极培养中华民族共同体意识。”[②] 中华民族共同体意识被正式提出。2015 年 8 月在中央第六次西藏工作座谈会上习近平总书记提出“五个认同”，即对伟大祖国、中华民族、中华文化、中国共产党、中国特色社会主义的认同。2017 年 10 月习近平总书记在十九大报告中强调“铸牢中华民族共同体意识”[③]。这极大地发展了中华民族共同体意识，创新了马克思主义民族理论，成为未来中华民族共同体意识研究的指南。

总之，在跌宕起伏的时空转换中，中华民族共同体意识一次次外化为多元民族主义思想，但“中华民族”的意识内涵却凸显出特有的价值内涵。进入新时代，全国各族人民在中国共产党的领导下，齐心共铸中华民族共同体意识，以行动诠释着中华民族共同体意识固有的时代价值。

---

① 习近平：《习近平关于社会主义政治建设论述摘编》，北京：中央文献出版社，2017，第 148 页。

② 习近平：《习近平关于社会主义政治建设论述摘编》，北京：中央文献出版社，2017，第 157 页。

③ 习近平：《决胜全面建成小康社会　夺取新时代中国特色社会主义伟大胜利——在中国共产党第十九次全国代表大会上的报告》，北京：人民出版社，2017 年，第 40 页。

（二）中华民族共同体意识的本质意涵

“中华民族”这个概念的提出，是中国知识分子在自我意识的觉醒与反思过程中，在1840年鸦片战争以来的屡次民族危机中，重新审视中国人作为族群的基本特征而提出的。中华民族自始即是多元的结合，中华民族沿着“多元结合”“诸夏一体”的途径，经几千年的发展，融合成为坚强稳固的世界第一大民族。[①]这一概念既立足于统一多民族国家的基本现实，又体现了民族“意识”对客观实际和客观规律的反映。此后，在反帝反封挽救民族危亡的历史阶段中，“五族合一”“五族共和”“民族熔炉论”等思考探索和思想论战相继出现。直到费孝通先生提出“中华民族”作为一个民族整体经历了从“自在”到“自觉”的认识过程，“中华民族多元一体格局”[②]等论述，将中华民族的整体性与各民族的差异性统一于一体后，才基本形成了一个如实反映历史与现实的“中华民族观”。习近平总书记首次提出“中华民族是一个命运共同体，一荣俱荣，一损俱损”[③]的观点。这是首次用“共同体”一词，反映中华民族发展的“多元一体格局”的基本规律。“中华民族共同体”是对中国近现代和当代民族历史的高度概括，是历史向度—现实向度—未来向度的大一统形塑，注解着“共建—共担—共享”的复合民族结构，书写了中华民族自觉自为的图谱。正是“五方之民共天下”的真正共同体催生了血脉联系和共同情感的价值纽带——中华民族共同体意识。

中华民族共同体意识与近代中国历史密切相关，在屈辱挨打、

① 费孝通：《中华民族多元一体格局》，北京：中央民族大学出版社，2018年。
② 费孝通：《中华民族多元一体格局》，北京：中央民族大学出版社，2018年。
③ 习近平：《习近平谈治国理政》，北京：外文出版社，2014年，第336页。

贫困积弱的岁月，共同体成员互为一体、休戚相连的心理认知逐渐凝聚和巩固，诠释了“谁也离不开谁”的观念意识。在一定社会关系之下，历史传承、和衷共济、相向而行的情感共鸣推动和夯实了共同文化之上的共同心理素质，在共同体成员投身中华民族救亡图存中体现。

从“共同体”的视域来看，中华民族共同体意识以全体国民为载体，秉持共同意愿的复兴凝聚心态，在体认彼此生存发展的共性条件与共同历史基础上，承载着中华民族共同的身份属性与共同复兴心愿。中华民族共同体意识是反映中华民族共同体存在与发展的社会意识，按照马克思主义唯物史观，中华民族共同体意识是客观存在的中华民族共同体在民族成员头脑中的反映，是不以人的意志为转移的客观历史过程。中华民族共同体意识聚合了民族成员的共同利益诉求，以观念契合、意志统一的状态，团结互助的命运交融存在于共同体数千年发展之中，在内涵上表征为文化性的价值构成和同心同德、患难与共的担当意识，是共同心理、共同情感的基因诠释，它渗透着各族人民走向共生繁荣的基本信念，是对我们是谁和想要往何处去的根本回应。中华民族共同体意识具有丰富的内涵，是“事物所固有的普遍的、相对稳定的内部联系”①，即中华民族共同体意识的本质意涵。笔者认为中华民族共同体意识的本质是国家认同，其本质内涵是中华各民族从共同的历史文化记忆与现实的共同团结奋斗经历凝练出的为全体社会成员一致认同、一体遵循的整体性价值共识，共包含五个方面，即中华民族共同体的族际关系认同意识、中华民族共同体

① 《中共中央关于构建社会主义和谐社会若干重大问题的决定》，北京：人民出版社，2006 年，第 20 页。

的共同历史命运认同意识、中华民族共同体的“五个认同”意识、中华民族共同体伟大复兴的中国梦认同意识和中华民族共同体的共有精神家园认同意识。在新时代厘清中华民族共同体的本质意涵，有助于推动建设中华民族共同体意识共享的心理导向，推进中华民族的时代形塑。

1. 中华民族共同体的族际关系认同意识。共同体意识是将一个共同体中不同的部分团结起来的内在心理凝聚力。中华民族共同体意识强调主体认同的身份归属感，是中华民族历史形塑的精神引领，是中华民族共同体在交往交流交融生活实践中所逐渐内生且不断聚合的共识性价值与共鸣性情感。在民族共同体既定限域内，中华民族共同体意识凝聚着多元族群的价值共享，以共同命运的外显形式，确证了中华民族成员归属认同的心理基础，贯穿于全体成员休戚与共的社会关系之中。中华民族共同体意识不能疏离于“中国统一多民族国家”的社会历史与现实。中华民族共同体是由许许多多分散孤立存在的民族单位，经过接触、混杂、联结和融合，同时也有分裂和消亡，形成一个你来我去，我来你去，我中有你、你中有我，而又各具个性的多元统一体。[①] 上述民族单位之间的关系就是族际关系，是统一多民族国家内族际关系的重要组成部分。而特定民族群体如何看待本民族、他民族以及国家的民族政策与民族事务等，都具有显著的民族认同属性，直接或间接地影响到族际关系。

中国自古以来就是多民族国家，早在尧舜时期我国境内“方五千里，至于荒服。南抚交趾、北发、西戎、支渠、析枝、渠庾、羌，

① 费孝通:《中华民族多元一体格局》，北京：中央民族大学出版社，2018 年。

北至山戎、肃慎，东至长夷岛，夷四海之内皆戴帝舜之功”。[①]演绎着族际互动的历史图景。基于理论释义的逻辑理路研判，多元族群之间的交往互动是民族共同体基本的形塑方式，也是民族成员赖以生存与发展的社会基础。从历史视域考镜源流，频繁的政治经济文化交往，汉族与其他少数民族的通婚，都推动着边缘区域的文化启蒙和游牧方式向农耕文明的演变进程。多元族群之间频繁的交流交往在不同意义上指向文化层面的沟通理解和文明层面的借鉴共享，其效度与质度催生着中华民族共同体集体意识的自觉形成。随着族际关系的强化，族际文化交流所引发的文化涵化对于民族成员的身份认同在一定程度上比血统还重要，甚至于在北朝时代“凡汉化之人即目为汉人，胡化之人即目为胡人，其血统如何，在所不论”[②]。这种你中有我、我中有你的共生状态与共享态势，也是中华民族一体形塑的重要态势。自秦汉文明以来，在华夷区分内外有别的封建王朝，族际冲突时有发生，并以武力或战争的方式平息，但民族交往、族际交流一直占据着民族关系演绎态势的主流趋向，共享的生活记忆也成为中华民族共同体意识自觉生发的历史根基，推动着多元一体中华民族的历史形塑。

新时代，中华民族内部各民族的族际关系包含着族际经济关系、族际政治关系、族际文化关系等。对中华民族共同体的族际关系认知认同包含着两个核心元素：一个是经验描述性元素，它是各族人民所储备的有关中华民族共同体的知识体系，诸如对共同历史渊源、内部构成、风土人情等的阐释与说明，意味着各民

---

① 《部丛刊 / 初编 / 子部 / 说苑》卷第十九，（汉）刘向撰，景平湖葛氏传朴堂藏明钞本，第 23–24 页。

② 陈寅恪：《唐代政治史论述稿》，上海：上海古籍出版社，1997 年，第 9 页。

族能够从既有的知识体系中，理解到有关中华民族的描述性印象，从而产生认知、认同中华民族共同体意识的知识基础。这些知识还包括国家各领域、各区域、各族人民的基本概况和现实状况等，它们由学术界提供总结与产出，又通过广义教育在家庭、学校、媒体、社会等公共领域中实现知识的传递，最后形成中华各族人民理性自觉的基本知识素养。另一个是经验评价性元素，它是中华各民族对共同现实生活的体验感受，关联于一个拥有 14 亿人口的庞大民族共同体，能切身体会到自我与他者在当下共同生活的状况及共同经历的精神历练和共同心理凝聚体验，它们是各民族在彼此互动往来的共同生活中形成的个人主观评判，是产生认知、认同中华民族共同体意识的评判感知基础。事实上，并非所有人都能储备良好的知识素养，但个人主观经验性评价是每个民族都具有的。如积极正面性质的认同评价，存在于各民族共同生活体验的满意程度，它们能激发各民族成员产生对中华民族共同体的集体归属心理。因此可以说，族际关系和谐共生，则中华民族共同体意识牢固稳定；族际关系矛盾、冲突不断，则中华民族共同体意识凝聚力下降。

“三个离不开”是中华民族共同体族际关系的真实写照，是长期的历史岁月积淀后自然而然形成的一种情感内化和责任外显。因此，对中华民族共同体族际关系的认同意识，是中华民族共同体意识的本质属性之一。从历史过程来看，在统一多民族国家内部，无论是以汉族为主体建立的封建帝制，还是以少数民族为主体建立的中央政权，无一例外地均以“大一统”“天下观”的政治思想为主导，以维护自身根本利益为核心，构建族际关系，完善民族政策，以实现封建朝廷的集权管理和帝王统治的目标。从中华民族多元一体的形成过程来看，封建社会时期地主阶级和近代资产阶级调控族际关系的政策都带有一定的局限性，从而引发出为片面维护汉族利益的大汉族主义，片面维护少数民族利益而衍生出狭隘的民族主义等。只有到了社会主义时期，族际关系的良性特征——平等、团结、互助、和谐才真正形成，这种中国特色社会主义新型族际关系才真正成为现实，这是中国历朝历代统治阶级调控民族关系希望获得而又不可能实现的政策目标。无论是大汉族主义还是狭隘民族主义，都是阻碍中华民族共同体族际关系良性发展的“绊脚石”，都损害民族团结、国家统一、社会稳定。构建平等、团结、互助、和谐的族际关系的焦点是调控族际利益关系，这主要是通过制定与实施正确的民族政策来实现的。共同体为实现中国梦而发展中华民族的能动性和创造性，承载着“共建—共享—共担”的民族意识，厚植于共同体共同的价值和利益取向中。它是由生产力发展水平、中华各民族的共同利益、共同需要、共同目标、共同任务、共同使命、共同意志所决定的，是中华民族共同体族际关系认同意识与中华民族伟大复兴意愿紧密结合的新时代产物，是认同各民族间交流交往交融意识的共同体价值选择。

2. 中华民族共同体的共同历史命运意识。“民族是在一定的历史发展阶段中形成的稳定的人类共同体”[①]，是人们群体社会存在的特定形式。该定义运用物质决定意识的理念，生动、灵活地刻画了民族的产生与发展，其内容包含四层含义：其一，民族不是从来就有的，而是随着人类社会的发展到特定历史阶段而逐渐产生

① 《民族工作文献选编 2003—2009 年》，北京：中央文献出版社，2010 年，第 91 页。

的，具有一定的历史性，即民族的共同历史是成就该民族共同历史记忆的基础；其二，民族的相对稳定性是民族的内在属性，因血缘相近、族源相同、地缘相近而汇聚形成的族群，逐渐凝聚形成人们“共同体”，在此基础上形成“共同意识”，把外在的显性族体体征反馈于内在的隐性意识思维，形成了民族共同、共有的意识形态；其三，民族是一种人们共同体，具有突出的社会性，体现在社会生产生活的方方面面，既有物质上的相依相存、共建、共有、共享，更有精神层面上的共知、共识、共认、共志，当民族意识觉悟达到一定程度之后，共同体意识就会反作用于共同体，表现出共同体成员对本族群自发、积极、进取的热爱和自主、自愿、自觉维护的共同体的情感体认；其四，民族的产生、发展一般是以自在的部落—部落联盟—族群为发展模式，无论民族自身是否自觉，共同体的物质与精神属性伴随着民族的发展而客观存在。正如费孝通先生所言，“中华民族作为一个自觉的民族实体，是近百年来中国和西方列强对抗中出现的，但作为一个自在的民族实体则是几千年的历史过程所形成的”[①]。

近代以来，我国的仁人志士们，试图运用“师夷长技以制夷”的方式把国外的民族主义模式复刻到中国，梁启超开创性地将“中华”赋予“民族”属性，形成“中华民族”的概念，倡导建构“中华国族”。孙中山构建“三民主义”之“五族共和”，进而反对清朝的腐朽统治，抗衡帝国主义的瓜分。中华民族从自在到自觉的进程，从提出伊始就嵌入了民族兴衰、社会兴废、国家兴亡的话语体系和行为取向之中。中华民族虽是建构之后形成的民族共

① 费孝通:《中华民族的多元一体格局》，北京：中央民族大学出版社，1989 年，第 1 页。

同体，但其实体早已伴随着“大一统”国家的构建存在于中国政治、经济、文化和历史的发展之中。在中华民族一体形塑漫长进程中，各民族均贡献于共同体的形成发展，共演着族际互动与多民族国家建构，推动着中华民族共同体的历史形塑。从宏观层面看，中国是一个闻名世界的拥有数千年历史的文明古国，无论是纷争战乱的时代还是和平繁荣的时期，统一、稳定始终是中华民族历史发展的趋势、主流和人心所向。从中观层面看，历史上无论是哪个民族建立的政权，都不同程度地有其他民族成员参与其中，多民族是中国的一大特点、重点、亮点、基点。元朝的“十六考”[①]，清朝的“生员考试”“举人考试”“进士考试”[②]都彻底打破了世族对仕途的垄断，给予不同民族、不同地域、不同阶层有能力的读书人进入社会管理层的机会，能够集中各民族精英共同管理国家政务。从微观层面看，中华各民族的荣辱与共，是长期交往交流交融的结果，各民族内部，各民族之间随着交往交流交融的逐渐深入，共同性、共存性、共荣性、共享性、共进性持续增强。共同体的形成不是一蹴而就的，其缩影于共同体利益关系的本源意蕴，基于民族整体发展利益之上，在中国漫长演进史中逐渐形成。中华民族共同体意识是对中国历史、现实、国情共同思想的高度概括，指涉中华民族整体利益的最终通约，其共同历史命运认同意识，构成了中华民族共同体意识的本质内涵。

---

① 元朝科举，为元朝的科举制度。元朝举行了十六次科举考试（简称“元十六考”），考中进士的共计 1139 人。1313 年，元仁宗下诏恢复科举。1315 年第一次开科取士，以后三年一次，直到元亡。元惠宗时期，因丞相伯颜擅权，执意废科举，1336 年科举和 1339 年科举停办。

② 清代各种科举考试可以归入生员考试、举人考试和进士考试三个系列。在这三个系列中，秀才系列和举人系列的考试均与“学政”这一官职有关。

（1）共同历史是中华民族共同体意识的史乘溯源。中国长期以来就是一个统一的多民族国家，各民族之间经历过几千年的发展、交流与融合，形成今天这样一个在全球视野和世界民族之林中具有高识别度和强凝聚力的中华民族共同体形象。一个民族的发展史是形成该民族思想意识的客观基础。春秋战国伊始，以华夏族为主体的“华夏”文明和以少数民族为主体的“四夷”文化，就从未放弃过或终止关于民族交往交流交融的努力与探索，经过双向互动，甚至以斗争方式沟通、融合，在先秦、魏晋南北朝、宋辽金元以及明清时期掀起了民族大融合的四次高潮。[①] 例如，以维护中原政权与周边游牧民族政权长期和平为目的而创设的和亲政策，就是源于先秦、始于西汉、终于清代的。南北朝时期，把民族融合的水平与成果推到新高度的，当数拓跋部鲜卑族为代表的北魏孝文帝改革。与此同时，汉民族也持续不断地吸收着少数民族的优秀文化，并在与周边各民族长期交往中不断发展壮大。唐朝时期继续拓展民族融合的范围与深度，如册封维吾尔族回纥政权、与藏族吐蕃举行会盟等。中华大地上生发的民族融合，既具有深厚的历史渊源，又与民族文化心理方面深入持久、广泛认可和整体趋同密切相关，是世界上任何一个区域的民族融合不可比拟的。所以，中华民族共同体意识有着牢固的共同经历、共同记忆和共同情感基础，祖国的辽阔疆域是各民族共同开拓的，祖国的繁盛荣茂是各民族共同维护的，祖国的璀璨文化是各民族共同创造的。以和为贵、理性中正、崇道尚同、宽厚包容等共同精神和思维方式早已融入中华民族共同体的血脉。也正是基于中华

① 殷丽萍：《论中华民族概念的理论界定》，载《社会科学研究》第2期，2003年3月。

民族共同发展历史、共同文化的基本事实，各民族之间的血肉联系和一体性，才坚不可摧、牢不可破。中华民族共同体是建立在共同历史和文化逻辑基础上的民族共同体，并非只是空架于各实体民族之上的虚“名”，是一个兼具统一和联系的民族共同体。

（2）共同命运是中华民族共同体意识的再造、重塑。1840年鸦片战争，列强用大炮打开了中国的大门，帝国主义的入侵、封建势力的压榨、灭国亡种的危机，史无前例地把我国各民族的命运紧紧相连。自1921年中国共产党成立以来，在中国共产党的领导下，中华民族不断团结、汇聚，积极投身于争取民族解放、维护国家独立的伟大斗争中。1931年“九一八事变”爆发，中华民族面临更加严重的民族灾难，在中国共产党的领导下，各族儿女积极投身到抗日战争的洪流之中，并深切感受中华民族必须团结奋斗的共同命运。血与火的共同奋勇抗争，使中华各民族清醒认识到，各民族之间唇齿相依、休戚与共、血肉相连、相濡相呴，各民族与中华民族的命运息息相关、生死相依，中华民族是一个命运共同体，各民族只有把自己的命运与中华民族的命运紧密相连，才会有前途，才能有希望。中华民族共同体在历史的锤炼中涅槃重生，实现了从自在到自觉的转变。在中华民族危难之际，各民族携手并进，万众一心，共同驱逐侵略者。面对图存救亡，中国人民毅然选择马克思主义，选择中国共产党，于1949年建立了新中国，开创了中华民族共同体繁荣发展史的新纪元，走上了“兴我中华”的康庄大道，在中国共产党的带领下“聿求元圣，与之勠力同心，以治天下”①。对于民族共同体而言，“在过去，有共

①《四部丛刊/初编/子部/墨子》卷第二，景上海涵芬楼藏明嘉靖癸丑唐尧臣刊本，第17页。

同的光荣和痛楚可以分享，在未来，有同一个计划需要实现；同甘共苦、共同展望，这就是更有价值的东西”。[①] 由此可见，中华民族共同体的共同命运历程，就是中华民族共同体意识形塑演进的过程。

3. 中华民族共同体的“五个认同”意识。在实现中华民族伟大复兴的进程中，“五个认同”是中华民族共同体意识的核心统领性要素，是凝聚共同体意识的最大公约数。“五个认同”提升了各民族成员共享的价值追求。同时，在新时代，“五个认同”所诠释的共同体意识正是基于各民族成员情感、利益、追求延伸的共同价值意蕴，构成了新时代中华民族共同体意识的本质论域。在根基性、中继性和归属性的价值链接中，对伟大祖国、中华民族、中华文化、中国共产党、中国特色社会主义的认同，负载着民族共同体共通情感的凝聚，也彰显着各民族成员对中国共产党的执政合法性的肯定和对中国特色社会主义的认同，是铸牢中华民族共同体意识的价值集聚和实然指向。

“历史常强调一个民族、族群或社会群体的根基性情感联系”[②] 对中华文化和中华民族的根基性认同，是中华各民族成员族属角色必然的关系规制，其沉淀着多元族群互动交融的情感依赖，建构着民族成员身份归属自我确认，最终导向各民族共同情感的心理共通与共鸣，推动着中华民族共同体意识的最终形成。“民族—文化”认同维系着中华各民族从“我”到“我们”的共通情感之心理共鸣，其凸显着各民族成员中华民族共同体归属的稳固意志

① 〔法〕厄内斯特·勒南，陈玉瑶：《国族是什么？》，载《世界民族》第1期，2014年2月。

② 王明柯：《历史事实、历史记忆与历史心性》，载《历史研究》第5期，2001年10月。

和主体身份确证的牢固倾向，是新时代铸牢在校大学生中华民族共同体意识的重要动因。基于现代社会转型过程中的多维情境，对中国共产党和中国特色社会主义的政治认同，是整合多元主体的利益认同。“最文明的民族也同最不开化的野蛮人一样，必须先保证自己有食物，然后才能考虑去获取别的东西。”[①]共同利益是形成中华民族共同体意识的重要基础。“政党—政治”认同，反映着中华各民族对中国共产党执政能力和执政绩效的正向肯定，这是建立在共同繁荣发展和公平分配原则之上的利益交融和利益共享。中国特色社会主义制度聚合着各民族一致的利益诉求，是汇聚中华民族共同体意识的内在向心力。“国家—道路”认同作为“一个共同体能够借以产生共同意志和共同行动的条件”[②]，是中华民族共同体内部建构现实旨趣和归属意识。对伟大祖国的认同和基于社会主义意涵方面对中国特色社会主义道路的认同，是中华民族认同意识的表征，其源发于五千年中华文明的历史，感悟于近代中华民族生死存亡时的选择，升华于对中国特色社会主义道路的认可，凝聚着中华各民族成员最迫切的价值追求和最需要的政治认同，反映着中华民族共同体意识的价值自觉。

新时代擢升中华民族共同体的共同价值，明辨铸牢中华民族共同体意识价值本质，在价值多元的社会背景下夯实“五个认同”的思想基础，是铸牢中华民族共同体意识的关键。“五个认同”所集聚的共同价值是中华民族共同体构建的价值导向，具有历史和现实的双重维度。历史维度，在中华民族五千年的历程中，无论

---

① 《马克思恩格斯全集》第十二卷，北京：人民出版社，1998 年，第 354 页。

② 〔美〕格奥尔格 ·G. 伊格尔斯：《德国的历史观》，彭刚，顾杭译，南京：泽林出版社，2006 年，第 321 页。

哪个民族问鼎中原、登上历史舞台建立中央政权，都无一例外地追求“天下一统”，并积极传颂中华优秀传统美德、人文精神等中华民族社会价值诉求，以图让各民族在政治上认同国家合法地位。视“统一”为常态，“分裂”为乱象，中华民族历史上几次大规模的民族迁徙、民族大融合都和“大一统”的政治属性密切相关，也为中国统一多民族国家的形成和发展构建共同的思维认知定式。“大一统”之下的“合”主张弱化族际偏见、淡化族际色彩、强调重视国家统一、注重政局稳定，并把中华大地视为一个整体。这种“天下观”理念聚合着中华各民族成员，并为统一的集权制中央政权的建立与维护立下汗马功劳。在中国古代，中华民族共同体处在“自在”状态下，受“天下主义”思想观念的影响，中华各民族成员以对“君主”的认同代替着对“国家”的认同，自“帝国主义的入侵使西方民族国家观念传入中国，近代民族国家观开始代替传统的‘天下观’”[①]。现实维度，在中华民族共同体一体形塑的进程中，“五个认同”的价值集聚则投向各民族成员对社会主义中国归属认同的价值确证，这凝聚着各民族成员共同遵守的道德规范和行为准则，反映着中华民族共同体的思想意志和心理品格，规制着中华民族共同体价值寻向的内部意涵和外部界限，共同催化生成中华民族共同体意识的价值缘起和历时强化。“五个认同”不仅能够使中华各民族认同其所属国家、赞颂社会主义建设所取得的惊人成就，并形成高级形式的积极评价表现，更能够在情感上使各民族成员自觉地承担起作为公民的职责和义务，强化其对社会主义中国的归属感。“五个认同”的各向度链接和逻辑

① 贺东航，谢伟民：《中国国家认同的历程与制约因素》，载《马克思主义与现实》第4期，2012年7月。

演进，促进了共通情感维系下的“民族—文化”认同，共享利益引导下的“政党—政治”认同，共同价值确证下的“国家—道路”认同，它们之间既固本强基，又各有侧重，整体呈现出以情感维系、精神标识和观念符号达致各民族共同遵循的价值共识，凸显了中华民族共同体意识的本质。

4. 中华民族共同体伟大复兴的中国梦意识。安德森认为，作为共同体的“民族”所进行的符号性强化和媒介性建构，需要以贯通历史与现实、对象性关系与对象性活动、目标性导引与动力性激发等共享理念的阐释来表达“言语、仪式、习俗等传统教化及对意义、团结和集体行动的寻求”①。共同体意识与中国梦价值共意的系统性阐发，通过生活目标与行为模式的终极性彰显和工具性诠释被论证和推崇。

客观存在的中华民族共同体是一种强大的民族力量，反映了个体的原生性根基，映照了共同体生活的各种象征，承袭了民族价值体认的自觉向度，是中国梦萌发的土壤与依托。由此而产生的中华民族共同体意识是中华民族共同体的深层记忆和民族国家精神意涵的符号化表达。中国梦的价值目标与中华民族共同体意识共同奠定着共同体阐发中华民族生存模式与文化价值体系的基础。它以中国梦理想愿景的共同体表达、“国家富强—民族振兴—人民幸福”的共同体阐释、指向了中华民族共同体意识“历史—现实—未来”衔接，延展于包括56个民族在内的中华民族生命存在圈的根基性向度，生发于中华民族“命运”“利益”“责任”共同体相互融贯的结构性中。这种价值表达形塑民族成员对自身和

① Gerard Delanty：Community：3rd Edition，Taylor & Francis Group，2018，p.179.

共同体价值的认识，成为各民族认识一致、观念契合、意志统一的状态。

中国梦是中华各民族对生存价值与生活意义的共同追寻，是中华民族共同体的价值体认与价值追求，是在本体生存与发展意义上，构建统一多民族国家共有精神家园的重要前提。中国梦认同意识是中华各民族成员在民族生存的客观实际与主观意向上，以对中国梦的价值认知为基础，对价值内涵的承认与赞同。在理想愿景和奋斗目标的现实表达中，中国梦展示着共同奋斗目标与共同价值接受和社会践行，是中华民族共同体意识的核心。基于中华民族共同体意识的价值诠释，中国梦对于共同体成员而言，是具有道德伦理规范和政治信仰性质的，是中华民族共同体意识和中国梦内涵的价值同构。中国梦是在历史与现实的链接中，在主体活动的践行里，对强盛、法治、文明、和谐、幸福梦想追求的决心意志和创造性本质。中国梦的最大特点是将共通情感、共有规范、共同目标彼此交织，促进其相互依存、相互影响，然后使国家、民族和个人结成命运共同体。同时，中国梦把国家利益、民族利益和每个人的合法利益都紧紧地联系在一起，共同构成了利益共同体，对各民族成员的社会化过程具有决定性意义。共通情感内蕴多元一体的基本特性，是共同规范产生的依据和共同目标实现的前提，处于最基本的层次，是奠定共同体生存与发展的内在基础；共有规范外化各民族成员一致的行为范式，其秉持着特定的价值标尺和行为准则，成为中华民族共同体不断凝聚的心理凭借；共同目标引领着共同体的发展向度，决定着中国梦在性质、方向及效用上的层次结构，以特定的主导性，作用于共通情感与共有规范，成为中华民族共同体实现愿景的动力和源泉。

中国梦由中华各民族在长期的生活实践中创造，是中华民族共同梦想升华至目标体系的价值诉求，彰显了中华民族在新时代场域下发展繁荣的共同意愿。其所承载的中华民族共同体的价值体认与价值追求，是分散的民族个体走向有组织、有聚合性的共同体的释义和表达，构成了中华民族共同体意识与中华民族伟大复兴链接的心理之轴。中华民族共同体作为一种以地域、语言、传统等为标识的现代人们共同体，只有拥有统一的价值共识才会产生共同行动。中国梦自然地被铭刻着中华民族的历史底色和文化特质，因此，其强大的感召力促进铸牢中华民族共同体意识，成为“主宰我们的生命、建构我们的政治和激发我们的爱国热情”[①]的重要力量之一。中华民族共同体的中国梦包含两个层面，一个承袭自民族的历史根脉，一个创生于民族的当下所需。承袭的是中华各民族形成与演进历程中互通往来沉淀下来的生存智慧与历史记忆，创新的是中华各民族进入新时代后，应该具备的共同奋斗目标。在历史层面，自春秋以降，所谓“人者，天地之心也”（《礼记·礼运》），原生早熟的中华文明就已经从神明转向人事伦理，其对人的尊重、关照和善待意味着民族尊严是共同体的特点。人本精神的深层意涵在于聚合关系的贵和持中，它包括中庸和谐、一统合一在内的整体性政治理念，也凝聚着各族人民的和合精神，是中华民族人本的价值需求。中国梦思想渗入到中华民族共同体意识的深处，成为处理人际关系、族际关系和社会关系的规范理念。在此基础上，所谓“天下有义则治，无义则乱”（《墨子·天志》），追求公义也是中国梦思想的体现，呈现出“大

---

① 〔美〕迈克尔·罗斯金等著:《政治科学》，北京：中国人民大学出版社，2009 年，第 67 页。

道之行也，天下为公”（《礼记·礼运》）的特点。在现实层面，中华民族共同体意识产生在中国梦所包括的民族身份、民族关系、民族认同和民族凝聚里。首先，中华民族共同体的特定身份，是基于共通情感连接着中华民族共同体意识的内涵，既是中华民族共同体意识生成的依托，又是中国梦生发的基础，是最具生命力的部分。这种由地缘传承和文化同质互构塑造出的身份意识和共同社会特征一旦被确立，将不再受地域、环境、语言、经济生活的变迁所限，必将呈现稳定性、内聚性、亲和性、一致性等内生性因子，彰显出个体成员判断、评价、选择的共同性。其次，人类历史上任何形式的共同体都必须以人作为社会关系的主体，以个体和群体的基本关系来凝聚各民族成员。中华民族共同体意识所规约的民族关系，聚焦于各民族成员关系的价值表达中，将具有差异性的个体诉求，以平等而有序的形式置于相关的制度设计与具体的实施安排中，并在群体活动与群体政治中组成社会关系的共同“结构”。在中华民族共同体整体发展视域下的共同体意识，是产生一切具象民族理念与行为示范的基石。最后，中华民族共同体意识的形成和发展紧密关联于统一多民族国家的群体凝聚，共通情感作为中华民族共同体的共同情绪体现，在同类价值意识中扮演着重要角色。它是民族成员共有的、反复发挥作用的文化精神、心理特质和性格特点的集合体，并在其连续性和稳定性的基础上，构建了中华民族共同体统一的心理纽带，是中华民族实体及其特质的积淀与结果。共有行为规范是社会性的约束机制，是中华民族共同体价值观念的具体化。其得益于民族共同体对象性活动的自觉设立和明确实施，反映了个体成员内聚与亲合的社会观感，进而延展为由同类价值意识外现的行为规范。

总之，中国梦是民族特质的梦想解读方式，在理解和被理解的视域融合中从国家层面、民族层面和个体层面，承载了共同体的价值目标，构成了民族复兴框架体系的共同性规约，是中华民族共同体意识的当代价值体现。

5. 中华民族共同体的共有精神家园认同意识。“精神家园”是建立在理性思维和理想信念基础之上的文化认同和精神寄托，其泛指人们的心灵追求、心理依存和精神期盼，与人们的物质家园相对应，是人们在精神层面追求的关于生活、支柱、动力、信仰等方面的总和。对中华民族而言，精神家园是在文化认同基础上产生的文化寄托、精神支柱、情感依附和心灵归宿，包含了中华民族经过长期的历史积淀所形成的特有的传统、习惯、风俗、精神、心理、情感等，是人们对生活意义、生存价值和生命归宿的一种精神与文化认同。中华民族共同体意识作为共识性价值和共鸣性情感的高度集聚，植根于中华优秀传统文化的意涵滋养，体现着文化传承价值意蕴下的民族文化基因以共生的价值追求构建共有精神家园的文化场域。中华民族共同体共有的精神家园寄托于中华文化体系之中，是中华各民族普遍认同的知识、价值、观念、情感等精神理念的集合，其以历史源远流长、内容丰富多样的中华文化为土壤，是各民族内心深处自觉或不自觉地心系之、情系之、命系之的文化定位与精神认同。从全球范围来看，民族国家建构的一个重大转向就是民族意识的形成和凝聚。共同体成员对利益共同体给予高度认同，并在精神层面形成联系密切、相互依存的价值共识。所以，中华民族共同体的共有精神家园认同意识，是将中华优秀传统文化的价值意涵进行创造性转化和创新性发展的心理自觉，是中华民族共同体意识的本质体现。从原始生成看，中华民族共同体共有精神家园是对其原初自然属性的超越，记载了中华民族的生存智慧、文化创造及精神追求，是基于自然环境和社会环境而生成的物质生活和精神追求，并表征着中华民族的精神自觉。从历史演进过程看，在一以贯之的“和而不同”“自强不息、厚德载物”“中庸”等不同历史时期，中华民族共有精神家园的内涵为中华民族成员所高度认同和不断传承。从现实形态看，新时代以中华优秀传统文化为根基、以马克思主义为指导、以社会主义核心价值体系为内核的中华民族共有精神家园，是各民族、各阶层、各群体所认同的精神场域。就具体内容而言，中华民族共同体共有的精神家园，包含历史和现实两个基本方面。就历史而言，中华民族精神是中华民族共有精神家园最核心的思想表达，是在历时演进的漫长进程中汲取多元族群文化精华而形成的共同的精神基因和共享的价值理念，其蕴含着中华文明的道德规范，框定着中华文化的价值准则。追根溯源，中华优秀传统文化所蕴含的一脉相承之精神追求和价值诉求，维系着多元主体身份认同之归属，是中华文明代代相传几千年从未间断的根本原因。中华民族精神在各民族的生活实践中发挥着精神导引和凝聚共识的重要作用，同时又为各民族成员所广泛理解、尊崇，并通过特定的社会行为方式表现出来，成为各民族成员共有的思想观念、价值信念、民族性格与认知心理，是民族认同和归属的本源所在。中华民族精神是中华民族多元族群共创且共享的文化积累和价值传统，在中华民族一体形塑过程中，多元族群异质文化的互动交融，打破了多元族群之间固有的文化隔阂与心理局限，在推动中华文化价值走向一体趋同的基础上，又促成了中华文化异质趋同的共进，最终在中华民族共同体内部成员之间形成了从“我”到“我们”的情感依赖和心理归属。道德规范是共有精神家园伦理层面的价值释义，呈现了民族共同体的成长历程。在中国数千年历史发展过程中，传统的儒家族类观影响着个体主观认可的国家归属感受，这种忧患意识和国家自豪感等主观感受，是共有精神家园形成的理论来源，映射出中华传统美德，同时也淬炼着共同体成员共享的价值规范与共通的心理旨趣。中华民族精神以超越时空的力量，把各民族成员牢牢地维系在一起，成为千百年来存在于人们心灵和现实生活中的纽带。就现实而言，作为中华文化价值体系的集中释义，以改革开放为核心的时代精神反映着中华优秀文化的正面意义，丰富了中华民族共有精神家园的涵养。事实上，维系中华民族共同体生生不息之根本始终在于共存、共荣、共享、共进的价值体系。以改革开放为核心的时代精神不仅体现着各民族共同的价值诉求，而且还表征着中华民族特有的精神标识，并在此基础上形成了以爱国主义为核心，以团结统一、爱好和平、勤劳勇敢、自强不息为主要内容的新时代的中华民族精神。在新时代，以改革开放为核心的时代精神必须基于马克思主义的指导，在习近平新时代中国特色社会主义思想的指引下，才能推动中华民族精神在各民族生活场域中不断实践和传承。因为习近平新时代中国特色社会主义思想是中华优秀传统文化时代传承的政治导向，一方面结合了中国社会发展的实际，强化了中华民族价值意涵的自觉；另一方面，深化了各民族成员的价值共享与情感共鸣，强化了共享价值理念的主体认同。所以，建设中华民族共同体的共有精神家园，离不开习近平新时代中国特色社会主义思想的引领。新时代的中华民族精神投向于探寻传统价值体系与当代价值诉求的契合融通。同时，它所诠释的诚信正义、崇德向善、爱国敬业等价值理念既遵守了社会主义要求，又借鉴了世界文明成果，体现了中华民族共同体意识的开放性。在中国特色社会主义时代场景中，在习近平新时代中国特色社会主义思想引领下，需要基于中华各民族共享价值的实践，凝聚价值共识、激发情感共鸣，从共有精神家园的层面，实现中华民族共同体意识的时代化和生活化，从而优化中华民族共同体意识的价值语境。

总之，中华民族共同体的共有精神家园认同意识，汲取于多元族群文化精华，汇聚为共同体共有的精神基因，蕴含着中华文明的道德规范，是中华民族共同体意识的重要组成部分，是聚合价值寻向的共同诉求，是强化共享价值理念的时代意旨，也是铸牢中华民族共同体意识之所向。

二、铸牢中华民族共同体意识的本质及属性

铸牢中华民族共同体意识是一项任重而道远的系统工程。其中，厘清其形成机理、特征和本质，分析其本质及属性，是前提性工作。这有利于进一步深刻认识大学生铸牢中华民族共同体意识的重要性、必要性，进而提高教育教学的可行性、针对性和适用性。

（一）铸牢中华民族共同体意识的本质

习近平总书记在党的十九大报告中鲜明提出“铸牢中华民族共同体意识”，[①]要贯彻落实习近平总书记关于新时代民族工作的重要指示，就需要把握几千年中华民族历史演进的客观规律，正确

① 习近平：《决胜全面建成小康社会 夺取新时代中国特色社会主义的伟大胜利——在中国共产党第十九次全国代表大会上的报告》，北京：人民出版社，2017年，第40页。

认识铸牢中华民族共同体意识的本质，彰显团结凝聚共同体成员共同实现中华民族伟大复兴的内生动力。

中华民族共同体，是中国历史长期发展的产物。中华民族共同体意识，是共同体成员及其先民们以共有历史文化为精神支撑，在“你中有我，我中有你，谁也离不开谁”[①]的共同命运历程中，所缔造凝结的共同身份认知。铸牢中华民族共同体意识的本质就是：在整合全体社会成员共同历史文化记忆与现实奋斗目标意愿的基础上，凝聚共识、凝心聚力，不断强化共同体成员的共有精神家园和心理归属感。

1. 不断凝聚共识。习近平总书记指出：“一部中国史，就是一部各民族交融汇聚成多元一体中华民族的历史，就是各民族共同缔造、发展、巩固统一的伟大祖国的历史。”[②]从中国近代史来看，1840 年的鸦片战争，英国军队用大炮轰开了中国的大门，帝国主义的入侵、封建势力的压榨、灭国亡种的危机，史无前例地把共同体成员紧紧连在一起共同反抗帝国主义列强侵略与奴役。自此，促使自在的中华民族共同体开始觉醒，不断扩展救亡运动。共同体成员命运相同、生死相依，迫切渴求中华民族能够解放、国家能够富强。近代以来，我国许多仁人志士，试图运用“师夷长技以制夷”的方式强国御辱，梁启超开创性地将“中华”与“民族”概念进行集成创新，形成“中华民族”的新概念，倡导建构“中华民族”，标志着中华民族自觉达到新阶段。孙中山构建“三民

① 习近平：《习近平总书记系列重要讲话读本》，北京：人民出版社，2016 年，第 179 页。

② 习近平：《在全国民族团结进步表彰大会的讲话》，2019 年 9 月 27 日，http：//www.xinhuanet.com/politics/leaders/2019-09/27/c_1125049000.htm（上网时间：2020 年 1 月 17 日）。

主义”之“五族共和”，以抗衡帝国主义瓜分中国和奴役中国。中国共产党的先驱者李大钊先生在《〈晨钟〉之使命》一文中，提出“新中华民族主义”的主张，指出要从政治制度上积极塑造中华民族精神。[①] 毛泽东同志在《民众的大联合》一文中，号召中国同胞以中华民族大联合的形式，共同实现思想、政治、经济、社会、教育等各方面的解放。[②] 中华民族从自在到自觉的进程，从形成伊始在历史与现实融通的前提下，就陆续嵌入了民族兴衰、社会兴废、国家兴亡的话语体系和价值取向。在寻求救亡图存、实现中华民族伟大复兴道路的过程中，共同体成员产生了同属中华民族的强烈认同感。在近现代救亡图存的共同斗争中，共同体成员清醒认识到，只有把自己的命运与中华民族的命运紧密相连，才会有前途，才能有希望。

从中国革命与建设实际过程来看，自 1921 年中国共产党成立以来，在中国共产党的领导下，中华民族不断团结、汇聚，积极投身于争取民族解放、维护国家独立的伟大斗争中。1931 年“九一八事变”爆发，中华民族面临前所未有的民族灾难，在中国共产党的领导下，各族儿女积极投身到抗日战争的洪流之中，并深切感受中华民族必须共同团结奋斗才能够救亡图存的道理，中华民族是一个命运共同体，只有团结一致，凝聚共识，共同体及其成员才能够生存与发展。1949 年新中国成立，开创了中华民族共同体繁荣发展史的新纪元。改革开放四十多年来，中国国家实力不断增强、国际地位不断上升、人民生活不断改善，极大地激发

① 中国李大钊研究会:《李大钊全集》第 1 卷，北京：人民出版社，2006 年。

② 中共中央文献研究室 中共湖南省委《毛泽东早期文稿》编辑组:《毛泽东早期文稿（1912.6—1920.11）》，长沙：湖南人民出版社，1990 年，394 页。

了全体中国人的国家认同感，显著增强了中华民族共同体意识。

从学理来看，铸牢中华民族共同体意识的本质就是指其根本性质，其本质之一即在实现中华民族伟大复兴中国梦的过程中不断凝聚共识。在政治理论上，社会制度缘于人们自由地选择。共同体是社会成员的集合，其需求是产生选择行为的动机。实现中华民族伟大复兴中国梦既是需求，是目标，成员个体与国家的需求关系确立了民族国家的行为形式结构，在此基础上形成了不断克服所遇千难万险以获得民族复兴的强大精神动力。就前者而言，需求推动行为；就后者而谈，行为强化并夯实需求。

2. 持续凝聚力量。存在决定意识，同时意识也反作用于存在。“中华民族共同体意识”作为一种群体“意识”，会影响到中华民族共同体的“存在”与发展。铸牢中华民族共同体意识的本质之二，就是通过在思想方面形成广泛共识的途径，持续凝聚中华民族共同体的精神力量，在此基础上把中华民族共同体意识的强大精神力量转化为各民族共同团结奋斗和共同繁荣发展的强大物质力量，以不断克服前进中的各种艰难险阻，使中华民族岿然屹立于世界民族之林。

（二）铸牢中华民族共同体意识的属性

在民族社会历时演进的漫长进程中，共同体成员及其先民们以共有历史文化为精神支撑，在长期生活实践中，由民族个体走向有组织聚合的共同体，共同缔造了统一多民族国家，共同创造了中华文化，共同培育了中华民族的精神。特殊历史条件下，在争取国家独立和民族解放、共同抵御外辱的抗争中，又将自在的中华民族发展成自觉的中华民族，导引着中华民族的一体形塑，聚合着共同体共享价值之情感共通，赋予铸牢中华民族共同体意识新时代的属性。

1. 国家认同是铸牢中华民族共同体意识的政治属性。国家是民族的政治顶层，民族是国家的基础。解读铸牢中华民族共同体意识的政治属性，能更好地强化中华各民族的国家政治认同，充分发挥其连接全体社会成员的纽带作用。“中华民族不仅是中华人民共和国的主体，支撑着这个现代国家的制度体系，而且为国家的统一和稳定奠定了社会政治基础。中华民族既是巨大的历史遗产，也是现代中国基础性的政治资源。中华民族越是统一、巩固，国家统一、稳定和发展的基础就越是雄厚。”[①] 在辛亥革命、抗日战争和中华人民共和国成立后，铸牢中华民族共同体意识通过政治制度和政策措施的形式，进一步增强了中华各民族对“中国统一多民族国家”的国家认同意识。政治制度和政策措施将铸牢中华民族共同体意识与国家政治权力相结合，一方面它们发挥了承载中华民族共同体意识的作用；另一方面他们将中华民族的愿景与国家和民族的政治权利诉求相结合，有力地促进了中国共产党领导的社会主义民主制度的形成与发展，增强了中华民族共同体的国家认同意识。

在中国古代，人们只有边陲观念而无边界观念，在“天下主义”思想观念的影响下，全体社会成员以对“君主”的认同代替着对“国家”的认同。随着鸦片战争的到来，近代国家观与民族观紧密结合。辛亥革命后建立的中华民国，提出“五族共和”就彰显了国家的政治性和民族性。然而历史和事实证明，民族资产

---

① 周平：《中华民族：中华现代国家的基石》，载《政治学研究》第4期，2015年8月。

阶级共和国方案在中国行不通，民族资产阶级不能根本地代表全中国人民。十月革命一声炮响，给中华民族送来了新生的希望。中国共产党代表着中华民族的根本利益，带领中华各民族进行彻底的反帝反封建斗争，中华人民共和国的成立向世界庄严宣告，“中国人民站起来了”。中华民族共同体一脉相承的精神追求和价值诉求代际相传几千年从未间断，是多元主体在长期共同生活中最深层的价值释义，其彰显着中华民族爱国向上的民族凝聚力，体认着中华文化核心意旨，负载着共同体成员的价值寻向，在民族复合体内部发展成真正的共同体。因此，只有统一共同体成员的价值共识，激发共同体成员的爱国热情，那种天然地被铭刻在共同体成员内心中的民族情感与规范才会以强大的感召力的形式释放。

2.“兼收并蓄”是铸牢中华民族共同体意识的民族属性。中华民族多元一体格局是我国的基本国情，是民族凝聚的历史凭借和承载共同体生命力的根基，维系着中华民族生生不息。在我国，多元民族构成是一个客观事实，用“兼收并蓄”来处理新时代的族际关系，体现了民族平等团结的精神，其关乎中华民族的整体利益和各民族的根本利益，是铸牢中华民族共同体意识的根本遵循之一。只有“兼收并蓄”，中华优秀文化才能真正统摄各民族的优秀文化，中华各民族才能对中华民族共同体产生认同感和归属感。只有“兼收并蓄”，中华各民族才能扩大交往交流交融，不断增强民族间的亲近感和亲切感，共同认同一体、维护一体、强化一体。

首先，从现实生活看，“兼收并蓄”有利于建立中华民族共同发展的物质基础和文化基础，使各民族成员在中华民族大家庭中手足相亲、守望相助，有利于实现中华民族大团结。而实现中华民族大团结是铸牢中华民族共同体意识的前提和基础，是形成各族群众共居、共学、共事、共乐的重要社会条件。铸牢中华民族共同体意识就是要通过“兼收并蓄”的途径去创造平等、团结、互助、和谐的族际关系，以化解民族矛盾、抵制境内外敌对势力的分裂与渗透企图，达到维护祖国统一，反对民族分裂的现实目的。其次，从历史经验看，“兼收并蓄”是中华民族共同体创建的历史文化记忆的延续，是中华民族共同体一体性价值理念的传承。从历史视域考镜源流，频繁的政治经济文化交往推动着共同体成员在更深层意义上交融。民族交流是民族关系的强化过程，催生着共同文化观念和文明意识的发展进步。铸牢中华民族共同体意识需要以凝聚成员的内在基点为核心，呈现共同体历时建构的多维图景，“兼收并蓄”体现了中华民族共同体意识的孕育发展和内涵嬗变，是共同体拥有持久生命力和旺盛活力的密码。通过描绘多元族群一体交融的时空面向，我们不难发现，有效推动民族互嵌的形成固化，使各成员真正团结起来，必须以兼收并蓄为交往交流交融的前提，创造强大的铸牢中华民族共同体意识的社会影响力。

3. 实现中华民族伟大复兴是铸牢中华民族共同体意识的时代属性。中华民族共同体意识虽然具有当代气息，但它自中华民族觉醒以来却从未中断其发挥积极作用。实现中华民族伟大复兴，是近代以来中华民族寻求民族独立与解放的历史延续，是中国共产党在领导革命、建设、改革时期建构中华民族共同体的新发展，也是“新时代”铸牢中华民族共同体意识的时代属性。将铸牢中华民族共同体意识与实现中华民族伟大复兴的诉求结合起来，既是国家富强的诉求，又是中华民族复兴和人民和谐幸福的诉求。中华民族伟大复兴是历史上中华民族梦想的现代反映，表明了铸牢中华民族共同体意识的发展方向。

在历史视域下，我国长期以来就是统一多民族国家，并在历史上形成了多元一体格局。拥有共同历史渊源、共同现实利益以及共同未来梦想的中华民族共同体，“同呼吸、共命运、心连心”的奋斗和发展历程，唤醒并激发了多元主体对实现中华民族伟大复兴的价值共识，并将这种命运共同体意识凝聚成共同体特有的价值形式，整合为民族成员共有的心理特质，赋予铸牢中华民族共同体意识时代属性。这既是由中华民族的历史发展趋势所造就的，也是在中华民族悠久的历史进程中形成的。中华各民族基于共识性价值和共通情感历史，凝聚对未来的憧憬，最大限度地整合了全体社会成员，对中华民族共同体身份皈依的心理，使中华各民族在中国特色社会主义的时代场域中，养成了对社会主义中国归属确证的主体自觉，并最终达成铸牢中华民族共同体意识的时代诉求。

总之，中华民族的国家认同、“兼收并蓄”和实现中华民族伟大复兴的价值理念，是形成中华民族共同体的民族整体意识、民族发展意识和民族复兴意识的基础，构成了铸牢中华民族共同体意识的政治属性、民族属性和时代属性。

第三节　铸牢中华民族共同体意识的特征

特征是事物本质和属性所体现出的特殊性。分析和掌握铸牢中华民族共同体意识相关概念的特征，有助于在相关的教育教学实践活动中，全面把握大学生铸牢中华民族共同体意识的本质，以提高该项思政工作的质量与水平。

一、中华民族共同体意识的基本特征

中华民族共同体意识是中华民族共同体价值共识的高度凝练和集中表达，反映了中华民族共同体价值底蕴、价值诉求与实践智慧，是中华民族五千年来共同命运和实践要求在价值信念方面的体现。中华民族共同体意识是一种行为上的务实性思维，具有政治性与科学性、历史性与现实性、一体性与时代性、民族性与开放性特征。

（一）政治性与科学性的统一

中华民族共同体意识作为国家意识形态的集中体现，具有国家与政治的元素。中华民族共同体意识具有政治性与科学性相统一的特点。首先，中华民族共同体意识具有国家认同的本质属性，是国家政治制度的价值基础和价值理念的基本呈现。中华民族共同体意识以各族人民秉持的价值信念作为意识的重要支撑力量，彰显中国特色社会主义的制度理念、社会凝聚目标和普遍价值追求，其具有中国特色、中国气派、中国优势。其次，新时代中国特色社会主义民族工作的核心是围绕铸牢中华民族共同体意识展开的，因此，研究中华民族共同体意识必须坚持马克思主义民族理论的根本立场，并集中反映中华民族的历史主流意识、政治法治意识、团结合作意识、共同发展意识和共存共荣意识。中华民族共同体意识能最大限度地承载全体社会成员在政治、经济、文化、生活、生态等方面的价值基础和价值理念。可以说，中华民族共同体意识具有鲜明的政治性，是社会主义核心价值观的体现。

同时，中华民族共同体意识包含了中华民族在共同历史命运、共同利益诉求、共同文化底蕴、共同未来期许、共同身份认同等方面的深刻认识，是中华民族在坚持科学的世界观和方法论的基础上，总结历史和现实发展规律后加以凝练而成的。中华民族共同体意识在辨识归属要素方面，以共同体成员统一而不破灭的内在精神纽带和多元族群一体交融的互动交往体验作为意识的基础；在行为期许要素方面，以共同体成员“一荣俱荣、一损俱损”的对象性活动及民族群体互助与互动的社会支持为行为规范，因而具有相应的科学性。

总之，中华民族共同体意识反映了民族成员约定俗成的心理定式，协调着共同生活方式和行为准则的标的，映照了社会主义意识形态的鲜明特征，指涉共同体论域内认同达致的演进向度，凸显了共同体成员的价值体认与价值追求，体现了政治性与科学性相统一。

（二）历史性与现实性的统一

中华民族共同体意识发轫于古代传统“华夷一统”思想，自觉于近代中华民族危难之中，途经辛亥革命、抗日战争，在中国共产党的领导下，中华民族在寻求复兴之路的历史征程中，共同体意识不断增强。新中国的成立，中华民族共同体意识发展进入新阶段，中华民族以中国共产党为领导核心，实现了民族平等和民族团结，中华民族共同体意识进入了不断强化时期。进入新时代，多元主体诉求指向生活实践，在中国共产党的引领下，共同体成员更加清晰明确了民族国家的未来图景——实现中华民族伟大的复兴。中华民族共同体意识在实践中升华，依赖行为、观念、情感组成共同体生活的价值标准，指向了共同体成员的社会创造，构成了共同体意识凝聚的思想共识。思想体系源于现实环境的客观需求。铸牢中华民族共同体意识与社会时代的变革息息相关，这使得从社会发展视域唤醒并激发共同体成员追求利益诉求的动力，调适并整合民族成员共同生活实践，达到中华民族共同体意识的历史性和现实性相统一。

自春秋以降，中华民族共同体意识就随着中华文明而生发，所谓“人者，天地之心也”（《礼记·礼运》），人本精神的深层意涵凝聚着人们的和合精神，也聚合着族际关系的贵和持中。包括中庸和谐、一统合一在内的整体性理念被中华民族共同体意识吸收、接纳，成为处理人际关系、族际关系和社会关系的规范性理念。在此基础上，“天下有义则治，无义则乱”（《墨子》），追求公义的价值理念也渗入中华民族共同体意识之中，并共同承袭、演进着中华民族的生存智慧与历史文化记忆，成为中华民族共同体的共同精神遗产。这些具有道德伦理规范的中国价值信念也成为中华民族共同体意识的历史性表征。中华民族共同体意识既承袭自中华民族的历史根脉，也创生于中华民族的当下所需。在新时代，中华民族共同体意识在“包容—浸润—涵养”中砥砺前行，通过文化价值观、道德观、伦理观切入共同体生活的实践，凸显了中华民族共同体意识的现实性。在民族国家现实场域中，打破各民族彼此之间的封闭与隔阂，注解作为共同体意识的感悟和设定，推进共同体成员对生存价值与生活意义的共同追求，意味着正向价值的再生产。可以说，中华民族的伟大复兴就是激励和推动社会成员实现价值共识的动力来源。在国家层面，中华民族共同体意识是中华各民族期盼的主权完整统一、祖国繁盛强大；在民族层面，各族人民认同中华民族伟大复兴、认同民族团结；在人民层面，各族人民希望过美好生活，实现共同富裕。“国家富强、民族振兴和人民幸福”①成为新时代中华民族共同体意识的现实性意愿。

总之，中华民族共同体意识既有对中华优秀传统文化的继承，又有对各个时期社会发展的诉求，体现了历史性和现实性相统一。中华民族共同体意识的不断发展，既离不开历史中国的思想资源，也离不开中华民族的现实整合，中华民族共同体意识只有在历史性与现实性相结合的条件下，才能为社会发展提供共同价值和发展方向，才能使中华民族共同体以更加坚定的意志实现伟大复兴。

（三）一体性与时代性的统一

中华民族共同体意识的一体性表现在它是在汲取和借鉴中华优秀文化的基础上，凝聚的共同体普遍认同的价值理念，体现了共同体对中国社会发展规律的全面认知，反映了共同体的共同愿望和共同追求。中华民族共同体意识的内容涵盖了政治、经济、历史、文化、社会、生态等价值理念，反映了中华民族对国家振兴、民族团结、社会发展的期盼，具有广泛的包容性和典型的一体性。中华民族共同体意识凝练了“最大公约数”的利益性目标和心理体验，同时，也是在广泛继承中华优秀传统文化精华和中华文明成果的基础上，在新时代的实践进程中凝聚的价值共识，其代表了中华民族共同体生存与发展的普遍的需要，具有典型的一体性。

---

① 孟东方，王资博：《中国梦的内涵、结构与路径优化》，载《重庆社会科学》第5期，2013年5月。

中华民族共同体意识是最具一体性和最具广泛性的价值理念，是“中国统一多民族国家”和“中国特色社会主义”价值体系中具有决定性作用的价值追求。一个社会的价值理念和思维方式反映了这个国家和社会在发展进程中不断体认和反思的实践历程，因而也具有相应的时代性的特征。中华民族共同体意识的时代性表明，它是对时代发展和人民大众的现实需求的综合反映。马克思主义的实践观认为，社会意识源于社会实践，即社会意识的产生与时代的需要和现实的实践紧密相连。中华民族共同体意识取决于特定时代的经济基础和上层建筑，是在对社会生活的反映和认识中形成的时代精神。正如恩格斯所说：“我们只能在我们时代的条件下进行认识，而且这些条件达到什么程度，我们便认识到什么程度。”[①]因此，中华民族共同体意识只有根植于时代发展的土壤，与时俱进，才有生命力。中华民族共同体意识的内涵和要素也必须紧跟时代的发展和现实的条件，不断进行阐释和完善，才能始终代表中华民族共同体的价值观念和利益诉求。所以，中华民族共同体意识具有鲜明的时代性。

总之，中华民族共同体意识既是中华民族对新时代发展的呼唤，也是对中国社会发展规律的总结，是与历史—当下—未来相联系的理论和实践思辨的产物。因此，中华民族共同体意识是一体性与时代性相统一。

（四）民族性与开放性的统一

中华民族共同体意识具有中华民族的鲜明特性，扎根于中华

① 《马克思恩格斯选集》第三卷，北京：人民出版社，1972 年，第 562 页。

民族的文化根基，在“尊重差异、包容多样”的思想共识中，以开放、包容的胸怀吸纳中华各民族的共同价值理念，具有民族性与开放性相统一的基本特征。中华民族共同体意识是中华民族赖以生存和发展的精神纽带、文化支撑和思想灵魂，是各民族共同的智慧结晶，指涉了共同体整体利益的最终通约。中华民族共同体意识只有植根于中华民族文化的深厚土壤之中，并与马克思主义的普遍真理相结合，才能成为中华各民族普遍遵循的价值指引。中华民族五千多年的历史发展中，共同享有发展成果的利益共享意识，在实践中演变指向多元一体的价值，社会成员在历史脉络与文化源流的深刻认同和高度自信，加快共同体意识的发展进程，成为民族共同体最深层的精神追求。因此，中华民族共同体意识体现了中华民族的品质和中华民族的精神，既符合中华民族的心理，又反映了中华民族的特征。所以，中华民族共同体意识具有鲜明的民族特色。

同时，随着民族成员情感归依与群体传承的身份定位，中华民族共同体意识也与时俱进，具有开放性的民族品格。聚焦中华民族精神财富，文化涵濡结构中的“浸润”既汲取了中华民族先祖们的各种优秀思想和文化成果，又在改革开放的进程中学习和借鉴世界各国的思想文化，这种长久影响和持久过程投射到共同体意识的文化理念，以共同体代际示范和现实展示的方式，形成美美与共的价值共识。随着社会的进步与发展，中华民族共同体意识发展必然具有世界影响，进行中外文明交流与互鉴。因此，我们应该从不同文明中寻求智慧、汲取营养，兼收并蓄、求同存异，取精华去糟粕，不断丰富中华民族共同体意识的内涵。

总之，在世界多元发展的今天，中华民族共同体需要在坚持民族特性的基础上，以开放的姿态携手世界各国共同迎接各种挑战，在共同体利益观念塑造的顺应中，共同推动人类文明进步和世界和平发展。

二、铸牢中华民族共同体意识的基本特征

（一）共同体认同与国家认同相统一

中华民族共同体意识是共同体成员对中华民族共同体客观存在的觉察与关注程度。中华民族共同体强调“共同体”的一致性，在共同条件下凸显了多民族与国家的相互关系，是超越单一民族的界限与局限而形成的命运共同体，而统一多民族国家的基本国情决定了中华民族共同体认同与统一多民族国家认同相统一。中华民族共同体意识具有鲜明的价值取向，具有共同体认同与国家认同相结合的基本特征，其既体现国家认同，又体现中华民族认同。铸牢中华民族共同体意识的功能，就在于进一步强化和统一共同体认同及国家认同。

从中华民族共同体意识的历史发展过程来看，统一多民族国家的建构与演变，促成了中华民族共同体意识的起源；而中华民族共同体意识的发展，也提升了统一多民族国家的建构能力，两者之间形成了良性互动。铸牢中华民族共同体意识并非只是单纯的意识形态问题。在实现中华民族伟大复兴的过程中，在统一多民族国家现代化治理的过程中，在全面粉碎国内外反华势力分裂中国企图的过程中，一方面需要进一步凝聚社会成员对中华民族的共识，以巩固中华民族共同体的认知基础，凝聚共同体的精神力量；另一方面还需要努力提升共同体成员的国家认同意识，以

明晰铸牢中华民族共同体意识的内在架构与边界属性，从而使共同体认同与国家认同统一起来，进而抵御极端思想和境外分裂渗透，构筑维护国家统一、民族团结的心理长城。因此，共同体认同和国家认同相统一，成为凝聚中华民族力量和统一多民族国家全体国民力量的最有效方式。

（二）尊重差异与包容多样相统一

中华民族多元一体格局是统一多民族国家的基本国情，铸牢中华民族共同体意识需要共同体成员在承认并正确理解多元一体格局的基础上，强化和维护一体的价值蕴含。在我国，多民族构成是一个客观事实，用“尊重差异、包容多样”来处理新时代的族际关系，体现了民族平等团结的精神，妥善解决了“多元”与“一体”的关系问题，使中国的族际关系转化为共生、共存、共享、共进、共荣的关系，关乎中华民族共同体的整体利益和共同体成员的根本利益，是铸牢中华民族共同体意识的根本遵循之一。只有“尊重差异、包容多样”，共同体成员才能对中华民族共同体产生认同感和归属感。只有“尊重差异、包容多样”，中华民族共同体成员才能扩大交往交流交融，不断增强民族间的亲近感和亲切感，共同认同一体、维护一体、强化一体。

首先，从现实社会看，尊重差异与包容多样有利于构建中华民族共同体发展的物质基础和精神基础，使共同体成员在中华民族大家庭中手足相亲、守望相助，有利于巩固中华民族大团结。而巩固中华民族大团结是铸牢中华民族共同体意识的前提和基础，是形成共同体成员共居、共学、共事、共乐的重要社会条件。铸牢中华民族共同体意识就是要通过尊重差异与包容多样的途径去构建平等、团结、互助、和谐的族际关系，以化解民族矛盾，有效抵御国内外反华势力分裂中国的企图，达到维护祖国统一，反对民族分裂的目的。其次，从历史经验看，尊重差异与包容多样是中华民族共同体所具有的共同历史文化记忆的延续，是中华民族共同体一体性价值理念的传承。铸牢中华民族共同体意识需要以尊重差异与包容多样相统一为基础，通过有效的制度建构、政策沟通与经济文化发展等综合方式，形成强大的铸牢中华民族共同体意识的精神力量与物质力量，以实现中华民族伟大复兴中国梦。

（三）强化归属感、依托感、责任感与铸牢中华民族共同体意识相统一

铸牢中华民族共同体意识是一个完整的体系。具体包括：共同体成员对中华民族共同体觉察与关注程度的满意性提升，在此基础上形成了共同体成员对中华民族共同体的归属感、依托感和使命感。铸牢中华民族共同体意识意味着在历史演进的向度上，继承并矫正未付诸真正的融情实践，整合全体社会成员的认知体验、价值信念和行为意愿之间的契合关系，不断有效提高共同体成员对中华民族共同体的觉察与关注程度，将其归属感、依托感、责任感与铸牢中华民族共同体意识相互交融统一。

首先，铸牢中华民族共同体意识是建立在共同体成员彼此交往交流交融基础上，不断提高共同体成员对中华民族共同体的觉察与关注程度，进而巩固其对中华民族共同体的广泛而深刻的认同。其中一方面需要靠理论知识、工作成就信息的供给，引导他们了解国家、共同体的基本情况；另一方面在社会生活各个领域，

通过社会实践，需要形成中华民族共同体的集体尊严，促成积极、正面的对中华民族共同体的共同印象与心理评价，使他们形成一种相对稳定的对中华民族共同体的归属感、依托感、责任感与美誉度。

其次，中华民族共同体意识是一种价值信念体系。铸牢中华民族共同体意识，意味着不断提升共同体成员对这种价值信念的深刻觉察与高度关注。这种深刻觉察与高度关注超越了单一民族的局限性、片面性与狭隘性。铸牢中华民族共同体意识就要在深刻觉察与高度关注共同体整体性基础上内化共同体全体成员的道德伦理关怀，以增强中华民族共同体意识的包容性。中华民族共同体在走向伟大复兴的过程中，必须实现共同体心灵的寄托，才能有助于中华民族共同体意识的稳定和延续。铸牢中华民族共同体意识本身就蕴含着自我与他者在人际、群际关系的道义、利益、目标、任务等方面的维系，是共同体成员完成思想认知与情感寄托后形成的对中华民族共同体意识的坚定价值信念。

最后，铸牢中华民族共同体意识需要共同体成员具备责任感。从根本意义上说，“责任就是由于尊重规律而产生的行为必要性”，[①]实际上，“人，每一个在道德上有价值的人，都要有所承担，不负任何责任的东西，不是人而是物件”。[②]在当前一个由多民族聚合而成的共同体中，每一名共同体成员都应在为中华民族的伟大复兴汇聚力量，每一成员都承担着对国家、对民族、对社会的

---

① 〔德〕康德著:《道德形而上学原理》，苗力田译，上海：上海人民出版社，2002 年，第 16 页。

② 〔德〕康德著:《道德形而上学原理》，苗力田译，上海：上海人民出版社，2002 年，第 4 页。

担当与责任。因此，铸牢中华民族共同体意识，需要用这种自觉责任感建立共同体成员对美好愿景与行动目标的认可，使共同体成员在强化认同中华民族共同体意识的基础上，采取积极进取态度，夯实多民族国家之民族根基，广泛参与社会主义社会实践，靠发展来促进中华民族共同体意识从强大精神力量转化为强大物质力量。

第四节 铸牢中华民族共同体意识的功能

体察、整合与挖掘中华民族共同体意识的功能，是大学生铸牢中华民族共同体意识系统中重要组成部分，是在对相关概念、本质、特征等方面理解的基础上，进一步开展大学生铸牢中华民族共同体意识理论研究以及指导具体教育教学实践活动的重要前提。

一、中华民族共同体意识的功能

中华民族共同体意识植根于社会成员的群体化标识与社会性规约，是各民族在交往交流交融的持久性社会互动中，秉持的共善价值信念、能动关怀意愿，信守的群体观念和共同的意志取向及获得的群体归属体验，并以现实表达的方式成为整合、凝聚、引领、激励共同体成员的灵魂，发挥着巨大的精神动力作用，同时也是中华民族安身立命、存续发展的支撑性和制约性条件。自党的十八大以来，习近平新时代民族工作思想有了创新性的发展。铸牢中华民族共同体意识有效地统合了社会成员关于族际关系、民族团结、民族发展等方面的共识，并最终升华为国家治理理念的组成部分。中华民族共同体意识构成了中华民族共同体的自觉心理状态和性格特征，并通过内外部环境的“交换”反作用于社会存在。一般而言，中华民族共同体意识的功能是确定的，虽然受内外部环境的影响，具有动态性，但从静态维度来看，中华民族共同体意识的功能是知、情、意的三者统一，进而影响各民族的行为，因此，中华民族共同体意识的功能是稳定的。中华民族共同体意识通过发挥整合价值理念功能、凝聚民族精神功能、引导行为规范功能、实现共同目标功能等不断推动中华民族共同体的发展。

（一）整合价值理念功能

中华民族共同体意识整合了各民族的多维度理念，是赋予各民族现实的心理现象的总体，并促成各民族形成共同的价值信念。中华民族共同体意识的“共同”性超越了各民族的族属划分及其局限性，是在整合共同体成员根本性、普遍性的价值共识后形成的对特定共同“价值”的认同及知、情、意的三者统一。不论何种社会共同体，都势必具有共同的价值理念，没有共同价值认同的“共同体”则难以维系。具体来说，“五个认同”“社会主义核心价值观”等价值内核可以被视为中华民族共同体意识的价值指向，是被共同体成员多向度“认同”的价值理念。毕竟中华民族共同体不是一个均质化的共同体，其内部并非毫无差异和无利益冲突，它不是“剥削它们的生命和它们的特殊的统一体，形成一些新的部分”[①]，相反，中华民族是具有明显内部差异性的共同体，

① 〔德〕斐迪南•滕尼斯：《共同体与社会：纯粹社会学的基本概念》，林荣远译，北京：商务印书馆，1999 年，第 246 页。

其共同价值理念会随着内外部环境的变化而变化。基于这样的逻辑，中华民族共同体意识必然要发挥价值整合的功能，知、情、意的三者统一方面，突出一致性、整体性，在尊重多元、包容差异的同时，强调中华民族在历史与现实的连接中，通过生活目标与行为模式诠释民族文化基因，夯实中华民族共同体意识价值体系的基础。

（二）凝聚民族精神功能

中华民族共同体意识的存在承载着对共有利益和民族尊严的自觉感知。在价值共意系统中，民族精神对共同体的生存与发展意义重大。在共同体意识影响下，观念导引、创新与成长的行为自觉生发为共同体成员的精神样态，进而形成观念契合、意志统一的民族精神。民族精神包含民族意识、民族文化、民族性格、民族价值观念等共同特质，是一个民族的内在基本心态。民族精神在内涵上表征为文化性的价值构成，其不仅助力和反映经济基础，还具象社会成员整体的价值追求。中华民族共同体意识具有凝聚民族共同体精神的功能，其强调客体化对象性目的与对象性能力，是“一种维护社会模式的工具”，在共同体成员理解性的视域融合中投射自我明晰、边界限定的价值归旨，从而保证共同体得以生存与发展。近代西方列强的入侵，改变了中华民族传统的“天下”观念，唤醒了中华民族同呼吸、共命运的共同体意识，也激发了共同体成员共同体意识中正面和富于肯定性精神价值的苏醒。中华民族共同体意识强调心理内容、心理过程、心理状态，推动共同体成员之间产生相互的认同、亲和、互助的心理体验，这时的民族精神已超越民族界限和民族局限性，成为各民族精神认同上的最大公约数，并由内而外自发、自觉地形成共同体成员对共同体的整体向心力和强大的聚合力。

（三）引导行为规范功能

行为是人类在生活中表现出来的生活态度及具体的生活方式，是不同的个人或群体在一定的物质条件下，在社会制度、个人价值观念的影响下，在生活中表现出来的行动举止特征，或对内外环境因素刺激所做出的能动反应。人们的行为受外在因素和内在因素的影响，外在因素主要是指客观存在的社会环境和自然环境的影响。内在因素主要是指各种心理因素，诸如人们的认识、情感、兴趣、愿望、需要、动机、理想、信念和价值观等。隐藏在行为背后的具有直接支配意义的需要和动机受“本民族的历史和现在社会、经济、政治活动进程所影响”。[①]根据人们对行为的界定，可以将其视为行为主体“在人格特性、价值、观念和群体归属的驱动或推动下采取的行动”[②]。受文化先天给定性的预设，“习得—传承—教化”连接着社会成员导引、创新与成长教化的行为自觉，在现实性上对社会成员给予价值引领、舆论导向和精神塑造，并通过社会成员的消化、积累，运用积淀为共同体的行为规范。中华民族共同体意识蕴含空间和心理双重维度，其功能在于规制社会成员的关系走向和共生态势。事实上，作为价值和情感的高度集聚，共同体意识由自发到自觉体现了社会成员的生活模式和行

① 〔美〕阿尔蒙德，〔美〕鲍威尔：《比较政治学：体系、过程和政策》，曹沛霖等译，北京：东方出版社，2007 年，第 26 页。

② 〔美〕马莎·L. 科塔姆等著：《政治心理学》，胡勇，陈刚译，北京：中国人民大学出版社，2013 年，第 2 页。

为标准。一方面中华民族共同体意识可以发挥正向的引导作用，用大家庭及其家庭成员的关系引导共同体成员的认知，规范共同体成员的行为，推动共同体成员朝着维系和发展中华民族共同体的方向采取积极的行动。另一方面是维护国家统一，反对民族分裂，用各民族“同呼吸、共命运、心连心”的光荣传统，规范共同体成员的行为。这一功能可以对破坏祖国统一和制造民族分裂行径施加舆论压力，对背离中华民族共同体发展方向的行为进行否定性的评价。

（四）实现共同目标功能

每一个民族在其生存和发展的过程中都会产生各种需要，这种受内部和外部环境影响的特定利益需求是引发其成员将自身需要和意愿转换为民族生存与发展而奋斗的目标。我国是统一的多民族国家，中华民族共同体意识需要以激励性的“认同”促进共同体成员努力实现共同目标。中华民族共同体成员在认知和感受内外部环境的过程中，形成对中华民族伟大复兴共同目标的价值体认。中华民族伟大复兴的中国梦需要所有共同体成员共同努力来实现这一目标。中华民族共同体意识的重要价值就在于可以发挥激励功能，使共同体成员清晰地获知实现中华民族伟大复兴是近代以来中华民族最伟大的梦想，是整个中华民族的共同梦想，激励共同体成员朝着共同的目标努力奋进。中华民族共同体的近代历程，使共同体成员清醒地认识到只有把自己的命运与中华民族的命运紧密相连，大家才能有前途，才能有希望，并激励共同体成员朝着共同的目标奋斗，共同抵御外部环境的干扰和压力，实现中华民族伟大复兴的奋斗目标。

二、铸牢中华民族共同体意识的功能

铸牢中华民族共同体意识的功能具体指其效能、功效。人们常说“没有方向的船，什么风都是逆风”。铸牢中华民族共同体意识就是强化共同体成员共同行动的思想指南，从而不断汇聚精神力量，使共同体成员间形成巩固的整体状态，并将精神力量转化为物质力量。

（一）全面觉察共同体

具体是指共同体成员在中华民族共同体的全面观察条件下对本共同体的正确知觉。铸牢中华民族共同体意识为共同体成员提供了理性、情感、道德、自信、价值等体验，以提高共同体成员的生命价值。其中对中华民族共同体的观察了解是基本前提条件，知觉是观察了解的结果，在此基础上作为共同体成员形成对中华民族共同体的集体认同，以培育共同体成员健全理性心理品质和健康人格，进而成为凝聚共同体成员精神力量的价值原点。离开共同体成员对中华民族共同体的全面觉察，凝聚全体共同体成员精神力量就失去了心理基础与前提。对中华民族共同体的觉察是全面的，不是片面的，既包括历史，又包括现实；既包括精神，又包括物质；既包括群体，又包括个体；既包括国内，又包括国外；既包括社会，又包括自然。

（二）不断关注共同体

作为中华民族共同体成员，对本共同体的关心与重视，是其共同体意识的主要内容。“个人对群体以至整个社会之心态的感受、想象、猜度、判断、推测，经过一番转换，或直接或间接，或在意识层面或在无意识层面，会反过来对个人的内心和行为形成某种影响。”[①] 社会属性是人的本质属性，共同体成员只有在意识正确的基础上，才能全身心投入到社会价值的创造过程中。铸牢中华民族共同体意识能有效弥合共同体成员的文化隔阂和价值冲突，能促进共同体成员在交往交流交融过程中，拉近个体成员的心理距离，使其更愿意相互接近，衍生出友爱、关心、同情、宽容、包容等同胞情感。而铸牢中华民族共同体意识的功能之一就是使共同体成员不断关心与重视共同体的生存和发展，将个体的生存和发展与共同体的生存和发展紧密联系起来，把小我融入大我，人生才会有海一样的宽阔，山一样的崇高，彼此间相互了解、相互尊重、相互包容、相互欣赏、相互学习、相互帮助，在此基础上进一步形成自觉自愿维护和发展中华民族共同体的动机及行为。

（三）强化维护共同体

任何共同体的生存和发展都离不开必要的维护，否则就难以生存和发展，这是古今中外的通例。铸牢中华民族共同体意识的功能之一就是通过保护与维持等措施使中华民族共同体免遭破坏。当前，国内外反华势力亡我之心不死，“三股势力”渗透持续进行，甚至在分裂中国、分裂中华民族共同体已经成为世界上一些国家对华政策的主要内容的情况下，作为中华民族共同体成员就必须通过铸牢中华民族共同体意识形成不断强化维护共同体的动机和行为，从而使中华民族共同体得以更好地生存。

---

① 杨宜音：《个体与宏观社会的心理关系：社会心态概念的界定》，载《社会学研究》第 4 期，2006 年 7 月。

（四）促进发展共同体

任何共同体只有实现了发展才有前途，才有希望。中华民族共同体的发展就是实现中华民族伟大复兴的中国梦。作为中华民族共同体成员通过全面觉察共同体、不断关注共同体、强化维护共同体的途径，最终都要落实到促进发展共同体上来，即将凝聚中华民族共同体全体成员的强大精神力量转化为促进实现中华民族伟大复兴中国梦的巨大物质力量，将实现共同体成员个人的人生价值过程与实现中华民族伟大复兴中国梦的过程统一起来，这是铸牢中华民族共同体意识的核心功能。

三、大学生铸牢中华民族共同体意识的功能

从功能的维度来探究高校教育教学，将铸牢的体制机制全过程全方位地渗入“立德树人”的体系之中，是厘清“在实践中运用规律改造主客观世界，以达到预期的结果”[①]的前提。后疫情时代，国际关系复杂多变，世界政治经济秩序动荡不安，如果忽略在校大学生意识形态领域的塑造，任由外界环境侵蚀和污染，那么多民族国家会因为失去凝聚力而涣散和瓦解。因此，大学生铸牢中华民族共同体意识刻不容缓，需要在政治认同、文化整合、社会归化功能层面夯实向上、向善、正能量的价值观念，破除不利于国家稳定和民族团结的因素，助力于中华民族共同体意识的培养。

① 张乐岭：《科学社会主义研究论稿》，北京：人民出版社，2012 年，第 78 页。

（一）政治认同功能

在世界范围内，多民族国家的巩固与发展不能脱离全体国民对国家的认同。认同是客观社会存在与个体意识作用相结合后形成的承认、认可和赞同情感。铸牢中华民族共同体意识，具有引导教育对象进行政治认同的功能，彰显了其在新时代和新环境下聚合共同体释义和梦想的政治表达，汇聚了共同体的共同价值理念。引领教育对象世界观、人生观和价值观，使其掌握社会公认的价值规范，接受并认可党和国家政治制度、方针政策、政治文化等，使他们实现国家认同、执政党认同、制度认同和道路认同的教育目标，即培育他们对中国共产党及其领导建立的中国特色社会主义制度和中国特色社会主义道路的认同，以确保政权巩固、社会稳定、国家统一、民族团结。

（二）文化认同功能

文化认同是指人们对一个群体或文化的身份认同感，又或者是指个人受其所属的群体或文化影响，而对该群体或文化产生的认同感。在现代社会中，文化认同也指代一种身份认同，是人根据文化传承、历史记忆、价值理念等逻辑思维在进一步认识客观世界的同时更进一步认知自身的过程。铸牢中华民族共同体意识阐明了对培育对象所具有的方法论意义——文化内核价值意蕴的涵养。它反映了共同体文化共意的社会实存，揭示了共同体文化共生的相互影响，注解着命运相济目标指向的文化阐释。因此，强调“礼义教化，是齐之也”的意识，发挥文化认同功能，帮助教育对象在认知客观世界的基础上，更进一步认知自我、认知他者，并从中找到中华民族共同体的共同性、一致性、整体性、联系性，以形成他们对中华民族共同体的文化自觉和心理归属。在多民族国家进行国家层面的共同文化建构，是解决民族统合难题的有效路径之一。

（三）社会归化功能

大学生铸牢中华民族共同体意识既是一种过程，又是一种结果，还是一种目标。需要凝结共识、聚拢人心，谋求“合力”发展的最大公约数。马克思说：“一个人的发展取决于和他直接或间接进行交往的其他一切人的发展。”[①] 在全球化时代，许多国家面临着各种激烈的竞争。面对多元化的世界，如何实现人类的全面、和谐、可持续发展，是全人类都在思考和探索的重大问题。铸牢中华民族共同体意识，深化在社会成员心理认知的自觉中，维系着多元主体身份认同之归属，蕴含着中华文明的道德规范，起着精神导引和共识凝聚的作用，是新时代解决“实现人的全面发展”的有效路径。同样，大学生铸牢中华民族共同体意识，就是把他们个体融入中华民族共同体之中，并依靠社会的发展和中华民族的发展解决他们自身发展所面临的问题，以实现在校大学生的全面发展。

---

① 《马克思恩格斯全集》第三卷，北京：人民出版社，1960 年，第 515 页。

第五章

大学生铸牢中华民族共同体意识的对策研究

大学生铸牢中华民族共同体意识是一个宏大的系统工程，需要从整体上把握其全局与思路，既需要营造良好的社会育人环境、校园育人环境、家庭育人环境，又需要社会、学校、家庭和在校大学生自身的共同努力、多方参与支持和各种资源的整合。本章对改进和加强新时代大学生铸牢中华民族共同体意识工作提出相应建议，并积极探索构建大学生铸牢中华民族共同体意识的有效路径。

第一节　高度重视是前提条件

大学生铸牢中华民族共同体意识是将在校大学生作为一个特殊的受众群体，使其在价值多元的社会背景下，巩固中华民族共同体的心理认同基础，成为社会主义的合格建设者和可靠接班人。同时，铸牢在校大学生中华民族共同体意识，还需要高校领导和教职员工提高认识，从教育教学的理性主义视角和人文情怀的感性主义视角出发，真正铸牢在校大学生中华民族共同体意识。

一、坚持党的领导，明确教学主旨

铸牢在校大学生中华民族共同体意识是新时代条件下对“立德树人”的基本遵循和本质规定。大学生思想政治教育具有鲜明的政治属性，铸牢在校大学生中华民族共同体意识，应根据新形势、新情况、新目标和新任务，提高政治站位，坚持正确导向，帮助和引领在校大学生铸牢中华民族共同体意识，使其能担负起中华民族复兴的大任。

（一）坚决维护党的领导，是大学生铸牢中华民族共同体意识的先决条件

中国特色社会主义事业是中国共产党领导的，“中国共产党的领导是中国特色社会主义最本质的特征。没有共产党，就没有新中国，就没有新中国的繁荣富强。坚持中国共产党这一坚强领导核心，是中华民族的命运所系”①。这充分说明，坚持党的领导是当代中国最高的政治原则，是中国特色社会主义最本质的特征和最大的优势，也是解决我国一切难题、办好我国一切大事的政治前提。只有坚持党的全面领导，才能确保铸牢在校大学生中华民族共同体意识工作的正确政治方向，这包括对该项工作的工作方向、整体布局、实践创新、高效决策以及全局把控等方面的政治领导，也是在新时代背景下完成党对高校思想政治教育工作的有效领导。

① 习近平：《习近平谈治国理政》第二卷，北京：外文出版社，2017 年，第 18 页。

（二）以习近平新时代中国特色社会主义思想为指导，是大学生铸牢中华民族共同体意识的必然要求

习近平新时代中国特色社会主义思想系统回答了新时代坚持和发展什么样的中国特色社会主义、怎样坚持和发展中国特色社会主义的重大时代课题。而西方反华势力和敌对势力对中国开展了形式多样的渗透活动，其中，对在校大学生进行分裂和渗透的活动，用民族分裂主义、暴力恐怖主义、宗教极端主义思想干扰在校大学生的主流价值观的形成。因此，只有以习近平新时代中国特色社会主义思想为指导，全面贯彻党的十九大和十九届二中、三中全会精神，特别是习近平总书记关于教育工作和民族工作的重要论述，全面统筹铸牢在校大学生中华民族共同体意识的各项工作，才能全面掌握高校思想政治教育工作的主动权，使在校大学生成为符合“立德树人”要求的新时代的合格人才。“要按照学懂、弄通、做实的要求，深化学习教育和宣传阐释，推动习近平新时代中国特色社会主义思想深入人心，引导干部群众增强维护习近平总书记核心地位、维护党中央权威和集中统一领导的自觉性坚定性”①，使习近平新时代中国特色社会主义思想成为大学生铸牢中华民族共同体意识的正确指导思想。

二、坚持正确政治方向，全面践行办学方针

新时代努力培养在校大学生，为国家发展储备人才，更需要我们在思想上提高认识，在理论上深化研究，在实践上创新途径。从维护中华民族共同体层面看，铸牢在校大学生中华民族共同体

① 《全国宣传部长会议在京召开——王沪宁出席并讲话》，载《人民日报》，2018 年 1 月 4 日。

意识，关系到中华民族伟大复兴中国梦的实现；从意识形态层面看，铸牢在校大学生中华民族共同体意识，有利于我们抵御国内外反华势力的干扰、破坏和渗透；从巩固中国共产党的执政基础来看，铸牢在校大学生中华民族共同体意识，有助于提高我们党的执政能力与水平。新时代铸牢在校大学生中华民族共同体意识，必须坚持正确的政治方向，以确保“立德树人”办学方针的实现。

（一）始终坚持社会主义的办学方向

2018 年 9 月习近平总书记在全国教育大会上强调发展教育事业一定要“坚持社会主义办学方向”[①]，深刻揭示了我国高校的社会主义性质。我国是中国共产党领导的社会主义国家，即办学要以社会主义为根本方向。只有办学方向正确，才能保证高等教育的社会主义性质，才能坚持党对高等教育的领导，高校才能培养出大批社会主义现代化事业的合格建设者和可靠接班人。坚持社会主义办学方向是具有战略性的任务，一方面要牢牢把握党对高校工作的领导权，培养一代又一代拥护中国共产党领导和我国社会主义制度，立志为中国特色社会主义事业奋斗终身的有用人才；另一方面要坚持扎根中国大地办教育，把高等教育与铸牢中华民族共同体意识的伟大事业紧密联系，以培养出又红又专的有用之才。

（二）巩固和强化马克思主义的指导地位

理想信念是立身之本。大学生铸牢中华民族共同体意识工作

① 习近平：《在北京大学师生座谈会上的讲话》，北京：人民出版社，2018 年，第 1 页。

必须毫不动摇地坚定这个“立身之本”。习近平总书记指出:“理想信念的坚定，来自思想理论的坚定。认识真理，掌握真理，信仰真理，捍卫真理，是坚定理想信念的精神前提。”[①]马克思主义就是中华民族实现伟大复兴、中国特色社会主义不断走向胜利之根本。习近平总书记强调:“在坚持马克思主义指导地位这一根本问题上，我们必须坚定不移，任何时候任何情况下都不能有丝毫动摇。”[②]铸牢在校大学生中华民族共同体意识，首先就要筑牢其思想的基石，充分发挥马克思主义在统领主流意识形态和引领中国特色社会主义各项事业的功能。思想理论方面的坚定清醒是政治上坚定的前提。大学生铸牢中华民族共同体意识，必须要坚定其对马克思主义的信念。高校要理直气壮地巩固和强化马克思主义在意识形态领域的指导地位，广泛开展马克思主义宣传教育活动，使在校大学生树立坚定的理想信念。同时，要敢于回应各种意识形态的挑战，旗帜鲜明地反对历史虚无主义、新自由主义、宗教极端主义、暴力恐怖主义、民族分裂主义，使在校大学生学会用马克思主义立场、观点、方法观察问题、分析问题、解决问题，补足其精神之钙、把准其思想之舵，铸牢在校大学生中华民族共同体意识之基。

三、进一步完善责任制，保障教学目标落实

当前，大学生铸牢中华民族共同体意识的责任划分不清晰，存在主导性和主体性不强、整合性和协同性较弱的薄弱环节，导致在校大学生中华民族共同体意识培育工作的实效性不凸显。因

---

① 习近平:《习近平谈治国理政》第二卷，北京：外文出版社，2017 年，第 50 页。
② 习近平:《习近平谈治国理政》第二卷，北京：外文出版社，2017 年，第 33 页。

此，应该在明晰各级党委政府、社会和高校各自权责的基础上，最大限度发挥各自优势，实现资源的有机整合和工作合力，在坚持以“中华民族一家亲，同心共筑中国梦”为总目标的基础上，协同构建科学规范和高效有序的实效机制，对全面推进铸牢在校大学生中华民族共同体意识具有重要作用。

（一）党委政府的组织领导是大学生铸牢中华民族共同体意识的组织前提条件

首先，各级党委政府是大学生铸牢中华民族共同体意识的组织领导者。在实际工作中通过其组织、计划、发动、实施、控制等管理职能的行使，发挥着意识形态价值引领和统筹协调社会资源的重要职能，并在实现思政育人目标和人财物匹配方面，影响和制约着铸牢在校大学生中华民族共同体意识的实际效果。恩格斯指出：“外部世界对人的影响表现在人的头脑中，反映在人的头脑中，成为感觉、思想、动机、意志，总之，成为‘理想的意图’，并且以这种形态变成‘理想的力量’。”[①] 党委政府作为铸牢在校大学生中华民族共同体意识的领导者、组织者、协调者、实施者，其工作职责是指导当地高校管理部门及当地高校用科学的理论武装大学生、用正确的舆论引导大学生、用高尚的情操塑造大学生、用感人的典型引领大学生，培育他们将个人的全面发展诉求寓于实现中华民族伟大复兴的共同目标之中，铸牢中华民族共同体意识。现实中，各级党委、政府既要关注社会稳定与发展的客观需要，又要关注当地社会各种现实问题，利用自身治理当地社会和

① 《马克思恩格斯选集》第四卷，北京：人民出版社，1995 年，第 232 页。

把控全局的领导能力，有效引领社会各界，特别是在校大学生，树立马克思主义“七观”、强化“五个认同”和“铸牢中华民族共同体意识”等，同时采取切实有效的政策措施，解决面临的各种社会现实问题，全面实现社会的长治久安和跨越式发展。

其次，各级党委、政府是大学生铸牢中华民族共同体意识教育的重要监督者和检查者。新时代要求党委、政府必须树牢“四个意识”，坚定“四个自信”，做到“两个维护”，在优化工作思路和教育理念的前提下，通过相关的监督检查，使当地高等教育管理部门和当地高校领导及教师员工牢固树立政治意识、责任意识和质量意识，以全面提升铸牢在校大学生中华民族共同体意识的“理想意图”、“理想力量”和“理想效果”。同时，优化铸牢在校大学生中华民族共同体意识的资源投入与产出之比，并“保证方向、提供动力、增强活力和凝聚力”[①]，确保铸牢在校大学生中华民族共同体意识必须遵循社会发展规律、民族发展规律、思想政治教育规律、学生成长成才规律，从而为中国特色社会主义事业培养出合格的建设者和可靠的接班人，为社会的稳定与发展培养生力军。

（二）明确社会的协同育人责任是大学生铸牢中华民族共同体意识的重要基础保障

社会是由人与人之间形成的关系总和，马克思曾指出：主体，即社会[②]。这说明主体在本质上是能动的、创造的和发展的，主体

---

① 郑永廷:《把高校思想政治工作贯穿教育教学全过程的若干思考》，载《思想理论教育》第1期，2017年1月。

② 《马克思恩格斯选集》第二卷，北京：人民出版社，1995年，第19页。

的社会性就是人的共同存在方式。大学生铸牢中华民族共同体意识也类属于社会活动的范畴。社会具有整合和调节社会资源、继承弘扬优秀传统文化、促进各民族交往交流的作用和地位，为铸牢在校大学生中华民族共同体意识提供良好的社会环境。

社会在各级党委和政府的领导下，能整合各界的资源与力量，并协同各级党委政府传播中华民族共同体主流价值理念，营造出当地新时代良好的社会环境氛围。明确社会的协同责任，能更好地引领全社会成员培育中国精神、实现中国价值和凝聚中国力量，为大学生铸牢中华民族共同体意识提供良好的社会环境和道德滋养。社会的协同责任，在社会环境的营造和社会主流意识形态传播的过程中得以体现。充满正能量的社会舆论导向可以引领和塑造每个社会成员的主流意识形态，形成全社会自觉引领、科学引领的内生动力，并将其用于优化铸牢在校大学生中华民族共同体意识的社会环境之中，不断增强社会协同教育的实效性，从而为铸牢在校大学生中华民族共同体意识提供良好的社会环境。

（三）明晰高校的主体责任是大学生铸牢中华民族共同体意识的客观需要

1. 加强高校党委的组织管理责任。高校党委是培育在校大学生中华民族共同体意识的责任主体，是高校的政治核心，在“为谁培养人、培养什么人、如何培养人”方面肩负着“把方向、管大局、作决策、保落实”的重要责任。思想上认识不到位，铸牢在校大学生中华民族共同体意识的工作就无法做到位。铸牢在校大学生中华民族共同体意识需要高校党委领导班子在思想认识上与党中央保持高度一致，必须在充分认识该项工作重要性、全局性、战略性的基础上，要做深、做实、做细、做好、做透、做强相关工作。

首先，高校党委要深刻领会“中华民族一家亲，同心共筑中国梦”总目标的内涵意蕴，围绕“立德树人”的中心环节和“德育为先”的教育标准，充分做好组织协调、政治领导、方向引导和统筹协调等工作，强化铸牢中华民族共同体意识的管理责任。高校党委主要领导作为第一责任人，要努力提高对该项工作重要性的认识，并作为“一把手工程”将其列入学校党委的议事日程，在方向保障、战略制定、理念指导、队伍建设、条件保障等方面进行科学的顶层设计，以确保铸牢在校大学生中华民族共同体意识工作顺利进行，并取得实效。

其次，高校要优化党委统一领导、各部门齐抓共管的工作机制，以形成强大的工作合力。一是构筑校党委—职能部门—院系—班级“机构纵向联动”和宣传系统—组织系统—学工系统—教学系统—科研系统—服务系统“横向联动”的立体联动培育网络，形成“党团干部—思想政治理论课教师—其他哲学社会科学教师—专业课教师—学工干部—辅导员—班主任—管理和服务工作者”的协同工作格局，使铸牢在校大学生中华民族共同体意识的组织培育、课程培育、实践培育、网络培育、日程生活培育能够达到相互支撑配合、相互延伸关联、相互交融补充的状态，实现全员育人、全过程育人、全方位育人、全领域育人、全层次育人，切实推进铸牢在校大学生中华民族共同体意识的教育工作。

再次，高校党委要善为勇为。一是党委要在教师引进、课程建设、教材选用、学术活动等重大问题上严把政治关，不断优化全校育人环境。二是党委负责管理铸牢在校大学生中华民族共同体意识的网络阵地建设与实施进展。可以通过聘请网络专业技术人员作为顾问，检测校园网络平台，也可以利用大数据不断细化监管工作。

最后，高校党委要巩固全校铸牢中华民族共同体意识工作的政治基础。要通过一系列理论学习，学出成效、学出实效、学出长效，不断增强学校领导班子正确领导铸牢全校师生中华民族共同体意识工作的能力，彻底转变说起来“重要”、忙起来“不要”的现状，真正实现内行领导管内行，不断提高工作质量与效率，真正掌握工作的主动权。

2. 落实教书育人、管理育人和服务育人者的工作责任。大学生铸牢中华民族共同体意识，必须由相应的教书育人、管理育人、服务育人的施教者去落实完成高校党委确定的相关目标、任务。施教者的综合素质如何，直接影响到铸牢在校大学生中华民族共同体意识的质量和水平，进而影响到教育成效。基于此，高校应以在校大学生中华民族共同体意识培育为目标指引，提高本校教育工作者对铸牢在校大学生中华民族共同体意识重要性的认识、素质与能力。

一是坚持正确的政治方向、把握正确的政治原则是铸牢在校大学生中华民族共同体意识教育的根本所在。施教者是铸牢在校大学生中华民族共同体意识的具体执行者，正所谓“己欲立而立人，己欲达而达人”。[①] 因此，施教者必须具有坚定的政治方向，在事关政治重大原则方面容不得半点含糊与动摇。同时施教者要解决好对马克思主义、对中国共产党、对中国特色社会主义“真

---

① 郭会坡：《论语前十篇述真》，上海：上海社会科学院出版社，2020 年，第 154 页。

信”的问题，只有做到明道、信道，才能真正授业解惑。

二是施教者在铸牢在校大学生中华民族共同体意识的教育教学中发挥着各自独特的重要作用，承担落实高校思政教育工作的主要责任，有效增强其使命感、责任感、紧迫感和主动性、积极性、创造性，有利于提高教育质量。加强施教者的教育和培训，增强其自身理论修养、理想信念、大局观念、业务能力等，是开展该项工作的前提和基础。

三是思想政治教育理论课教师和哲学社会科学课教师是发挥以课堂传授和实践教学主渠道的第一责任人。同时，这类教师还是学校进行学术研究的研究人员。铸牢在校大学生中华民族共同体意识是专业性、实践性、导向性、政治性非常强的教育活动，教师除了要具备深厚的理论功底和学术素养之外，还需要深入了解和具体掌握在校大学生思想政治状况和行为特征，引导他们将相关政治理论知识“内化于心、外化于行”。

四是发挥多学科知识集成的整体优势。铸牢在校大学生中华民族共同体意识除了要依托思想政治理论课、政治学、伦理学、管理学、民族学、社会学等哲学社会科学课程外，还需要兼顾其他科学的教育途径。一方面，仅仅依靠某一学科的研究视角、理论方法难以实现教育内容、形式、方法、质量的全面提升；另一方面，多学科、跨学科的知识集成与创新，有利于有效破解铸牢在校大学生中华民族共同体意识的各种教学难题。

四、把握时代性，实现课程体系与时俱进

新时代铸牢在校大学生中华民族共同体意识，必须推进课程体系的全面创新，体现与时俱进的特征。铸牢中华民族共同体意

识是新时代思想政治教育的目标指向，是实现中华民族伟大复兴中国梦的必然要求。因此，铸牢在校大学生中华民族共同体意识必须紧紧围绕和服务于“中华民族一家亲，同心共筑中国梦”的总目标，在教学理念、教学内容、教学方法、教学体制、教学机制上进行系统的创新与完善，从整体上有序推进铸牢在校大学生中华民族共同体意识的逻辑建构，为在校大学生动态观察宏观世界及洞察微观世界提供新视角。因此，课程体系既要坚持原有理念、内容、方法的合理性，又要形成符合新时代特征和针对在校大学生心理特点的教育教学理念、内容和方法。铸牢在校大学生中华民族共同体意识的课程体系建设，主要涉及学科体系建设、教学体系建设、教材体系建设等，是培养目标的具体化和精细化体现。

（一）深化学科体系建设

铸牢在校大学生中华民族共同体意识，紧扣人民幸福的初心和中华民族复兴的使命，是一项具有时代紧迫感、使命感和责任感的宏大系统工程。因此，需要进行学科体系建设，它包含三个方面：第一，构成科学学术体系的各个分支的建设，不断凝练学科发展方向，使涉及铸牢在校大学生中华民族共同体意识的知识从碎片化向系统化转化，形成学理、法理、政理相统一的相关学科体系，为相关的教育教学活动奠定坚实的学科基础；第二，在特定研究领域生成的专门知识，通过有组织的科学研究，进行联合攻关，形成铸牢在校大学生中华民族共同体意识的知识体系，为相关的教育教学活动奠定坚实的知识基础；第三，教学科研人员队伍和设施建设，学科建设与知识发展都必须依靠人与相关平台来完成，因此，还必须强化队伍与设施的建设，为相关的教育教学活动提供人员与平台保障。要通过相关的学科建设，撬动思政课的改革，促进思政教育质量的提高。

（二）强化教学体系建设

铸牢在校大学生中华民族共同体意识属于思想政治教育的领域，要发挥好新时代思想政治教育的功用性，就需要不断强化教学体系的建设。要提高铸牢在校大学生中华民族共同体意识的教育教学效果，必须积极探索具有新时代特色的教育教学方法，不断开拓在校大学生喜闻乐见、贴近其思想实际的教育路径和形式。一是优化教学设计，建立通识教育、专业教育、创新教育相结合的“三位一体”教育体系。将铸牢在校大学生中华民族共同体意识教育贯穿于他们的教育教学全过程。推进通识教育与专业教育相融合的课程机制建设，用课程思政带动一系列特色课程建设，使他们在自然科学、人文社会科学等通识素质教育中不断增强“四个自信”、坚定“五个认同”，进一步巩固爱国主义教育的成果。二是深化本科教育模式改革，促进在校大学生的全面发展。高校可以以“互联网 +”、慕课等为平台，创设铸牢在校大学生中华民族共同体意识的主题教育课程。同时，积极激发学生的好奇心、求知欲和创造潜力，建设能弘扬中华民族优秀文化、爱国主义精神、深化民族团结进步与抵御“三股势力”渗透教育于一体的综合素养课程，以美育人、以文化人、以情感人、以理服人、以德树人、以心聚人，努力为他们提供更好的学习和成长体验。

（三）深化教材体系改革

教材是教学的主要依据，是体现学科内容最标准、最权威的材料。铸牢在校大学生中华民族共同体意识应及时补充和完善相关的教材体系。其教材体系要全面反映课程要求和学科内容，构建与时俱进的、贴近在校大学生思想实际的、便于在校大学生学习的教材体系。首先，要强化对相关教材的导向和质量把关，优先选用高校核心课程教材目录中的教材。同时，健全教材的编审机制，明确教材选用管理责任、要求、程序和使用效果的评估，加强教材建设委员会的建设。在教材编审专家的选取问题上，要聘请政治立场坚定、专业造诣深厚、教学经验丰富、熟悉教材建设规律的专家和学者，以确保教材编写和修订的质量与水平。其次，教材内容要面向生活、面向社会、面向实践、面向学生思想实际。该类教材要及时反映马克思主义民族理论中国化的最新理论成果，同时还要及时将党和国家相关的路线、方针、政策、精神等融入教材，为课程增加现实感和时代感，着力提升教材的思想性、科学性、时代性、系统性和学理性。最后，教学素材要多从学生角度挖掘教育资源。铸牢在校大学生中华民族共同体意识的对象是在校大学生，因此不能简单地从理论逻辑出发、虚对虚地编写修订教材，而是需要“对症下药”，既要关注大学生成长和认知的心理规律，也要贴近大学生的思想认知发展规律和思想实际，实打实地完善教材。同时，在教材中可以适当加入案例和专题，引导大学生在问题讨论和案例分析中加深对所学知识的理解和掌握，使其全面接受、吸收及消化相关教育教学的重难点，增强教材的可读性和吸引力。

五、强调精细性，保证教学内容有效

习近平总书记指出，“我国高等教育肩负着培养德智体美全面发展的社会主义事业建设者和接班人的重大任务，必须坚持正确政治方向”，[①]高校要“不断提高学生思想水平、政治觉悟、道德品质、文化素养，让学生成为德才兼备、全面发展的人才”[②]，同时要引导学生“正确认识世界和中国发展大势，正确认识中国特色和国际比较，正确认识时代责任和历史使命，正确认识远大抱负和脚踏实地”[③]。总书记的这些重要论述为新时代思想政治理论课内容建设指明了方向与目标。

铸牢在校大学生中华民族共同体意识教育内容应该有宏观的整体视野，重点突出中华民族共同体的共同历史命运、共同文化底蕴、共同发展理念、共同团结利益、共同奋斗使命等内容。同时，还需要在微观层面上将在校大学生的人生价值与中华民族共同体的集体价值融通内化，把实现人生目标的路径与实现中华民族伟大复兴的路径相统一，在学理、政理、法理三个维度将国家意识教育、“三个离不开”思想教育、马克思主义理论及其“七观”教育、“四个自信”教育、“五个认同”教育、社会主义核心价值观培育、爱国主义教育、中华优秀传统文化教育、新时代中国特色社会主义思想和中国梦教育、反分裂反渗透教育、深化民族团结进步教育及各民族交往交流交融的实践教育等融会贯通，确

① 习近平：《把思想政治工作贯穿教育教学全过程 开创我国高等教育事业发展新局面》，载《人民日报》2016 年 12 月 9 日，第 1 版。

② 习近平：《把思想政治工作贯穿教育教学全过程 开创我国高等教育事业发展新局面》，载《人民日报》2016 年 12 月 9 日，第 1 版。

③ 习近平：《把思想政治工作贯穿教育教学全过程 开创我国高等教育事业发展新局面》，载《人民日报》2016 年 12 月 9 日，第 1 版。

保其教学内容的权威性、科学性、有效性、系统性、平衡性与连贯性，实现精细化教育。如教学内容可以综合利用各种素材、资料、文物、遗迹等，讲清、说透、阐明“新疆、西藏、台湾岛是祖国不可分割的一部分”“中国各民族是中华民族大家庭中的成员”“我国各民族文化是中华文化的一部分”等；教师要善于利用正确、丰富的信息，充分说明“历史和中国人民为什么会选择共产党”“中华民族为什么能够实现伟大复兴？”等，最大限度地把历史事实与现实需要结合起来。正确、有效回答在校大学生普遍关心的热点、难点、疑点、敏感点等问题，使相关的教学内容能够入脑、铸魂、强意、导行。

六、突出层次性，提高教学活动质量

铸牢在校大学生中华民族共同体意识是一种综合性教育，注重“知行合一”。因此，如何突出教育的层次性，发挥其高效的整体优势，提高教学实践活动的质量，是该项工作顺利达到目的的关键。

首先，铸牢在校大学生中华民族共同体意识教学实践活动的重点是对其进行中华优秀传统文化教育和爱国主义教育。通过开展教学实践活动，可以使其深刻感受到中华优秀传统文化和爱国主义精神的当代价值。当前关于中华优秀传统文化教育和爱国主义教育实践活动的资源较为丰富，如高校可以充分利用历史馆、博物馆、爱国主义教育基地等资源，让在校大学生走出校园，走进各场馆或者基地，以直观有效的方式了解中华民族博大精深的文化，增强中华优秀传统文化教育和爱国主义教育的知识性、科学性和趣味性；高校还可以举办各类“耀我中华”研讨会、“美丽中国”演讲会、“我和我的祖国”报告会和“爱国歌曲大家唱”文艺演出等活动，让在校大学生在参与中受到启迪，得到提高；也可以通过征文、主题班会及党、团组织活动等弘扬中华优秀传统文化和爱国主义精神，并利用校园广播、校报、板报、公众号、网站等宣传媒体开设专栏，进行跟踪报道，优化铸牢在校大学生中华民族共同体意识教育的环境氛围。

其次，铸牢在校大学生中华民族共同体意识教学实践活动的焦点是深化民族团结进步教育。民族团结是中国民族工作的主题之一，维护民族团结是公民的法定义务。要针对境内外反华势力对我国的渗透情况，有针对性地加强对在校大学生的民族团结教育，使其充分认识民族团结的重要性，知晓中华复兴、团结先行的道理，认清西方反华势力和敌对势力的本质与危害，自觉成为维护民族团结的先行者。高校可以借助党团课教育讲好民族团结故事，用古为今用、洋为中用的理念，找准“尊重差异，包容多样”与“五个认同”教育的最佳契合点。例如，用马克思主义民族团结理论、“求大同、存小异”、“以人为本”、“大道之行者，天下为公”等历史典故讲述中国共产党领导中华民族共同团结奋斗、走向胜利的历史必然，进而提升在校大学生对中华民族共同体意识的心理认同。

再次，铸牢在校大学生中华民族共同体意识教学实践活动的难点是对其进行法治教育。教师除了在《形势与政策》等相关课程的课堂上开设法治教育专题，进行必要的普法教育外，还应该组织与法治教育有关的理论专题沙龙、法治辩论赛、法治教育知识问答等，讲清各民族成员的合法权益和法定义务，强调各民族成员在法律面前一律平等，“一视同仁，一断于法”[①]，以强化在校大学生的遵纪守法意识。同时，通过参观法院、检察院、监狱、拘留所等单位，引导其形成法律底线和原则操守。

最后，建立铸牢在校大学生中华民族共同体意识的实践教育基地。高校有必要建设一批质量较高的社会实践教育基地，以最直观、最生动、最形象的教育教学模式凝聚大学生、感召大学生、鼓舞大学生、教育大学生，以提高教学活动的质量。如高校可以创设民族团结进步教育基地，通过全面深化民族团结进步创建工作，充实铸牢在校大学生中华民族共同体意识教学活动的内容与形式，使他们在实践教育活动中，塑造各民族团结进步、交往交流交融的价值认知，以推动高校良好校风、教风和学风的形成。

第二节　手段创新是基本保证

长期以来，传统的思想政治教育途径与方法存在着实效性不强的问题。所以，教育教学手段的创新，既是提高思想政治教育实效的内在要求，又是新时代大学生铸牢中华民族共同体意识的时代课题和任务。

一、工作观念上实现由“堵”到“疏”转变

习近平总书记强调：“思想政治理论课是落实立德树人根本任

① 习近平：《在全国民族团结进步表彰大会上的讲话》，载《人民日报》2019 年 9 月 27 日，第 1 版。

务的关键课程。”[①]因此，铸牢在校大学生中华民族共同体意识教育需要改变以往的工作观念，面对新形势、新要求、新情况、新特点，注重以学生易于参与的途径、乐于接受的方式、愿于接受的内容，打造具有中国特色的校园育人体系，在创新思想政治教育方式方法上下功夫，把“铸牢中华民族共同体意识”融入到各民族学生学习与生活中，努力做到化于无形、融于细微，既“润物细无声”，又“细品有回味”。

（一）工作方法的创新

提高铸牢在校大学生中华民族共同体意识的实效性，从根本上说是以在校大学生的思想实际变化规律为准则，使其具备正确的理想信念，成长为中国特色社会主义的合格建设者和可靠接班人。这项工作既要教育人、引导人，也要关心人、帮助人。因此，相关的工作方法需要推陈出新，要把思想政治教育与大学生的思想实际联系起来，将“有意义”和“有意思”相结合、思想性和普遍性相结合、“喷灌漫灌”与“精准滴灌”相结合。

一是将中华民族共同体意识教育从枯燥的精神世界融入到鲜活的生活世界。为此，要建立全流程、长效化、响应迅速、服务周到的学生信息反馈渠道。可以通过开展形式多样的线上与线下的问卷调研和个人访谈，深入了解在校大学生思想认知中存在的问题及疑惑，及时准确、客观、全面地了解他们的思想状况，并适时调整铸牢在校大学生中华民族共同体意识教育的重难点和阶段性教学安排，使教育引导与在校大学生的思想状况相协调。

① 习近平：《用新时代中国特色社会主义思想铸魂育人　贯彻党的教育方针落实立德树人根本任务》，载《人民日报》2019 年 3 月 19 日，第 1 版。

二是针对不同层次、不同特点、不同类型的学生，通过阶梯、递进、层级式的教育方式，设计出针对性强、适用性高、感召力大的思想政治教育方案。例如，针对大一学生，进行铸牢中华民族共同体意识的通识课教育，使其达到耳熟能详、应知应会的程度，并将铸牢在校大学生中华民族共同体意识与对当前社会热点问题的正确分析及解读紧密结合，使他们牢固树立马克思主义的世界观、人生观、价值观、国家观、民族观、文化观和宗教观。针对大二、大三学生，紧密结合其思想状况积极开展实践教育活动，用实践教育的方法提高他们铸牢中华民族共同体意识的思维能力，激发其对中华民族共同体意识的认同感、归属感。大四学生即将走上社会，他们面临的最大问题就是就业。因此，应该以此为契机，紧跟学生的需求，引导他们将小我寓于中华民族共同体的大我之中，帮助在校大学生塑造为实现中华民族伟大复兴而不懈奋斗的生涯规划。

（二）教育教学方法与手段的完善

教学方法是教学过程中，教师与学生为实现教学目的和教学任务等要求，在教学活动中所采取的行为方式的总称。铸牢在校大学生中华民族共同体意识属于思想政治教育的范畴，自然离不开教学方法的完善与改进。课堂主渠道教育是他们接受相关教育的直接场所，也是完成该项工作任务的主要途径。高校必须紧紧依靠课堂教学这块主阵地与主渠道，从教育观念、培养目标、教育内容、教育方法与手段以及管理体制等若干要素着手，以最优化的教育作用于在校大学生。“填鸭式”灌输教学方法是思想政治教育的传统教学方法，其阻碍了学生主观能动性以及思维的发展，降低了学生的学习兴趣，扼杀了学生的学习积极性，不能培养学生的创新思维和能力，严重地影响了学生创新才能的发展。因此，铸牢在校大学生中华民族共同体意识要加大教育方式方法的创新力度，革新传统的教育方法与手段，强化课堂教育的融通，发挥教育载体的多维渗透性，提高他们正确分析问题、妥善解决问题的能力。思想政治理论课教师和其他专业课教师及相关教育管理者需要及时有效获得在校大学生内化中华民族共同体意识知识和理论的反馈信息，并对其内化效果进行科学的评估，以此为基础改进和创新教育教学的内容、方法和模式。努力做到教学方法指导思想先进、基本方法科学、具体方法适当、教学方式适宜，在调动他们学习的主动性、自觉性的同时，激发他们的思维积极性与创新性。例如，高校可以充分利用 5G 大互联时代的机遇，将部分枯燥、深奥的理论内容同在校大学生感兴趣的动漫、视频、微电影等形式结合起来，从外部赋予这些内容一定的现代色彩，以便于他们接受，并增强其内在学习动机。同时，通过综合运用发现式教学法、讨论式教学法、疑问式教学法、暗示教学法等，使在校大学生对思政课知识掌握得更加透彻、更加全面、更加牢固。

（三）提升教育对象对教育内容的关注度、认知度及认同度

1. 以学习团队强化在校大学生对中华民族共同体意识。提升在校大学生对中华民族共同体意识的认知水平，在理论的认同与内化上下大功夫，增强其对铸牢中华民族共同体意识重要性的认识。针对部分在校大学生存在的思想困惑、对重大政治问题认识不清、学业基础较差的实际，充分利用教学班、学习小组及学生党团组织，打造学习共同体，构建全方位、多层次的帮学机制。

建立教师帮扶学生、老生帮扶新生、先进生帮扶后进生的“一帮一”互助小组。同时，吸纳各民族在校大学生积极参与科研小组、创新团队、学生社团等，以提升他们对中华民族共同体意识的认识水平。

2. 以“三交”提升在校大学生对中华民族共同体意识的情感认知。以空间互嵌促进各民族在校大学生的交往交流交融，充分利用民族团结进步创建活动、各民族交往交流交融的思政教育资源，大力营造人文化、生活化、共生化、交融化的校园文化，使中华民族共同体意识培育过程大众化、生活化和常态化。例如，不断丰富、完善“不同民族混合住宿”的寝居结构和生活场景，通过群体间日常性的居住生活、学习交流和文化娱乐，使少数民族在校大学生在充分“三交”的基础上，走出“单一民族圈群”化的错误认知和交往模式，以彻底打破其旧有的习惯性“抱团思想”和“排他心理”，进而形成对中华民族共同体意识的情感认同。

3. 以共同利益提升在校大学生对中华民族共同体意识的认同感受。从在校大学生最迫切、最关注的合法利益诉求问题入手，引导他们把个人合法利益纳入中华民族共同体利益体系之中，矫正其唯功利主义等错误倾向，通过他们参与社会实践活动，密切个人价值与社会价值之间的关系，让中华民族共同体意识从被动了解转化为主动体验。因为“只有全社会都了解了中华民族的共同利益，才能够自觉维护中华民族的共同利益”。[①] 同时，在准确把握在校大学生的思想脉搏和行为倾向的基础上，通过课堂教学

① 余梓东：《解析民族团结教育难题》，载《云南民族大学学报》（哲学社会科学版）第 33 卷第 1 期，2016 年 1 月。

和实践教学，及时、准确地解答在校大学生关注的社会热点、文化热点和难点问题，帮助他们澄清思想上的困惑，培育他们宽容大度和积极进取的群体心态，让其明晰共同团结奋斗、共同繁荣发展的现实意义及实现中华民族伟大复兴中国梦的时代价值，以促进他们形成正确的价值取向，为社会稳定与发展贡献力量。

二、培养机制上深化对中华民族历史及红色文化的认知

深化在校大学生对中华文化的思维认知，既是铸牢在校大学生中华民族共同体意识的需要，又是新时代社会稳定和谐发展和校园文化建设的需要。当前，历史虚无主义、民族分裂主义、宗教极端主义、暴力恐怖主义等思潮泛滥，一些歪曲和否认中国历史和中华文化的观点、言论不断产生恶劣的社会影响，西方的价值观念及多元价值思想对高校进行渗透，不断在消解、淡化着在校大学生的“七观”、“五个认同”意识，为铸牢在校大学生中华民族共同体意识带来严重干扰。因此，高校要通过卓有成效的思想政治教育，使在校大学生确立中华民族共同体共有精神家园意识，从而铸牢在校大学生中华民族共同体意识。

（一）深化在校大学生对中华民族历史的正确认知

“走得再远、走到再光辉的未来，也不能忘记走过的过去。”[①]当前，造成在校大学生价值认同冷漠与价值认同焦虑的根本原因之一是“忘记了走过的过去”，缺乏对中华民族历史、对中华民族共同体形成过程的充分了解，是导致他们情绪浮躁、信仰漂浮不

① 习近平:《在庆祝中国共产党成立 95 周年大会上的讲话》，北京：人民出版社，2016 年，第 8 页。

定的主要内因之一。中华民族共同体经历几千年的发展历程，自秦汉以来，成为统一的多民族国家，是对以大一统为主流的中华民族共同体历史的整体延续。中华民族共同体的辉煌历史是各民族的宝贵财富，中华民族共同团结奋斗的历史亦需要他们深切体认，通过相关思政课教育，让他们读史明智，以史为鉴，古为今用，通过总结过去，正确规划人生，铸牢其中华民族共同体意识的历史基础。

（二）增强在校大学生对中国共产党的政治认同

对国家领导核心中国共产党的认同，是铸牢在校大学生中华民族共同体意识的政治基础。铸牢在校大学生中华民族共同体意识必须在中国共产党的领导下进行，这是该项工作的政治保障、组织保障。同时，也为他们认同党的民族理论和民族政策提供前提条件。对中国共产党的认同，也是铸牢在校大学生中华民族共同体意识的核心，离开了这个核心，中华民族共同体将难以存在。因此，高校相关的思政课程要进一步强化在校大学生对中国共产党认同的教育。

（三）夯实在校大学生对中国特色社会主义的认知基础

中国特色社会主义是中国发展繁荣、中华民族伟大复兴的必由之路，这是我国历史发展的必然，也是我国各族人民的共同选择。增进在校大学生对中国特色社会主义的认同，是当今高校思政教育的主题，也是高校思想政治工作的主线。要通过讲求实效的思政教育，不断增强在校大学生道路自信、理论自信、制度自信和文化自信，使其明确中国特色社会主义这条道路已经振兴了当代中国；未来中华民族伟大复兴只能走中国特色社会主义道路实现，这是中国近代以来的历史结论。

三、施教关系上要确立有效双向沟通模式

施教关系是教育主体和教育客体在教育教学的过程中产生的一种“双向”互动关系。确立施教关系上的有效“双向沟通”模式，有利于把解决在校大学生思想问题和正确认识社会实际问题相结合，对大学生铸牢中华民族共同体意识具有重要作用。

（一）增强思想政治教育话语的亲和性、时代性和共通性

在自媒体时代，在校大学生往往选择通俗易懂的语言方式、轻松欢快的参与形式来接受信息和价值理念，传统的权威性的话语因无法满足他们的相关需求，易在教育教学过程中遭到他们的教育排斥和教育逆反。对此，在相关教学过程中应该增强话语的亲和力、时代性和共通性，将中华民族共同体意识的理论体系建立在在校大学生可以理解、可以接受的讲授体系上，真正实现师生“同频共振”，以提高教育实效。正如马克思所说：“理论在一个国家实现的程度，总是取决于理论满足这个国家需要的程度。”[①]

首先，课堂讲授要确立一个适合于在校大学生的表达方式体系，将正统的话语体系与新时代价值理念的融入与引领相结合，彻底扭转授课话语体系“过时”“老套”“脱节”的局面，努力打造出符合时代特色、适合在校大学生思想状况的新式表达方式体系。同时，也要构建在校大学生喜闻乐见的交互式话语，以在师

① 《马克思恩格斯选集》第一卷，北京：人民出版社，2012 年，第 11 页。

生共同努力下达到教育教学目标。

其次，要构建教学事例体系。思政课的主要教学内容是政治理论，在多种因素的综合作用下，传统思政课的教学话语往往枯燥性较强，缺乏对学生的吸引力，进而降低教学效果。因此，铸牢在校大学生中华民族共同体意识教育必须构建与之相适应的鲜活的、典型的、感人的、吸引人的事例体系，使其具有正、新、活、美、雅、高的基本特征，以提高相关教育的实效。如当前各民族团结一致抗击新型冠状病毒肺炎的典型事例等。

（二）提升教学内容的现实性，加强师生的沟通与互动

在课堂教学过程中选择合适的时机、以贴近学生思想实际的方式开展沟通，产生共鸣，更易使学生在教育过程中形成共性的价值认知。在具体操作过程中，可以以重大事件、活动为契机加强“双向沟通”教育的作用。例如，利用新中国成立 70 周年，抗战胜利 85 周年，与在校大学生畅谈爱国主义热情、高度的社会责任感和崇高的奉献精神；讲述“一带一路”和“新丝绸之路”的故事与大学生共叙现实的感受和体验及中华民族的共同利益和荣誉；还可以以美国为首的西方国家利用香港、新疆问题，干涉我国内政的事实为案例，解析和引导在校大学生理性分析社会热点问题，以激发在校大学生的爱国热情，使其思考自身在中华民族复兴中的责任等。

四、培育方式上要体现因人施教重要原则

大学生铸牢中华民族共同体意识是有目的的教育活动，其培育方式需要以现实问题为切入点，以在校大学生的思想实际为研

判基础，不能搞“一刀切”“眉毛胡子一把抓”，而要坚持因人施教原则，紧扣实现中华民族伟大复兴中国梦的总目标，增强在校大学生建设祖国、保卫祖国、奉献祖国的责任感。

（一）关注教育对象的发展需求，注重培育方式的针对性

积极关注教育对象的合法发展需求，注重培育方式的针对性，既是新时代思想政治教育创新发展的内在要求，又是大学生铸牢中华民族共同体意识的重要条件。该项工作需要解决思政课针对性不强等现实问题，使学生将“要我学”变成“我要学”。

一是对于预科班的在校大学生应注重其中华民族历史教育、中华民族多元一体格局教育、国家意识教育、中国公民意识教育、新时代中国特色社会主义国情教育等。旨在使他们清楚地认识到中国的领土是统一而不可分割的，中华各民族是一荣俱荣、一损俱损，紧密相连、命运与共的。同时，加强其中华民族优秀传统文化的教育，并对他们予以情感上的激发、感染和感化，以调动他们的爱国主义热情。

二是部分在校大学生所学的专业对其理解中华民族共同体意识具有一定程度的影响。因此，需要针对不同学科类型的在校大学生开展不同侧重点、不同针对性的中华民族共同体意识认知和认同教育。如对于文史类的在校大学生要注重铸牢中华民族共同体意识的实践教育，对于理工类的在校大学生需注重中华民族共同体意识相关理论知识的认知性教育，对于农医类的在校大学生要加强其中华民族共同体意识的通识教育等。

三是加大对村镇、乡及贫困在校大学生的关心与帮助。如把民族团结进步创建工作与帮助解决在校大学生实际困难有机结合

起来，不断完善优化“奖、助、贷、勤、免、补”等多元化、分层次、全覆盖的助学服务体系，在学业上给予他们更多的指导、生活上给予更多的帮助、心理上给予更多的关爱，让他们能真切感受到中华民族大家庭的温暖，从而提高他们对中华民族共同体意识的情感认同。

（二）强化教育对象对国家通用语言的认同和使用

首先，坚持以学好用好国家通用语言为基本前提，重视不断提高高校在校大学生国家通用语言的使用率，这是其融入社会的重要渠道。一方面，加强他们对国家通用语言的学习与使用，在遵循语言学习规律的前提下，将语言学习内容同国家发展史、革命史的学习联系在一起，以增强中华民族共同体的内生凝聚力。另一方面，增强少数民族在校大学生的语言安全意识，有效防止西方反华势力和“三股势力”在复杂的国际语言生态环境中，制造边境地区外国语言文化的“倒灌”现象。

其次，在推广国家通用语言文字的进程中，继续要求所有课程（民族语言文字专业课程除外）全部使用国家通用语言授课。同时，大力培养“双语”人才、“多语”人才，夯实中华民族共同体意识的共同语言基础。例如，要求少数民族在校大学生参加MHK考试（中国少数民族汉语水平等级考试），并提出国家通用语言成绩要求，不合格者则进入预科班加强国家通用语言学习，以培育在校大学生对国家通用语言文字的认同和对中华民族优秀文化的自觉。

五、教育形式上注重疏导与感化全面融通

习近平总书记强调："要坚持不懈促进高校和谐稳定，培育理性平和的健康心态，加强人文关怀和心理疏导，把高校建设成为安定团结的模范之地。"① 这指出了疏导与感化对于高校思政教育的重要性。人文关怀和心理疏导使严肃的思想政治工作变得更加人性化、人文化，使教育形式开始注重关心人内心的感受，引导大学生正确对待自己、他人和社会，正确对待困难、挫折和荣誉，重视与他们的心灵交流，加强对大学生的心理健康教育和指导。

首先，充分关注在校大学生的思想实际。要以在校大学生为中心，认识、关心、引导他们的内心想法、思想动态和合理的需求，在生活上照顾他们、精神上引导他们、感情上慰藉他们、心理上疏导他们、发展上帮助他们，"在知心、贴心、交心、暖心、顺心、得心、聚心方面多下功夫"②。引导他们加强自身修养，提高精神境界，完善自我人格，并根据自己的实际情况确定志向和目标。在具体教育过程中，要在充分考虑在校大学生的接受特点的基础上，积极挖掘传统节日中蕴含的文化内涵和情感寓意，将传统节日中的文化教育与人文关怀相结合，明确传统节日的教育价值，取其精华，以正确运用传统节日中的教育价值。

其次，高校要建立长效心理疏导机制，注重"感化"的力量，保证在校大学生的心理健康。思政教育要与心理疏导相结合，关注他们心理健康所呈现的各种问题，尤其是以烦躁、冲动、偏执

---

① 习近平：《把思想政治工作贯穿教育教学全过程 开创我国高等教育事业发展新局面》，载《人民日报》，2016年12月9日，第1版。

② 余梓东：《解析民族团结教育难题》，载《云南民族大学学报》（哲学社会科学版）第33卷第1期，2016年1月。

为特征的非健康心理。因此，高校要对在校大学生的心理状况有充分的了解和清醒的认识，不断完善优化个体咨询、团体辅导、危机干预等课内课外相结合、咨询引导相结合的心理健康教育体系，培养在校大学生的理性思维。

六、教育途径上充分发挥家庭与社会作用

大学生铸牢中华民族共同体意识的实现离不开学校、社会、家庭等多方位力量的通力合作。因此，需要高等学校、社会公众和家庭教育共同努力，形成在校大学生把自己的个人前途与社会责任、时代使命、国家发展统一起来的意愿，为实现中华民族伟大复兴而奋斗。

（一）优化大学生铸牢中华民族共同体意识的家庭环境

首先，转变家长的教育观念。由于家庭普遍不重视主流价值观的启蒙教育，家长对孩子所寄予的希望，仅仅停留在“搞好学习成绩”“找个好工作”“以后赚大钱”等层面，而忽略了道德教育和价值观的构建。因此，需要家长转变其家庭教育观念，以树立德育为先的家庭教育观念，重视对孩子思想观念、道德品质、价值取向、情感意志的培育。在日常活动中，家长要加强自身的爱国主义教育、民族团结进步教育、各民族交往交流交融教育等，改善部分社会成员只信仰宗教、思想封闭、缺乏科学知识的现状，以利于子女树立正确的理想信念。

其次，引导家长树立起塑造孩子中华民族共同体意识的观念。明确家长在培养子女中华民族共同体意识、爱国主义精神、家国情怀等方面肩负的重要职责。如可以利用与家长的沟通联系、亲

属之间的交流等契机转变家长观念，使家庭教育成为铸牢在校大学生中华民族共同体意识的有效环境。

（二）完善大学生铸牢中华民族共同体意识的社会环境

一是需要全社会共同努力营造有利于铸牢在校大学生中华民族共同体意识实现的良好社会风气。社会需要在紧抓社会稳定与长治久安的基础上，继续深化民族团结进步宣传月、宣传周、宣传日活动，实施共有精神家园、助力民生、民族团结教育等工程，发展壮大铸牢中华民族共同体意识的社会舆论阵地，让各族人民群众充分知晓、理解党和国家的各项方针与民族政策，并与精准脱贫、科技支农等活动相结合，努力缩小区域发展的差异，切实改善民生，提高社会保障水平，使各族人民日益增长的美好生活需求不断得到满足，为铸牢在校大学生中华民族共同体意识提供稳固的社会环境。

二是完善社会的法治环境。铸牢在校大学生中华民族共同体意识离不开公平、公正的法治社会环境。“奉法者强则国强，奉法者弱则国弱。”① 因此，各级党委和政府及有关部门要提高依法行政、依法治理民族事务的能力，使各族人民充分认识依法打击“三股势力”、治理非法宗教活动、遏制宗教极端思想渗透的重要意义，以营造大学生铸牢中华民族共同体意识的法治社会氛围。

（三）打造学校、家庭、社会协同合作的教育格局

一是进行相关教育资源整合，努力建设学校、社会、家庭三

---

① 《四部丛刊 / 初编 / 子部 / 韩非子》卷第二，阙名注，景上海涵芬楼藏景宋钞校本，第 1 页。

方共同培养机制，明确三方的责权利，形成培养合力。如各级党委和政府可以出台相关文件，成立由家长组成的社团、建立班主任及辅导员与家长的微信群等。从而完善铸牢在校大学生中华民族共同体意识的多层次、多阶段教育环节。

二是高校教育工作者要深入了解在校大学生的家庭背景、家庭教育现状及生源地差异，根据不同情况实施个性化的培育措施。高校教育工作者要针对上述诸多问题，制定针对性强的教育措施，尤其是要加强与县城乡镇、农村家庭，及贫困家庭的沟通和交流，并将这一部分在校大学生的培育工作列为重点。

第三节　培育形式变革是重要举措

铸牢在校大学生中华民族共同体意识的培育形式多种多样，而每一种方式的改进和完善，都是促进铸牢在校大学生中华民族共同体意识取得实效的有效举措。从铸牢在校大学生中华民族共同体意识教育的存在问题和原因分析来看，需要在以下几个方面着力。

一、有效整合相关教育资源

铸牢在校大学生中华民族共同体意识是一个开放的、动态的教育系统，它不是仅仅在高校内部孤立开展的教育形式，而是必须紧密联系国家、社会的发展实际，利用相关的教育资源开展有效的教育活动。

一是在教育的人力资源方面，加强社会各界的师资资源整合。各级党委政府、各单位、各行各业以及各民族均担负着铸牢在校大学生中华民族共同体意识的职责。但目前缺乏系统性，各单位、各行业之间欠缺协调协作与联动，难以形成社会合力。因此，相关部门和高校应该加强与社会各界的联系，可邀请各领域民族团结进步的先进代表、民族工作经验丰富的专家、党政机关中民族宗教事务的主要负责人员等到高校开展相关的讲座、培训、宣传和咨询，形成社会化、立体化、全方位的教育格局。

二是在教育的信息资源方面，搭建信息交流平台。如建立中华民族共同体、党史党建、中国革命精神、中华传统文化等实践教育平台，为铸牢在校大学生中华民族共同体意识积极创造有利条件。同时，打造教育资源的共享模式，包括文本资源（如图书、报纸、杂志、照片、地图、图表等）和音像资源（如电影、电视节目、视频和各类教育软件）的共享。

二、营造团结和谐的校园文化

人的成长离不开环境的滋养和熏陶，环境给人们带来的影响不可忽视。马克思指出："既然人的性格是由环境造成的，那就必须使环境成为合乎人性的环境。"[①] 习近平总书记指出，做好高校思想政治工作，"要更加注重以文化人，以文育人，广泛开展文明校园创建，开展形式多样、健康向上、格调高雅的校园文化活动，广泛开展各类社会实践"。[②] 因为文化中蕴含的伦理思想和道德观念"渗透和贯穿于人们的价值观、人生观、审美观、历史观乃至

① 《马克思恩格斯全集》第二卷，北京：人民出版社，1957 年，第 167 页。

② 习近平：《把思想政治工作贯穿教育教学全过程 开创我国高等教育事业发展新局面》，载《人民日报》2016 年 12 月 9 日，第 1 版。

于整个思想认知之中，成为现代思想政治教育的宝贵资源”。[①]在校大学生本身处在校园中，大学校园优良的文化氛围对大学生思想观念、价值观念、政治观点、道德规范的形成具有重要的影响作用，营造团结和谐的校园文化氛围，促使他们在浓郁的校园文化环境中健康成长。

（一）倡导红色文化，构建中华民族共同体的共有精神家园

红色文化“从广义上说，就是中国共产党领导人民在革命、建设、改革进程中创造的以中国化马克思主义为核心的先进文化”。[②]红色文化既是在校大学生需要学习的理论知识，又是新时代校园文化建设的正确方向。首先，开展“红色文化周”活动，针对不同年级，组织学生观看全国各地革命圣地、革命英雄纪念馆、历史博物馆、文化展览馆的视频资料，依托红色经典诵读、讲座讲坛、高雅艺术等载体，让在校大学生学习和弘扬“井冈山精神”“长征精神”“延安精神”等革命精神。其次，将红色文化的元素、内容制作成文字与图片结合的宣传板，悬挂到食堂、宿舍楼、教学楼、机关和学院办公室的墙壁上，充分利用建筑内外的墙壁进行宣传教育，将白墙变成宣传板，使在校大学生随时随地都可以徜徉在正能量的校园文化氛围中，达到润物细无声的效果。最后，整合中华文化资源，利用纪念日、节假日、开学季和毕业季等时间节点，开展形式多样、富有特色的红色文化主题教育活动，打造铸牢中华民族共同体意识的“教育场”，使爱国、爱

① 王学俭:《现代思想政治教育前沿问题研究》，北京：人民出版社，2008 年，第 334 页。

② 刘润为:《红色文化与中国梦》，载《人民日报》2013 年 11 月 14 日，第 7 版。

党、爱社会主义的理念，始终萦绕在大学生日常生活的校园环境里，充分发挥校园文化的熏陶作用。

（二）举办特色活动，全面深化民族团结进步创建工作

高校应全面深化民族团结进步创建工作，让在校大学生深入了解中华民族不断融合的发展进程、中华儿女维护国家团结统一的艰辛历程，从而增强各民族共同团结进步、“中华一体”的价值共识。一是深入开展实施“民族团结进步结对共建促进计划”，积极引导不同院系之间围绕学习交流、文化交流、文体交流、实践交流、爱心交流等主题，广泛开展“民族团结进步结对共建”活动，重点宣传介绍校内外民族团结进步先进集体、先进个人等先进典型，着力培育增强各民族学生正确的民族观和跨文化交流能力，并不断强化他们维护民族团结的自觉性和“中华民族一家亲”的情感认同。二是开展相应的民族特色活动。组织各民族学生参与少数民族的重大节日和庆祝活动，让各民族学生互相了解其他民族的文化、历史、习俗等，提升他们对中华文化和中华民族团结的全面理解和认同。三是开展素质拓展与实践教育活动。开展“寒暑期素质拓展训练”“少数民族学生骨干训练营”“大学生支教团”“大学生党员进社区”等一系列特色实践活动。这些活动一方面丰富在校大学生的日常学习和生活，另一方面使他们增进和加深相互的了解，提高民族团结进步的意识，增强其对中华民族的认同感。

三、推进校园网络平台建设

网络公共空间是一个民主国家和开放社会必不可少的场域。

随着社会的发展“人们的观念、观点和概念，一句话，人们的意识，随着人们的生活条件、人们的社会关系、人们的社会存在的改变而改变”[①]。互联网的勃兴升级了网络话语权，也给大学生的价值认同和价值选择带来“异化空间”,“话语泡沫”、网络“噪音”成为高校铸牢在校大学生中华民族共同体意识亟须规范的问题。习近平总书记指出:“很多人特别是年轻人基本上不看主流媒体，大部分信息都是从网上获取”[②],“互联网是当前宣传思想工作的主阵地，这个阵地我们不去占领，人家就会去占领”[③]。因此，大学生铸牢中华民族共同体意识既要筑牢传统课堂教学“根据地”，又要占领互联网“新阵地”，实现中华民族共同体意识的“全域”政治引领。

（一）建立高校网络信息安全管理组织体系

高校要在党委政府的统一领导下，建立高校党委统领，宣传部、思政部、学工处、保卫处、网络中心统抓，二级学院“系部”积极参与的高校网络信息安全管理组织体系。选拔并培养一批政治强、业务精、作风正，精通网络技术，熟悉网络传播规律的网络信息管理队伍，将铸牢在校大学生中华民族共同体意识与网络事务性工作紧密结合。同时，让骨干学生、学生干部参与到校园网络运行维护中，使其在服务同学、引导舆论、管理网络信息安全的过程中提升网络思想道德素质和政策理论水平。

① 《马克思恩格斯选集》第 1 卷，北京：人民出版社，1995 年，第 291 页。

② 中共中央文献研究室:《习近平关于全面深化改革论述摘编》，北京：中央文献出版社，2014 年，第 83 页。

③ 习近平:《习近平谈治国理政》第二卷，北京：外文出版社，2017 年，第 325 页。

（二）打造铸牢中华民族共同体意识的校园网络平台

铸牢在校大学生中华民族共同体意识是“具有强大凝聚力和引领力的社会主义意识形态”①工作，需要推动思想政治工作与新媒体新技术的高度融合，打造校园“互联网+”平台。

1. 创办学校官方思想动态专栏。高校可以利用互联网技术，在学校官方网站增添思想动态专栏，形成从学校主页到班级微信公众号的全方位、立体化的网络体系。设置：（1）中华民族历史与文化专栏，传播优秀传统文化、解读民族节日和风俗、梳理民族政策和知识。（2）民族团结教育专栏，推送国家和学校开展的民族团结教育相关活动和内容。（3）中华一家亲专栏，围绕“中华一体”开展活动，构建大学生对中华民族历史和文化的心理认同，树立“中华儿女”的角色定位。

2. 建设大学生校园网络平台。一是运用“互联网+”打造大学生铸牢中华民族共同体意识教育的新平台。积极探索建立“空中课堂”“虚拟课堂”，“通过微信、微课、翻转课堂、移动课堂等搭建创新‘数据课堂’”②，实施线上线下联动、课上课下互动，调动学生学习积极性，深化教学效果。二是利用官方QQ、微信、微博、抖音、钉钉等网络平台，架起一座网络信息的桥梁，扩大铸牢在校大学生中华民族共同体意识教育的覆盖面。三是利用网络媒介资源，创设与铸牢中华民族共同体意识相关的“特色校园文化和特色精神产品”等新载体，分享趣味性的视频、学习软件以及电

---

① 习近平：《决胜全面建成小康社会 夺取新时代中国特色社会主义伟大胜利——在中国共产党第十九次全国代表大会上的报告》，北京：人民出版社，2017年，第41页。

② 周燕等：《高校思想政治理论课“三大课堂”立体联动教学模式探究——基于创新人才培养的视角》，载《河北农业大学学报》（农林教育版）第18卷第6期，2016年12月。

子书籍，同步实现资源发布以及信息共享，以推进自主型正确的信息传播，使在校大学生在逐渐积累知识的同时，滋养精神信念和思想观念。

四、发挥大众传媒育人作用

大众传媒是传递新闻信息的载体，是对报纸、通讯社、广播、电视、新闻纪录影片和新闻性期刊的总称，其具有获取与传递、运用与整合、娱乐与休闲、文化传承与舆论监督的重要功能。因此，铸牢在校大学生中华民族共同体意识需要发挥大众传媒的载体育人作用，以铸牢在校大学生中华民族共同体意识。高校要积极借用校报、校刊、校园广播台、校园电视台等信息单向传播方式及学术讲座、公共讲坛等信息传播方式，有计划制订长效的铸牢在校大学生中华民族共同体意识传播规划，发挥校园媒体铸牢中华民族共同体意识的作用。

五、发挥学生党员引领作用

大学生党员是在校大学生中的骨干力量，在铸牢在校大学生中华民族共同体意识教育的过程中，应该充分发挥在校大学生党员的引领作用和学生党员先锋模范作用。

一是将铸牢在校大学生中华民族共同体意识工作纳入学生党支部的“三会一课”之中，专门进行部署，定期进行检查，把学生党员带动重点同学提高认识作为“ 一个支部一个目标、一个党员一个任务”来抓，并通过红色“1+1”结对活动，通过互帮互学，在“抓两头带中间”的基础上，达到用身边的事，教育身边的人的目的。

二是充分利用少数民族大学生党员的影响力，发挥少数民族大学生党员的同伴教育作用。少数民族大学生党员是少数民族大学生的先进代表，其思想观念更容易被少数民族大学生接受和认同，少数民族大学生党员以少数民族大学生的身份，可以更好地发挥大学生党员的同伴教育作用。

六、强化学生自我教育作用

自我教育是学校德育的一种方法，也是最主动、最及时的自我完善方式。铸牢在校大学生中华民族共同体意识的自我教育包含两个环节，一是在校大学生接受中华民族共同体意识教育的内化环节，需要教育工作者在教育教学的过程中通过在校大学生对相关知识的掌握程度获得，如可以举行期中考试、期末考试、课堂随考等，以了解他们对相关知识的认知程度。二是在校大学生自主进行中华民族共同体意识学习和践行的环节，可以通过在校大学生在图书馆的阅读习惯、校园文化活动参与情况、网络学习情况、社会实践情况等大数据的分析获得。对于尚未达到“自我教育”要求的在校大学生，可以引导他们阅读和学习中华文化经典、了解国家时政要闻等，注重培养其自我认识、自我学习、自我监督和自我评价的能力，使他们勇于否定并改正自己错误的言行，敢于肯定并坚持自己正确的思想言行。

第四节 长效机制是关键路径

机制指各要素之间的结构关系和运行方式。在铸牢在校大学生中华民族共同体意识的系统中，主要是指“各要素按一定的组合方式形成的机理及相应的运行方式”[①]。铸牢在校大学生中华民族共同体意识是一项长期的工作，构建长效机制既涉及教育的目标、整体思路、实践路径，也要健全制度化的管理机制。因此，构建铸牢在校大学生中华民族共同体意识长效机制，主要是要加强预警研判机制、持续激励机制、全面保障机制、队伍建设机制和社会参与机制，从而为全面优化和深入持久地铸牢在校大学生中华民族共同体意识提供制度保障。

一、预警研判机制

预警研判机制作为大学生铸牢中华民族共同体意识的重要组成部分，是掌握工作主动权的关键环节，正确、及时的预警研判机制是铸牢在校大学生中华民族共同体意识的重要保障。

首先，设立校、院、班三级联动的在校大学生思想动态及行为倾向信息网，做好大学生日常的思想动态研判和安全隐患排查工作。通过采取跟帖、评论、互动等方式及时掌握在校大学生的最新动态。一旦碰到重大突发性事件，应根据学校党委的统一部署，及时把不良影响降到最低，并采取必要措施对相关人员进行心理疏通和思想引导。如针对此次新冠肺炎疫情防控的相关工作，可以将在校大学生的思想政治教育工作和心理健康工作作为教育管理工作的重点之一认真抓好。

其次，针对西方反华势力和敌对势力分裂中华民族共同体、消解中国特色社会主义的社会思潮、颓废论调和行为以及危害祖国统一、民族团结、社会稳定的舆论和行径，高校要本着实事求

① 张耀灿等著：《思想政治教育学前沿》，北京：人民出版社，2006 年，第 285 页。

是的态度及时发布权威信息，予以回应，以制止谣言。同时，充分利用社会媒体，主动发声亮剑，让广大师生了解事情真相，让谣言不攻自破，为铸牢在校大学生中华民族共同体意识汇聚正能量。与此同时，对于一些故意造谣传谣的不法分子，要依法进行制裁。

二、持续激励机制

“激励因素是指能够满足一个人的某种需要，激发一个人的工作动机，引导他做出一定绩效的要素”。[①] 高校要根据不同学生的需求和特点，构建铸牢在校大学生中华民族共同体意识激励机制，持续有效地为铸牢在校大学生中华民族共同体意识提供必要保障。

首先，提高激励的“精准性”。要确保激励的公正、公道、公平，在实行物质鼓励时，依据学生的贡献大小，准确把握颁发奖金、奖品和实物的“量”，使学生在物质收入方面有所差异。在实行精神奖励方面，要注重对过程的激励。如在启动阶段，通过誓师大会、动员大会等激发学生内在的驱动力，激发在校大学生实践的行动力和自觉性、积极性。

其次，提高激励的针对性。根据铸牢在校大学生中华民族共同体意识的具体任务合理制定激励目标。如，针对国家认同意识不强的部分在校大学生要用政治目标来激励，对于缺乏思政课学习动力，导致学习成绩不好的要用学业目标来激励，对于“知行不一”，对铸牢中华民族共同体意识欠缺践行的要用实践目标来教育等。

① 侯光明等著:《组织的系统科学引论》，北京：科学出版社，2006 年，第 214 页。

三、全面保障机制

建立健全一整套坚强有力并有效运行的保障机制，是大学生铸牢中华民族共同体意识的重要基础。

一是法规制度保障。俗话说：没有规矩，不成方圆。铸牢在校大学生中华民族共同体意识必须建立在相应的法律法规制度的基础之上，做到有法可依、有法必依，一视同仁，一断于法，使一系列法律法规的执行贯穿于在校大学生思想政治教育的全过程。例如，在学校教育教学过程中全面贯彻执行《中华人民共和国宪法》《中华人民共和国教育法》《中华人民共和国高等教育法》《中华人民共和国民族区域自治法》《中华人民共和国教师法》等，形成依法治校的长效机制，以推进铸牢在校大学生中华民族共同体意识向科学化、制度化、规范化发展。

二是经费物资保障。一方面自治区要设立铸牢在校大学生中华民族共同体意识专项基金，按“费随事走”的原则，专列、专算，合理确定经费科目，以保证铸牢在校大学生中华民族共同体意识工作的顺利开展。与此同时，增设思想政治教育活动中心、学生心理咨询中心、铸牢中华民族共同体意识活动中心等场地场所，配备必要的设备、图书、资料等办公设施，不断改善和优化育人条件。

四、队伍建设机制

人是管理的主体也是管理的对象，建立一支政治过硬、素质优良、结构合理的高素质工作队伍，能有效提高铸牢在校大学生中华民族共同体意识的实效。

一是实施“青年马克思主义者”建设工程。设立专门科研项目；定向培养博士和博士后高级专门人才；各省、区、市要选拔一批理论上、写作上、口头表达上有专长的高素质教师，设立教研中心，可以组织全国相关领域的专家学者进行传帮带；建立各级、各类大学生铸牢中华民族共同体意识宣讲团，发挥高素质教师言传身教的示范作用，以加强教师队伍建设。同时，成立辅导员职业发展中心。按教育指导型辅导员、事务管理型辅导员、成长服务型辅导员、理论研究型辅导员等不同类型开展有针对性的培训，对接学校教师教育发展中心、大学生思想教育研究中心、民族团结进步创建活动研究中心等平台，构建独具特色的高校辅导员队伍体系，为铸牢在校大学生中华民族共同体意识提供保障。

二是加强学生骨干队伍建设。学生干部和学生党员最了解周围同学的思想动态，是铸牢在校大学生中华民族共同体意识的神经末梢和极为重要的依靠力量。要积极利用党校党课等途径，将那些思想上真正靠得住的优秀大学生吸收到党内来，对学生党员、入党积极分子进行有计划的培训，增强他们对铸牢在校大学生中华民族共同体意识的带动能力。

五、社会参与机制

大学生铸牢中华民族共同体意识应当是涉及全体社会成员的教育活动，关系到社会方方面面，也需要社会方方面面积极参与。要以习近平新时代中国特色社会主义思想为指导，充分发挥社会主义制度的优越性，在调动社会各方面积极性的基础上，集中社会各方面资源和力量用于铸牢在校大学生中华民族共同体意识，形成工作合力，发挥整体优势，落实教育方针，实现培养目标。

参考文献

（一）历史典籍类

【1】（宋）司马光编撰:《资治通鉴》，中华书局 1956 年版 .

【2】《史记》，中华书局 1959 年版 .

【3】《孟子·告子上》，中华书局 1960 年版 .

【4】《汉书》，中华书局 1962 年版 .

【5】班固著，颜师古注:《汉书》，中华书局 1962 年版 .

【6】《后汉书》，中华书局 1965 年版 .

【7】（清）张廷玉等撰:《明史》，中华书局 1974 年版 .

【8】《宋书》，中华书局 1974 年版 .

【9】（明）宋濂等撰:《元史》，中华书局 1976 年版 .

【10】赵尔巽等撰:《清史稿》，中华书局 1977 年点校本 .

【11】（晋）《华阳国志》，巴蜀书社 1984 年版 .

【12】官修:《清实录》（历朝），中华书局影印本，1986 年版 .

【13】（宋）欧阳修等撰《新唐书》，中华书局 1975 年版 .

【14】（元）脱脱等撰:《宋史》，中华书局 1977 年版 .

【15】钱穆:《文化学大义》，九州出版社 2012 年版 .

（二）马恩著作类

【1】马克思恩格斯全集．第二卷［M］．北京：人民出版社，1957 年版．

【2】马克思恩格斯全集．第三卷［M］．北京：人民出版社，1960 年版．

【3】马克思恩格斯全集．第十六卷［M］．北京：人民出版社，1964 年版．

【4】马克思恩格斯全集．第十二卷［M］．北京：人民出版社，1998 年版．

【5】马克思恩格斯选集．第一卷［M］．北京：人民出版社，1972 年版．

【6】马克思恩格斯选集．第三卷［M］．北京：人民出版社，1972 年版．

【7】马克思恩格斯文集．第一卷［M］．北京：人民出版社，2009 年版．

【8】马克思恩格斯选集．第一卷［M］．北京：人民出版社，1995 年版．

【9】马克思恩格斯选集．第二卷［M］．北京：人民出版社，1995 年版．

【10】马克思恩格斯选集．第四卷［M］．北京：人民出版社，1995 年版．

【11】马克思恩格斯选集．第一卷［M］．北京：人民出版社，2012 年版．

【12】马克思恩格斯选集．第四卷［M］．北京：人民出版社，2012 年版．

【13】马克思恩格斯全集 . 第二卷［M］. 北京：人民出版社，1957 年版 .

【14】马克思恩格斯全集 . 第三卷［M］. 北京：人民出版社，1960 年版 .

【15】马克思恩格斯全集 . 第十六卷［M］. 北京：人民出版社，1964 年版 .

【16】马克思恩格斯全集 . 第十二卷［M］. 北京：人民出版社，1998 年版 .

【17】马克思 .1844 年经济学哲学手稿［M］. 北京：人民出版社，2000 年版 .

（三）学术著作类

【1】费孝通 . 中华民族多元一体格局［M］. 北京：中央民族学院出版社，1989 年版 .

【2】郑晓云. 文化认同与文化变迁［M］. 北京：中国社会科学出版社，1992 年版 .

【3】周星. 民族学新论［M］. 西安：陕西人民出版社，1992 年版 .

【4】王钟翰主编 . 中国民族史［M］. 北京：中国社会科学出版社，1994 年版 .

【5】宁骚 . 民族与国家［M］. 北京：北京大学出版社，1995 年版 .

【6】徐迅 . 民族主义［M］. 北京：中国社会科学出版社，1998 年版 .

【7】马戎，周星 . 中华民族凝聚力形成和发展［M］. 北京：北

京大学出版社，1999 年版 .

【8】卢勋等 . 中华民族凝聚力的形成与发展［M］. 北京：民族出版社，2000 年版 .

【9】江宜桦，蔡英文 . 民族主义与国家认同［M］. 北京：北京大学出版社，2005 年版 .

【10】张旭东 . 全球化时代的文化认同［M］. 上海：上海人民出版社，2021 年版 .

【11】万明钢 . 多元文化视野价值观与民族认同研究［M］. 北京：民族出版社，2006 年版 .

【12】张海洋 . 中国的多元文化与中国人的认同［M］. 北京：民族出版社，2006 年版 .

【13】任维德 . 中国现代化进程中民族发展的政治经济分析［M］. 呼和浩特：内蒙古大学出版社，2006 .

【14】［美］塞缪尔 · 亨廷顿 . 文明的冲突与世界秩序的重建［M］. 北京：新华出版社，2010 年版 .

【15】翟学伟，甘会斌，褚建芳编译 . 全球化与民族认同［M］. 南京：南京大学出版社，2009 年版 .

【16】穆殿春，林钧昌 . 民族政策概论［M］. 北京：民族出版社，2010 年版 .

【17】王希恩 . 民族过程与中国民族变迁研究［M］. 北京：民族出版社，2011 年版 .

【18】李义天 . 共同体与政治团结［M］. 北京：社会科学文献出版社，2011 年版 .

【19】迟成勇 . 中华民族精神的文化观照与历史嬗变［M］. 南京：南京大学出版社，2013 年版 .

【20】张胥 . 马克思恩格斯民族理论及其当代价值［M］. 北京：人民出版社，2014 年版 .

【21】邵发军 . 马克思的共同体思想研究［M］. 北京：知识产权出版社，2014 年版 .

【22】杨维周，陈敦山 . 树立民族团结意识创新大学生德育［M］. 北京：中国文史出版社，2015 年版 .

（四）中文译著类

【1】〔法〕科尔纽 . 马克思的思想起源［M］. 王瑾译 . 北京：中国人民大学出版社，1987 年版 .

【2】〔美〕麦金泰尔 . 德性之后［M］. 龚群等译 . 北京：中国社会科学出版社，1995 年版 .

【3】〔法〕卢梭 . 社会契约论［M］. 何兆武译 . 北京：商务印书馆 ,1997 年版 .

【4】〔日〕大冢久雄 . 共同体的基础理论［M］. 于嘉云译 . 台北：联经出版事业公司 ,1999 年版 .

【5】〔俄〕尼古拉・别尔嘉耶夫 . 论人的奴役与自由［M］. 张百春译 . 北京：中国城市出版社，2001 年版 .

【6】〔加〕查尔斯・泰勒 . 现代性之隐忧［M］. 程炼译 . 北京：中央编译出版社，2001 年版 .

【7】〔美〕桑德尔 . 自由主义与正义的局限［M］. 万俊人等译 . 南京：译林出版社，2001 年版 .

【8】〔英〕齐格蒙・鲍曼 . 现代性与大屠杀［M］. 杨渝东 , 史建华译 . 南京：译林出版社，2011 年版 .

【9】〔美〕丹尼尔・贝尔 . 社群主义及其批评者［M］. 李锟

译 . 北京：生活 · 读书 · 新知三联书店出版社，2002 年版 .

【10】〔英〕昆廷 · 斯金纳 . 近代政治思想的基础（上、下）［M］. 奚瑞森 , 亚方译 . 北京：商务印书馆，2002 年版 .

【11】〔英〕戴维 · 米勒 , 韦农 · 波格丹诺 . 布莱克维尔政治学百科全书［M］. 邓正来等译 . 北京：中国政法大学出版社，2002 年版 .

【12】〔德〕卡尔 · 雅斯贝斯 . 时代的精神状况［M］. 王德峰译 . 上海：上海译文出版社，2003 年版 .

【13】〔英〕齐格蒙特 · 鲍曼 . 共同体：在一个不确定的世界中寻找安全［M］. 欧阳景根译 . 南京：江苏人民出版社，2003 年版 .

【14】〔英〕戴维 · 麦克莱伦 . 马克思以后的马克思主义［M］. 李智译 . 北京：中国人民大学出版社，2004 年版 .

【15】〔日〕柄谷行人 . 马克思 , 其可能性的中心［M］. 中田友美译 . 北京：中央编译出版社，2006 年版 .

【16】〔英〕雷蒙 · 威廉斯 . 关键词：文化与社会的词汇［M］. 刘建基译 . 北京：生活 · 读书 · 新知三联书店，2005 年版 .

【17】〔美〕金迪斯等 . 人类的趋社会性及其研究：一个超越经济学的经济分析［M］. 浙江大学跨学科社会科学研究中心译 . 上海：上海人民出版社，2005 年版 .

【18】〔德〕斐迪南 · 滕尼斯 . 新时代的精神［M］. 林荣远译 . 北京：北京大学出版社，2006 年版 .

【19】〔德〕库诺 . 马克思的历史、社会和国家学说［M］. 袁志英译 . 上海：上海译文出版社，2006 年版 .

【20】〔英〕沃尔夫 . 当今为什么还要研读马克思［M］. 段忠桥译 . 北京：高等教育出版社，2006 年版 .

【21】〔英〕戴维·麦克莱伦.马克思思想导论（第3版）[M].郑一明,陈喜贵译.北京：中国人民大学出版社，2008年版.

【22】〔英〕柯亨.自我所有、自由和平等[M].李朝晖译.北京：东方出版社，2008年版.

【23】〔英〕科恩.卡尔·马克思的历史理论：一种辩护[M].段忠桥译.北京：高等教育出版社，2008年版.

【24】〔英〕J.H.伯恩斯.剑桥中世纪政治思想史：350年至1450年（下）[M].程志敏等译.北京：生活·读书·新知三联书店，2009年版.

【25】〔美〕卡弗.政治性写作：后现代视野中的马克思形象[M].张秀琴译.北京：北京师范大学出版社，2009年版.

【26】〔英〕保罗·霍普.个人主义时代之共同体重建[M].沈毅译.杭州：浙江大学出版社，2009年版.

【27】〔美〕古尔德.马克思的社会本体论：马克思社会实在理论中的个性和共同体[M].王虎学译.北京：北京师范大学出版社，2009年版.

【28】〔德〕斐迪南·滕尼斯.共同体与社会：纯粹社会学的基本概念[M].林荣远译.北京：商务印书馆，1999年版.

【29】〔法〕帕斯卡尔.思想录[M].钱培鑫译.南京：译林出版社，2010年版.

【30】〔日〕山之内靖.受苦者的目光：早期马克思的复兴[M].彭曦,汪丽影译.北京：北京师范大学出版社，2011年版.

【31】〔加〕布赖登,科尔曼.反思共同体：多学科视角与全球语境[M].严海波等译.北京：社会科学文献出版社，2011年版.

【32】〔美〕奥尔曼.异化：马克思论资本主义社会中的人的概

念［M］. 王贵贤译 . 北京：北京师范大学出版社，2011 年版 .

【33】〔日〕柄谷行人 . 世界史的构造［M］. 赵京华译 . 北京：中央编译出版社，2012 年版 .

（五）学术论文类

【1】陈连开. 中华民族的自在发展［J］. 中央民族学院学报，1992（4）.

【2】费孝通 . 简述我的民族研究经历和思考［J］. 北京大学学报，1997（2）.

【3】山刘萃，陈撒 . 从真实到象征［J］. 西南民族学院学报，2001（6）.

【4】张汝伦 . 经济全球化和文化认同［J］. 哲学研究，2001（2）.

【5】郑晓云 . 中华民族认同与中华民族 21 世纪的强盛——兼论祖国统一［J］. 云南社会科学，2002（6）.

【6】乌小花 . 论“民族”与“族群”的界定［J］. 广西民族研究，2003（1）.

【7】引徐勇. 对阶级阶层划分的冷思考［J］. 探索与争鸣，2003（1）.

【8】刘吉昌 . 民族认同与中华民族的发展［J］. 贵州民族学院学报，2003（4）.

【9】何叔涛 . 民族过程中的同化与认同［J］. 云南民族大学学报（哲学社会科学版），2005（1）.

【10】乌小花 . 再论“民族”概念与民族问题理论［J］. 青海民族研究，2005（2）.

【11】赵必珊 . 试论民族的认同形态［J］. 前沿，2006（3）.

【12】唐亚林，郭林．从阶级统治到阶层巧治——新中国国家治理模式的历史考察［J］．学术界，2006（4）．

【13】贺彦凤，赵继伦．全球化时代中国文化认同的建构［J］．马克思主义与现实，2007（1）．

【14】史慧颖，张庆林，范丰慧．西南地区少数民族大学生民族认同心理研究［J］．民族教育研究，2007（2）．

【15】石亚洲．论民族政策制定专家参与制度的完善——以扶持人口较少民族发展政策为例［J］．中央民族大学学报（哲学社会科学版），2008（2）．

【16】石亚洲．论科学发展观视野中的民族政策范式转变［J］．云南民族大学学报（哲学社会科学版），2008（3）．

【17】贺金瑞，燕继荣．论从民族认同到国家认同［J］．中央民族大学学报，2008（3）．

【18】石亚洲．我国民族政策制定的特点与优化路径［J］．西南民族大学学报（人文社科版），2008（5）．

【19】李忠，石文典．当代民族认同研究述评［J］．西北民族大学学报，2008（6）．

【20】马文琴．全球化时代的国家认同教育［J］．教育学术月刊，2008（10）．

【21】吴正彪等．论民族文化多元一体格局的实质与价值［J］．贵州民族研究，2009（1）．

【22】柴宝勇．论政党认同的含义及其要素［J］．探索，2009（1）．

【23】肖顺利，敦鹏．中华民族文化认同的哲学反思［J］．阴山学刊，2009（2）．

【24】姚学丽，贾永萍 . 新疆维吾尔族大学生国家认同的调查［J］. 兵团党校学报，2009（3）.

【25】雷振扬 . 中国特色民族政策与时俱进论［J］. 中南民族大学学报（人文社会科学版），2009（5）.

【26】谢俊春 . 中华民族认同：西部民族地区社会稳定的重要心理基础［J］. 牡丹江大学学报，2009（7）.

【27】都永浩 . 华夏—汉族、中华民族与中华人民［J］. 黑龙江民族丛刊，2010（7）.

【28】韩震. 论国家认同、民族认同及文化认同——一种基于历史哲学的分析与思考［J］. 北京师范大学学报（社会科学版），2010（1）.

【29】常安 . 中华民族认同与国家建构［J］. 湖北民族学院学报（哲学社会科学版），2010（1）.

【30】刘和鸣 . 对强化“中华民族认同、中华文化认同”教育的思考［J］. 石河子大学学报（哲学社会科学版），2010（4）.

【31】常书红 . 清末满汉关系的变化与中华民族认同的诞生［J］. 陕西师范大学学报（哲学社会科学版），2010（7）.

【32】陈刚. 西方应用人类学最新发展述评［J］. 民族研究，2011（1）.

【33】柴宝勇. 政党认同的中国特性与政党认同的建构［J］. 中共天津市委党校学报，2011（1）.

【34】彭南生 . 辛亥遗产：中华民族共同体建构的新开端［J］. 史学月刊，2011（4）.

【35】郝时远 . 辛亥革命与中华民族内涵之演变［J］. 民族研究，2011（4）.

【36】胡俊修，李美佳．建国以来的辛亥革命纪念——以中华民族共同体的构建为视角［J］．党史研究与教学，2011（5）．

【37】余梓东．论中国民族政策体系与集成［J］，中央民族大学学报（哲学社会科学版），2011（6）．

【38】佐斌，秦向荣．中华民族认同的心理成分和形成机制［J］．上海师范大学学报（哲学社会科学版），2011（7）．

【39】肖承罡．论增强中华民族认同与国家认同的现实意义［J］．广东省社会主义学院学报，2012（4）．

【40】余梓东．中国民族政策实施环境及优化对策［J］．学术前沿，2012（6）．

【41】刘世哲．民族理论政策热点问题的讨论与启示［J］．西南民族大学学报，2013（10）．

【42】余梓东．论民族问题与中国核心利益的相关性［J］．人民论坛，2012（12）．

【43】杨海萍．新疆大学生国家认同教育的现状调查与路径选择［J］．新疆师范大学学报，2012（12）．

【44】沈桂萍．培育中华民族共同体意识构建国家认同的文化纽带［J］．西北民族大学学报（哲学社会科学版），2015（4）．

【45】彭谦．试析民族认同与国家认同的关系［J］．中共贵州省委党校学报，2014（3）．

【46】余梓东．党中央治疆、稳疆、建疆新方略析究［J］．云南民族大学学报（哲学社会科学版），2014（6）．

【47】杨桂臻，高汝东．试析内地就业维吾尔族的中华民族共同体意识培育［J］．青春岁月，2015（2）．

【48】张立辉，许华峰．积极培育中华民族共同体意识路径探

析——以西南民族大学民族团结教育为例［J］. 西南民族大学学报（人文社科版），2015（5）.

【49】石亚洲 . 大数据时代民族事务治理创新研究［J］. 中央民族大学学报（ 哲学社会科学版），2015（6）.

【50】马俊毅 . 论多民族国家精神共同体的建构及价值［J］. 中央民族大学学报（哲学社会科学版），2015（6）.

【51】杨叶 . 坚持多样文化平等树立中华民族共同体意识［J］. 课程教育研究，2015（12）.

【52】余梓东 . 解析民族团结教育难题［J］. 云南民族大学学报（哲学社会科学版），2016（1）.

【53】杨鹍飞 . 中华民族共同体认同的理论与实践［J］. 新疆师范大学学报（哲学社会科学版），2016（1）.

【54】杨须爱 . 马克思主义民族融合理论在新中国的发展及“民族交往交流交融”提出的思想轨迹［J］. 民族研究，2016（1）.

【55】陆海发 . 民族国家视阈下的中华民族共同体建设研究［J］. 云南民族大学学报（哲学社会科学版），2016（2）.

【56】孙秀玲 . 正确认识“多元一体”是培养中华民族共同体意识的关键［J］. 红旗文稿，2016（10）.

【57】张会龙，冯育林 . 共同体视阈下的中华民族意涵分析及其可能限度［J］. 思想战线，2017（3）.

【58】彭谦 . 坚持共享发展加快中华民族共同体意识培育［J］. 黑龙江民族丛刊，2017（3）.

【59】平维彬 . 从文化族类观到国家民族观的嬗变——兼论“中华民族共同体意识”的理论来源［J］. 贵州民族研究，2017（4）.

【60】张志强 . 西部民族地区青年中华民族共同体意识的构建研究［J］. 青海民族研究，2017（4）.

【61】陶砥，杨力源 . 论习近平“中华民族”观的四重属性［J］. 民族学刊，2017（5）.

【62】刘吉昌 . 构筑各民族共有精神家园 培养中华民族共同体意识［J］. 西南民族大学学报（人文社科版），2017（11）.

【63】左岫仙 . 强化边疆民族地区的中华民族共同体意识［J］. 世界知识，2017（21）.

【64】王延中 . 铸牢中华民族共同体意识建设中华民族共同体［J］. 民族研究，2018（1）.

【65】宋全 . 切实铸牢中华民族共同体意识［J］. 中国民族，2018（1）.

【66】张涛 . 少数民族地区高校意识形态的教育路径探析——以培育中华民族共同体意识为视角［J］. 广西青年干部学院学报，2018（1）.

【67】赵红伟 . 论马克思主义视域下中华民族共同体意识的培养［J］. 黑龙江民族丛刊，2018（1）.

【68】张志远 . 铸牢中华民族共同体意识的边疆实践与探索——召存信民族团结事迹及启示［J］. 云南社会主义学院学报，2018（1）.

【69】商爱玲 . 铸牢大学生的中华民族共同体意识［J］. 西南政法大学学报，2018（1）.

【70】何芳东 . 筑牢中华民族共同体意识——基于宗教文化、民俗文化传承与两岸中华文化认同［J］. 辽宁省社会主义学院学报，2018（1）.

【71】李秀敏 . 中华民族共同体意识的形成与培育［J］. 江苏大学学报（社会科学版），2018（2）.

【72】谢霄男 .“中国梦”塑造中华民族共同体意识的三个维度［J］. 中共珠海市委党校珠海市行政学院学报，2018（2）.

【73】王文光 . 中华民族共同体意识形成与发展的历史过程研究论纲［J］. 思想战线，2018（2）.

【74】陆卫明 . 铸牢中华民族共同体意识论略［J］. 贵州民族研究，2018（3）.

【75】张淑娟 论中华民族共同体意识对近代中国民族主义的形塑与修正——以中国共产党为例［J］. 广西民族研究，2018（3）.

【76】郎维伟，陈瑛，张宁 . 中华民族共同体意识与“五个认同”关系研究［J］. 北方民族大学学报（哲学社会科学版），2018（3）.

【77】孔亭 . 新时代铸牢中华民族共同体意识的重要意义［J］. 辽宁省社会主义学院学报，2018（3）.

【78】齐卫平，柴奕 . 论新时代统一战线工作与中华民族共同体意识［J］. 上海市社会主义学院学报，2018（3）.

【79】徐海燕 . 对凝聚中华民族共同体意识的探讨——以俄罗斯的经验为视角［J］. 湖北社会科学，2018（3）.

【80】孟瑜 . 铸牢大学生中华民族共同体意识研究［J］. 黑龙江民族丛刊，2018（3）.

【81】赵英 . 新时代青海藏区民族团结进步教育与铸牢中华民族共同体意识刍议［J］. 民族教育研究，2018（4）.

【82】张志巧 . 布洛陀文化与壮族地区中华民族共同体意识的培育［J］. 广西师范学院学报（哲学社会科学版），2018（4）.

【83】闫丽娟，李智勇．“中华民族共同体意识”的理论渊源探析［J］．广西民族研究，2018（4）．

【84】张茂泽．中华民族共同体意识及其历史基础［J］．长安大学学报（社会科学版），2018（4）．

【85】魏健馨．共同体意识的宪法统合［J］．学习与探索，2018（7）．

（六）报纸类

【1】余梓东．民族工作需向精细化转变［N］．中国民族报，2012-07-27.

【2】洪盛志．民族院校民族团结进步创建活动的实践之路［N］．中国民族报，2014-12-05.

【3】程江涛．文化认同是中华民族共同体意识的根基［N］．兵团日报（汉），2016-04-08.

【4】沈桂萍．怎样认识“中华民族共同体”［N］．团结报，2017-02-07.

【5】哈正利，杨胜才．中华民族共同体意识基本内涵探析［N］．中国民族报，2017-02-24.

【6】赵继伟．大学生中华民族共同体意识培育的基本原则［N］．中国民族报，2017-03-17.

【7】彭谦．认同整合与中华民族共同体意识的培育［N］．中国民族报，2017-03-17.

【8】孟凡东，王秀娟．抗日战争时期中华民族共同体意识的三大核心特征［N］．中国民族报，2017-03-31.

【9】何爱国，颜英．历史教育与中华民族共同体意识的凝聚

［N］. 中国民族报，2017–06–09.

【10】杨胜才，赵继伟. 深化民族团结进步教育　铸牢中华民族共同体意识［N］. 学习时报，2017–11–27.

【11】李晓峰. 铸牢中华民族文化共同体意识［N］. 中国社会科学报，2018–05–08.

【12】陈丽明. 关系理性：一种解读“中华民族共同体”的新视角［N］. 中国民族报，2018–08–10.

【13】陈延斌. 全球化背景下铸牢中华民族共同体意识的路径［N］. 中国民族报，2018–08–03.

【14】王希恩. 关于铸牢中华民族共同体意识的两点认识［N］. 青海日报，2018–09–17.

（七）外文文献类

【1】Kenneth A. Megill. The Community in Marx's Philosophy［M］.Philosophy and Phenomenological Research，(30)，1970.

【2】Allen W.Wood.Karl Marx［M］.Routledge & Kegan Paul，1981.

【3】Bgron Miller.Collective Action and Rational Choice : Place，Community，and the limits to Individual Self–Interest［M］.Clark University，1992.

【4】Ranjana Khanna. Frame，Contexts，Community，Justice［M］.The Johns Hopkins University Press，2003.

【5】Peter Block.Community : The Structure of Belonging［M］. Berrett–Koehler，2009.

【6】Gerard Delanty.Community［M］.Routledge，2010.

附录一　大学生铸牢中华民族共同体意识研究调查问卷

亲爱的同学：

你好！为了深入了解在校大学生中华民族共同体意识的现状，为大学生铸牢中华民族共同体意识研究提供第一手的客观依据，我们特开展此次问卷调查。本调查采用匿名方式，其调研结果仅用于研究，不会对你造成任何不利影响。请你根据个人真实情况依次对以下问题做答。衷心感谢你的支持与合作！

一、基本情况（直接填写答案或者在选择项上打“√”）

1. 你所在学校

2. 你的性别

A. 男　　B. 女

3. 你的民族

4. 你的学科类型

A. 文史类　B. 理工类　C. 农医类　D. 其他

5. 你的年级

A. 一年级　B. 二年级　C. 三年级　D. 四年级　E. 其他

6. 你的家庭住址

A. 大中城市　B. 县城乡镇　C. 农村　D. 其他

7. 你的家庭住址属于

A. 西部 B. 东部 C. 其他

8. 你的政治面貌

A. 共青团员 B. 中共党员 C. 群众 D. 其他

9. 你父母的文化程度是

A. 小学及以下 B. 初高中 C. 中专 D. 大专 E. 本科及以上

二、单项选择（直接在选择项上打“√”）

1. 你了解习近平总书记在党的十九大报告中提出的“铸牢中华民族共同体意识”吗？

A. 非常了解 B. 比较了解 C. 不确定 D. 不了解 E. 完全不了解

2. 对中华民族的概念

A. 深刻理解 B. 比较理解 C. 不太理解 D. 不确定 E. 完全不理解

3. 对中华民族共同体的内涵

A. 深刻理解 B. 比较理解 C. 不太理解 D. 不确定 E. 完全不理解

4. 对中华民族共同体意识的内涵

A. 深刻理解 B. 比较理解 C. 不太理解 D. 不确定 E. 完全不理解

5. 对“本民族的前途和命运与中华民族的前途和命运息息相关”是否理解？

A. 深刻理解 B. 比较理解 C. 不太理解 D. 不确定 E. 完全不理解

6. 对“中华民族是命运共同体、利益共同体、责任共同体，一荣俱荣，一损俱损”是否理解？

A. 深刻理解 B. 比较理解 C. 不太理解 D. 不确定 E. 完全不理解

7. 西方价值观对你铸牢中华民族共同体意识造成干扰？（请填写你了解西方价值观的主要渠道及赞同哪些西方的价值观）

A. 非常赞同 B. 比较赞同 C. 不确定 D. 不赞同 E. 完全不赞同

8. 铸牢中华民族共同体意识对世界和平与发展有重要意义

A. 非常赞同 B. 比较赞同 C. 不确定 D. 不赞同 E. 完全不赞同

9. 对实现中华民族伟大复兴和中国国际地位的提升有很大的信心

A. 非常赞同 B. 比较赞同 C. 不确定 D. 不赞同 E. 完全不赞同

10. 中华民族共同体意识深厚广博，它将随着新时代中国特色社会主义的发展而与时俱进

A. 非常赞同 B. 比较赞同 C. 不确定 D. 不赞同 E. 非常不赞同

11. 你是否了解中华民族优秀传统价值观

A. 非常了解 B. 比较了解 C. 不确定 D. 不了解 E. 完全不了解

12. 对个人的荣辱与祖国的荣辱是紧密不可分割的

A. 非常赞同 B. 比较赞同 C. 不确定 D. 不赞同 E. 完全不赞同

13. 看到奥运健儿勇夺金牌时会热泪盈眶，情绪激动，感到自豪骄傲

A. 非常赞同 B. 比较赞同 C. 不确定 D. 不赞同 E. 完全不赞同

14. 在生活中，你是以国家利益和集体利益为重吗？

A. 完全是 B. 基本上是 C. 说不清楚 D. 不是 E. 完全不是

15. 爱国主义在当代中国是爱国、爱党、爱社会主义的统一

A. 非常赞同 B. 比较赞同 C. 不确定 D. 不赞同 E. 完全不赞同

16. 你认为当中国受到外敌侵略时各民族都会团结一致奋起抗争保卫自己的国家吗？

A. 非常肯定 B. 肯定 C. 不太肯定 D. 完全不肯定 E. 不清楚

17. 对坚决拥护中国共产党的领导，坚持中国特色社会主义发展道路

A. 非常赞同 B. 比较赞同 C. 不确定 D. 不赞同 E. 完全不赞同

18. 对坚持以公有制为主体、多种所有制共同发展的基本经济制度

A. 非常赞同 B. 比较赞同 C. 不确定 D. 不赞同 E. 完全不赞同

19. 你认同中国共产党是先进性的政党，是社会主义事业的领导核心吗?

A. 非常赞同 B. 比较赞同 C. 不确定 D. 不赞同 E. 完全不赞同

20. 对大学生必须要具备实现中华民族伟大复兴中国梦的理想信念

A. 非常赞同 B. 比较赞同 C. 不确定 D. 不赞同 E. 完全不赞同

21. 你对“四个自信”的态度是

A. 非常赞同 B. 比较赞同 C. 不确定 D. 不赞同 E. 完全不赞同

22. 能自觉坚持以马克思主义思想为指导

A. 非常赞同 B. 比较赞同 C. 不确定 D. 不赞同 E. 完全不赞同

23. 能自觉坚定“五个认同”

A. 非常赞同 B. 比较赞同 C. 不确定 D. 不赞同 E. 完全不赞同

24. 你对社会主义核心价值观持什么态度

A. 非常赞同 B. 比较赞同 C. 不确定 D. 不赞同 E. 完全不赞同

25. 大学生应成为铸牢中华民族共同体意识的积极践行者

A. 非常赞同 B. 比较赞同 C. 不确定 D. 不赞同 E. 完全不赞同

26. 中国是各族人民共同缔造的统一多民族国家

A. 非常赞同 B. 比较赞同 C. 不确定 D. 不赞同 E. 完全不赞同

27. 我国各民族是中华民族的组成部分

A. 非常赞同 B. 比较赞同 C. 不确定 D. 不赞同 E. 完全不赞同

28. 民族团结合作始终是中国民族发展历史的主流

A. 非常赞同 B. 比较赞同 C. 不确定 D. 不赞同 E. 完全不赞同

29. 我国各民族文化是中华文化的组成部分

A. 非常赞同 B. 比较赞同 C. 不确定 D. 不赞同 E. 完全不赞同

30. “三股势力”对国家领土主权、对社会和谐民族团结、对文化安全、对新疆乃至国家的经济发展和改革开放造成了严重危害

A. 非常赞同 B. 比较赞同 C. 不确定 D. 不赞同 E. 完全不赞同

31. 你对违反或不适应中华民族共同体建设要求的现象或行为

A. 非常赞同 B. 比较赞同 C. 不确定 D. 不赞同 E. 完全不赞同

32. 你赞同铸牢中华民族共同体意识，必须坚决反对大汉族主义和狭隘民族主义吗？

A. 非常赞同 B. 比较赞同 C. 不确定 D. 不赞同 E. 完全不赞同

33. 中华民族共同体意识让我更加具有国家、民族及其文化归属感和自豪感

A. 非常赞同 B. 比较赞同 C. 不确定 D. 不赞同 E. 完全不赞同

34. 大学生铸牢中华民族共同体意识是一个循序渐进的过程，会受到多种因素的干扰影响。对此，你是？

A. 脚踏实地，坚持不懈 B. 基本能坚持 C. 不确定 D. 不能坚持 E. 完全不能坚持

35. 你认为思想政治理论课教育对铸牢在校大学生中华民族共同体意识的作用如何？

A. 作用非常大 B. 作用较大 C. 作用一般 D. 作用不大 E. 完全没有作用

36. 你认为思政课教学存在的最突出问题是？

A. 教学内容与实际脱节 B. 课堂教学枯燥乏味 C. 实践教学太少

D. 老师理论素质有待提高　E. 其他

37. 学校对学生进行集中性的政治学习，你的态度是?

A. 很有必要，可以坚定我们的立场　　B. 有必要，但太频繁

C. 没必要，浪费时间　　D. 无所谓，没感觉　　E. 不知道

38. 学校组织民族团结一家亲活动，正好占用没课休息时间，你会怎么做?

A. 放弃休息，积极参加活动　B. 应付学校点名参加，自身热情不高　C. 找借口请假　D. 直接不去　E. 不清楚

39. 当代大学生是实现中国梦的中坚力量，应该学习、了解和掌握中华民族共同体意识的相关知识

A. 非常赞同　B. 比较赞同　C. 不确定　D. 不赞同　E. 非常不赞同

40. 你赞同实现民汉合校、学习混合编班、住宿混合同舍、活动混合编队的举措吗?

A. 非常赞同　B. 比较赞同　C. 不确定　D. 不赞同　E. 非常不赞同

41. 你有带动或鼓励身边的朋友和同学宣传和践行中华民族共同体意识吗?

A. 经常性　B. 比较经常性　C. 偶尔　D. 从没有过　E. 不好说

42. 能始终关注国家的整体发展

A. 非常赞同　B. 比较赞同　C. 不确定　D. 不赞同　E. 完全不赞同

43. 对中华文化感到自豪

A. 非常赞同　B. 比较赞同　C. 不确定　D. 不赞同　E. 完全不赞同

44. 中华优秀传统文化具有超越时空的永恒魅力

A. 非常赞同　B. 比较赞同　C. 不确定　D. 不赞同　E. 完全不赞同

45. 铸牢中华民族共同体意识能够激发中国人民和中华民族建设中国特色社会主义的创造性活力

A. 非常赞同　B. 比较赞同　C. 不确定　D. 不赞同　E. 非常不赞同

46. 与现实世界相比较，更喜欢网络世界，会排斥现实世界与他人的交流交往

A. 非常赞同 B. 比较赞同 C. 不确定 D. 不赞同 E. 完全不赞同

47. 对网络上的“意见领袖”或“草根明星”的观点更认同

A. 非常赞同 B. 比较赞同 C. 不确定 D. 不赞同 E. 完全不赞同

48. 你与本民族以外的其他民族的师生交往情况是?

A. 经常交往 B. 交往 C. 偶尔交往 D. 从不交往 E. 不知道

49. 如果本民族同学与其他民族同学发生矛盾或冲突，你会怎么做?

A. 支持本民族同学 B. 客观地判断对错 C. 不介入 D. 不知道

50. 你对构建中华民族共同体的态度是

A. 非常赞同 B. 比较赞同 C. 不确定 D. 不赞同 E. 完全不赞同

51. 铸牢中华民族共同体意识能够激发中华民族共同体建设中国特色社会主义的创造性活力

A. 非常赞同　B. 比较赞同　C. 不确定　D. 不赞同　E. 非常不赞同

52. 对铸牢中华民族共同体意识的原因和意义

A. 掌握并深刻理解其内涵 B. 知道并一般了解其内涵 C. 不知道不了解其内涵

53. 你平常会自主阅读学习与中华民族共同体意识相关的理论知识吗?

A.经常认真学习 B.多少看一点 C.不确定 D.不会 E.完全不会

54. 你是否了解中华优秀传统文化

A. 非常了解 B. 比较了解 C. 不太了解 D. 不确定 E. 不了解

55. 你更喜欢的经典名著是

A. 中国古代名著 B. 西方经典名著 C. 不确定

56. 请填写中华民族共同体意识的内容

57. 请填写中华民族共同体的本质

58. 填写中国共产党的建党日期

59. 是否了解中华民族共同体的发展历程

A. 非常了解 B. 比较了解 C. 不太了解 D. 不确定 E. 不了解

60. 是否了解我国社会主义早期建设和建设成效

A. 非常了解 B. 比较了解 C. 不太了解 D. 不确定 E. 不了解

61. 对“无论哪个民族入主中原，都把自己建立的王朝视为统一的多民族国家的正统”的说法

A. 非常赞同 B. 比较赞同 C. 不确定 D. 不赞同 E. 完全不赞同

62. 对民族团结的内容

A. 非常了解 B. 比较了解 C. 不太了解 D. 不确定 E. 不了解

63. 对各民族交往交流交融的内容

A. 非常了解 B. 比较了解 C. 不太了解 D. 不确定 E. 不了解

64. 是否赞同“尊重差异，包容多样”

A. 非常赞同 B. 比较赞同 C. 不确定 D. 不赞同 E. 完全不赞同

65. 是否赞同“各民族精诚团结，共同奋斗”

A. 非常赞同 B. 比较赞同 C. 不确定 D. 不赞同 E. 完全不赞同

66. 你了解的法律知识主要来源于?

A. 学校法治教育　B. 国家法制宣传　　C. 自学法律　　D. 通过家庭获得

67. 当你的父母或朋友人身或财产利益受到侵犯时，你常用的解决办法是?

A. 用武力解决　　　B. 大事化小，小事化了　　C. 忍气吞声

D. 通过法律方式解决　　E. 不知道

68. 你认为我国各民族之间存在共同利益吗?

A. 各方面都存在 B. 有些方面存在 C. 不清楚 D. 不存在 E. 完全不存在

69. 是否了解党和国家的民族政策

A. 非常了解　B. 比较了解　C. 不太了解　D. 不确定　E. 不了解

70. 是否赞同“民族地区精准脱贫只需要国家的大力扶持”的说法

A. 非常赞同 B. 比较赞同 C. 不确定 D. 不赞同 E. 完全不赞同

71. 对“多元”与“一体”的辩证统一关系

A. 非常了解　B. 比较了解　C. 不太了解　D. 不确定　E. 不了解

72. 是否了解本民族文化与中华文化之间的关系

A. 非常了解　B. 比较了解　C. 不太了解　D. 不确定　E. 不了解

73. 是否了解铸牢中华民族共同体意识的方式和途径

A. 非常了解　B. 比较了解　C. 不太了解　D. 不确定　E. 不了解

74. 你所在学校是否有采取分层次、分场域、分阶段的路径铸牢在校大学生中华民族共同体意识?

A. 完全有　　B. 基本有　　C. 不清楚　　D. 没有

75. 你所在的学校铸牢中华民族共同体意识教育的效果如何?

A. 非常好　B. . 比较好　C. 一般　D. 效果不明显　E. 没效果

76. 你认为思想政治理论课中有关于中华民族共同体意识教育的内容吗？

A. 有　B. . 好像有　C. 没有　D. 不清楚

77. 你认为中华民族共同体意识教育的内容在情感体验、人文化育、实践体悟等方面是否有针对性？

A. 有　B. . 好像有　C. 没有　D. 不清楚

78. 你所在学校开展的中华民族共同体意识教育是否与现实生活紧密相关

A. 紧密相关　B. 较相关　C. 不相关　D. 不确定

79. 是否有通过家风家教接受到中华民族共同体意识教育

A. 经常有，效果显著 B. 偶尔会有 C. 基本没有 D. 完全没有

E. 不知道

80. 你所在学校是否形成了学校、家庭、社会协同铸牢在校大学生中华民族共同体意识的格局？

A. 完全形成　B. 基本形成　C. 不清楚　D. 尚未形成

81. 本学期，你参加过有关铸牢中华民族共同体意识活动的次数为？

A. 10 次以上　B. 5 ~ 10 次　C. 3 ~ 5 次　D. 1 ~ 3 次　E. 0 次

82. 你所在学校是否形成了管理、服务、教育教学三部门协同铸牢在校大学生中华民族共同体意识的格局？

A. 完全形成　B. 基本形成　C. 不清楚　D. 尚未形成

83. 你平常会自主阅读学习与中华民族共同体意识相关的理论知识吗？

A. 经常认真学习　B. 多少看一点　C. 不确定　D. 不会　E. 完全不会

三、多项选择（直接在选择项上打“√”）

1. 你认为中华民族优秀传统文化是

A. 我国各民族集体智慧的结晶　B. 各民族文化是中华文化的重要组成部分　C. 它只代表着汉族文化，与其他少数民族文化关系不大　D. 各民族文化只属于自己的民族　E. 不清楚

2. 下列节日中，你了解它的历史由来和风俗习惯的是？

A. 春节　B. 中秋节　C. 国庆节　D. 端午节　E. 清明节　F. 以上均不了解

3. 你所在学校开展铸牢中华民族共同体意识教育活动的方式是

A. 课堂理论阐述　B. 专家学者讲座　C. 主题活动　D. 专题讨论　E. 校园广播、网络宣传　F. 观看有关宣传影视片　G. 社会实践　H. 开展学术科研　I. 其他

4. 你是通过哪些渠道了解铸牢中华民族共同体意识教育的

A. 思想政治理论课　B. 校园文化环境　C. 专业课　D. 学校管理和服务　E. 社会教育（互联网、广播、电视、报纸等大众传媒宣传和社会活动）F. 家庭教育

5. 你认为如何才能更好更有效地把中华民族共同体意识融入到大学生的学习生活中去？

A. 搞好课堂教学　B. 开展常态读书评论活动　C. 搞好班级、党、团、社活动　D. 把中华民族共同体意识融贯到学生成长的每一时段、每一环节　E. 转化成身边事，从自我做起，从现在做起　F. 其他（请注明）______________

6. 你觉得引导大学生正确认识、认同和践行中华民族共同体意识需要取决于？

A. 思想政治理论课教师　B. 专业课教师　C. 辅导员　D. 管理干部　E. 班主任　F. 服务人员　G. 社会　H. 同学　I. 父母　J. 自己　K. 其他

7. 你自身存在的影响学习效果的因素是

A. 玩手机、打游戏　B. 作息不规律　C. 学习目标不明确　D. 上课无法集中精力　E. 其他

附录二　大学生铸牢中华民族共同体意识访谈提纲

在校大学生版：

1. 谈一谈你对中华民族、中华民族共同体、铸牢中华民族共同体意识的了解。请说出中华民族共同体的内涵，中华民族共同体意识的内涵。

2. 列举你所知道的中华优秀传统文化。你了解的中华民族的传统节日有哪些？

3. 你是如何践行民族团结的？你是如何践行社会主义核心价值观的？你有没有不同民族的朋友？不同民族的同学一起聊天时，使用什么语言？

4. 你认为自己是成年人吗？你对自己的未来发展有规划吗？

5. 你是否了解西方的价值观？对西方价值观有什么看法？

6. 你认为思想政治理论课的培育方式，应从哪些方面加强？

7. 你认为开展铸牢在校大学生中华民族共同体意识的有效方式是什么？为什么？

8. 你是否了解中国特色民族政策的相关法律？

9. 你能否在家庭教育中接受到中华民族共同体意识教育？

10. 你对铸牢在校大学生中华民族共同体意识有何建议？

教辅人员版：

1. 请谈一谈你对在校大学生的看法？
2. 你认为中华民族共同体意识的培育内容是否有效并适用？
3. 你对大学生铸牢中华民族共同体意识有何建议或者意见？